Peter Gardoscn

Mit 13 durch die Hölle

Aus Ungarn nach Auschwitz deportiert, weiter in das KZ Dachau, Außenlager Kaufering III und nach dem Todesmarsch von amerikanischen Soldaten in Fürstenfeldbruck befreit

Ein autobiografischer Roman bis in die Zeit der Wiedergutmachung

Hartung-Gorre Verlag Konstanz

Bild auf dem Umschlag (© Peter Gardosch):
Das Stadtzentrum von Târgu Mureş (ältere Schreibweise Tîrgu Mureş); deutsch Neumarkt am Mieresch, ungarisch Marosvásárhely.
Târgu Mureş ist eine Stadt in Siebenbürgen, Rumänien.

Bibliografische Information Der Deutschen Bibliothek
Die Deutsche Nationalbibliothek verzeichnet diese Publikation in der Deutschen Nationalbibliografie; detaillierte bibliografische Daten sind im Internet über http://dnb.d-nb.de abrufbar.

Erste Auflage 2019
HARTUNG-GORRE VERLAG KONSTANZ
ISBN 3-86628-631-7; 978-3-86628-631-3

Ich danke meiner Frau Ramona.
Ohne Ihren Einsatz wäre dieses
Buch nie zustande gekommen.
Peter Gardosch

Inhaltsverzeichnis **Seite**

Neumarkt 1941

In der Mittagshitze flimmerte die Luft über dem Kopfsteinpflaster. Zwischen den Wohnhäusern mit ihren verputzten Fassaden war die enge Straße zum alten Markt wie ausgestorben. Niemand war zu sehen. Peter ging auf dem Bürgersteig den Häusern entlang und hielt den großen glänzenden schwarzen gewölbten Wintermantelknopf von Großmutters Mantel in der rechten Hand. Während er ging, drückte er vorsichtig den Knopf gegen den Putz der Häuser. So vollzog sich eine originelle Schleifprozedur, durch die er den Knopf seitlich abgeschrägt hatte und diesen so zu einem gefürchteten Abwehrspieler seiner Knopffußballmannschaft verwandelte. Obwohl weit und breit niemand zu sehen war, schaute der Junge vorsichtig nach vorn und nach hinten. Die Hausbesitzer schätzten gar nicht die dünnen langen Spuren der Knopfschleifereien an ihren Fassaden.

Peter war ein gut gewachsener schlanker aber nicht schlaksiger Junge von 12 Jahren. Er hatte dunkelbraune dichte kurz geschnittene Haare, einen offenen heiteren Blick, seine Augen glänzten braun-grün. Viel später sagten Frauen, die ihn liebten: „Du hast Tarnfarben in Deinen Augen." Seine hohe Stirn und die etwas zu spitz geratene Nase verleihten ihm etwas Spitzbübisches. Die geschwungenen Augenbrauen hatte er von seiner Mutter. Wegen seiner einige Millimeter zu lang geratenen Schneidezähne gaben ihm seine Schulkameraden den Spitznamen „Hase". Er war lustig, aufgeschlossen und stets für einen Scherz aufgelegt. Diese Eigenschaften standen im vollständigen Gegensatz zu seiner wirklichen inneren Wesensart. Er war nämlich äußerst sensibel mit einer weichen Seele. Das waren sicherlich die von seiner Mutter geerbten Gene, die sein Leben bestimmen sollten. Er war ungewöhnlich tief berührt von jedem empfundenen Unrecht. Eine solche Begebenheit spielte sich im vergangenen Sommer in Sovata ab, dem Badeort, wo er jeden Sommer seine Ferien mit der ganzen Familie in Großvaters Villa, die den lustigen Namen „Imi" trug, verbrachte. Er saß auf der Terrasse und ein großer Hirschkäfer mit tief rotbraunem Panzer landete auf der Balustrade. In der Nachmittagsonne schimmerten seine glatte Oberfläche und sein Geweih rubinrot.

Der Käfer begann, seine hauch dünnen Flügel unter seinem Panzer zu verstauen. Da flog wie aus dem Nichts ein blauschwarz glänzender Kolkrabe, schnappte sich im Flug den Käfer von der Balustrade und verschwand in den Baumkronen. Peter fühlte sich von diesem Sekundenereignis wie von einer dunklen Welle in die Tiefe gerissen. Kein Gedanke konnte ihn von dieser winzigen Tragödie abbringen. Er konnte seine Tränen nicht zurück halten.

Viele viele Jahre später, als er erwachsen war, fand er im Roman von Romain Rolland „Jean Christophe" eine verwandte Seele von ähnlicher Sensibilität. Nur wer Peter tief in die Augen sah, merkte ein stilles Licht und eine tiefe Melancholie.....

Das Fenster am Hause des Oberlandesgerichtspräsidenten, das im Sommer ständig offen stand und von wo aus seine Witwe, Tante Wilmutzi, ihre Ellenbogen gestützt auf das hierfür angefertigten Kissen, die Strasse beobachtete, stand auch jetzt offen, aber die alte Dame war wegen der Hitze nicht auf ihrem Beobachtungsstand. So schleifte im Vorbeigehen unter dem offenen Fenster Peter seinen Stopperknopf auch an diesem frisch verputzten hellgrauen Fassadensockel ungestört weiter.

Auf der gegenüberliegenden Straßenseite befand sich das Eckhaus mit den großen Parterrefenstern und dem beeindruckenden dunkelbraunen Eichentor im Torbogen. Es war eine dieser typischen Laubenganghäuser von Neumarkt. Links in Augenhöhe am Tor war ein kleines schon verwittertes Messingschild mit der Aufschrift "Karl Schuster Uhrmachermeister" angebracht. Peter klopfte mit dem hufeisenförmigen Türklopfer zweimal stark und einmal etwas schwächer an.

Der helle Klang der Rathausturmuhr war deutlich auch hier in der Oberstadt wie in ganz Neumarkt zu hören. Zuerst vier kurze helle Schläge, dann drei gewaltige Glockentöne. Peter war pünktlich. Er wusste von seinem Großvater, dass deutsche Menschen die Pünktlichkeit lieben. „Drei Uhr ist drei Uhr", sagte der Großvater immer.

Das Tor ging auf, und Michael stand mit einem breiten freundlichen und wie immer verschmitzten Lächeln da. Er sah aber ganz anders aus als sonst. Er trug ein hellbraunes Hemd mit zwei großen Brusttaschen, unter dem Kragen ein schwarzes Halstuch, das mit einem braunen geflochtenen Lederring sehr adrett zusammen gefasst war. Er trug eine schwarze kurze geriffelte Samthose mit einem matt glänzenden schwarzen Koppelgürtel. Der Gürtel wurde über der rechten Schulter mit einem Schulterriemen gehalten. Am linken Ärmel leuchtete eine rot-weiße Armbinde mit einem schwarzen Hakenkreuz. Die weißen Kniestrümpfe und die neuen braunen Haferlschuhe ergänzten seine Uniform. Die neue Bekleidung, der Ledergürtel und der Schulterriemen hatten einen herrlichen neuen Duft. Peter war voller Bewunderung und sprachlos.

Sie gingen auf dem langen Laubengang am Fenster des Großvaters vorbei, der wie immer mit seiner Uhrmacherlupe am Auge über ein Uhrwerk gebeugt saß und die beiden Jungen gar nicht bemerkte.

„Du siehst aber prachtvoll aus, Michael." sagte Peter.

„Gefällt dir meine Uniform?"

Als sie beide im Zimmer von Michael waren, merkte Peter, dass sein Freund an der Koppel einen Dolch trug. Das hatte er noch nicht gesehen. Einige Jungs hatten schon Dolche, Fahrtenmesser mit Holz- oder Hirschgeweihgriff. Die steckten in einer ganz harten Lederscheide. Solch einen Dolch wie Michael ihn hatte, hatte Peter noch nie gesehen. In einer schwarzen Metallscheide steckte der Dolch, dessen schwarzer glänzender enggeriffelter Griff in Form eines Adlerkopfes endete. Wie alles, was Michael trug, war auch der Dolch neu. Michael zog vorsichtig die blinkende Klinge, die von einem dünnen Fettfilm überzogen war, drehte den Griff zu Peter und überreichte ihm die blanke Waffe.

„Vorsicht, sag ich dir. Das ist richtig scharf." meinte Michael in einem etwas wichtigtuerischen Ton. Der Dolch lag überraschend schwer in Peters Hand. Auf seiner Klinge las Peter in feiner Gravur „Peck und Söhne Solingen". Er ließ sich mit seinem kleinen finnischen Fahrtenmesser, das er einmal zum Geburtstag geschenkt bekommen hatte, gar nicht vergleichen. Gegenüber der gefährlichen Waffe von Michael war sein Messer bloß ein Spielzeug.

„Du, das ist aber nicht zum Pfadfinderspielen im Wald gedacht." sagte Peter.

„Nein, Alter, das wird zur Uniform getragen und dient im Notfall zur Selbstverteidigung."

Den Tonfall hatte Peter bei Michael noch nie vernommen. Seine Wortwahl war unpersönlich und hatte einen amtlichen Klang. Der Junge spürte das, aber es war ihm nicht voll bewusst.

„Wie du siehst, bin ich in der HJ, in der Hitlerjugend."

„Du bist wirklich zu beneiden, und deine Sachen sind herrlich. Laß mich noch mal dein Messer sehen."

Peter hielt die Blankwaffe in der Hand und sagte: "Das ist doch wie ein Bajonett, oder was sagst du dazu?"

Michael antwortete: „Genauso ist es. Du hast es erfasst. Wir sind nämlich des Führers Offiziere von morgen! Das weist du doch."

Peter wusste das nicht. Er erinnerte sich jetzt plötzlich, dass bei Radioübertragungen der Reden von Adolf Hitler der Großvater in seinem Ordinationszimmer sich einschloss und durch die Tür nur die unangenehme hohe scheppernde Stimme Hitlers drang. Verstehen konnte Peter dabei nichts. Den Großvater bei dieser Gelegenheit zu stören, war allerstrengstens verboten. Peter hörte immer mal wieder lauten Jubel und langen tosenden Applaus aus dem fernen Deutschland. Großvater kam stumm mit versteinerten Zügen aus seinem Zimmer und sagte tief besorgt nur ein Wort zu Großmutter: „Furchtbar."

Peter erinnerte sich noch an den riesigen Streit mit Onkel Andor vor den Olympischen Spielen 1936. An langen Abenden diskutierte sein Großvater, Dr. Josef Heimann, ehemaliger ungarisch königlicher Stabsarzt, mit seinem Schwager, Rechtsanwalt Dr. Andor Schwarz, ob es moralisch vertretbar sei, Hitlers Olympiade zu besuchen. Der gefürchtete Strafverteidiger schrie den Großvater an:

„In Deutschland entsteht eine neue Welt. Siehst du nicht, dass dieser Mann den Deutschen ihre Würde zurück gegeben hat?"

Der Großvater antwortete auch nicht leise, es war draußen im Speisezimmer zu hören: „Wenn du zu Hitlers Olympiade fährst, rede ich nicht mehr mit dir."

Onkel Andor ist selbstverständlich nach Berlin gereist, und der Großvater hat weiter mit ihm geredet. Sie waren doch nicht nur verschwägert, sondern auch die besten Freunde und wissenschaftliche Partner bei der forensischen Arbeit, wie im Fall des Bäckers Szücs, der unter Mordanklage wegen des Todes eines ein paar Tage alten Kindes stand. Die Leiche des Kindes wurde in einer Pappschachtel von Pilzsammlern gefunden. Die Staatsanwaltschaft behauptete, es sei das uneheliche Kind, das der Bäcker und Konditoreibesitzer, der auch Amateurboxmeister von Neumarkt war, mit der schönen Bedienung Gisela aus seiner Konditorei gezeugt habe. Der Pflichtverteidiger von Szücs war Onkel Andor, und das gerichtsmedizinische Gutachten hatte Dr. Heimann zu erstellen. Die Beweislage war kompliziert, und letztendlich war das Gutachten ausschlaggebend, die Schuld oder Unschuld des Konditors zu beweisen. Die öffentliche Meinung des kleinen verschlafenen siebenbürgischen Städtchens, das ungarisch Marosvasarhely, rumänisch Targu Mures und deutsch Neumarkt hieß, wusste sofort, dass der gutaussehende Amateurboxer, der zahlreiche Affären hatte, das Baby mit einem Prankenhieb ermordet hätte. Das Gutachten des Dr. Heimann, das vom Obergutachter, dem Professor für Rechtsmedizin an der Universität von Klausenburg, Professor Dr. Andrassy, bestätigt wurde, sagte aus, dass das Kind eines natürlichen Todes gestorben war und die Mutter es aus Angst und Scham in ihrer Panik und Verwirrung im Walde deponiert hatte. Der Konditor wurde nach monatelanger Untersuchungshaft freigesprochen.

Ganz flüchtig dachte Peter darüber nach, wie Großvater die Nachricht aufnehmen würde, dass sein bester Freund Michael jetzt in der Hitlerjugend –im Volksmund HJ genannt - war und er selbst liebend gerne, schon wegen der schneidigen Uniform und des einmaligen Dolches, dort eintreten würde.

Das Gespräch zwischen den beiden Jungs wendete sich wieder dem Alltag zu.

„Ich zeige dir meinen neuen Stopper. Den habe ich soeben abgeschrägt." sagte Peter und holte aus seiner Hosentasche Großmutters großen glänzenden gewölbten schwarzen Wintermantelknopf hervor. Michael kramte aus seiner Schublade den Schuhkarton mit seiner eigenen Knopfmannschaft vor. Sie schauten sich beide die einzelnen Spieler an. Keiner war aber so glänzend und perfekt abgeschliffen wie der neue Stopper von Peter. Peter spürte, dass dessen Wert in keinem Vergleich mit dem gefährlichen HJ-Dolch von Michael stand.

Auf dem Heimweg am späten Nachmittag war die Strasse auch nicht viel belebter. Die Strasse verlief oben auf dem Hügel in genau der selben Richtung wie der Hauptmarktplatz in der Unterstadt. Der alte Marktplatz wurde jeden vierten Donnerstag im Monat zum Viehmarkt, zu dem die Bauern aus der Umgebung ihr Vieh trieben. Deshalb wurde die Strasse schon seit Jahrhunderten die „Alte Viehmarktstrasse" genannt. Die bewegten Zeiten brachten immer neue Namen hervor. Sie wirkten alle aufgesetzt und für alle Bewohner völlig unverbindlich. Unter der rumänischen Herrschaft hieß die Strasse „General Praporgescu". Kein Mensch weit und breit wusste überhaupt, wer dieser General war. Es gab Gerüchte, dass das zuständige Amt die ständigen Namensänderungen nur erfand, um die Hausbesitzer zum Ankauf der neuen Hausschilder zu nötigen. Auf jedem Hausschild, blau emailliert, musste neben der Nummer auch der Straßenname stehen. Unter den Ungarn hieß die Strasse „Graf Csaky". Das war ein Verwandter des Reichsverwesers Admiral Miklos Horthy. Die Strasse wurde unabhängig von den aktualitätsbezogenen Namen immer von allen „Alte Viehmarktstrasse" genannt. Ungarisch klang das besser: „Regibaromvasarutca" - ein Zungenbrecher, der von groß und klein gern ausgesprochen wurde, auch als kleine Widerstandshaltung gegenüber den sich schnell abwechselnden Herrschaften und Regimes.

Aufregend war der Viehauftrieb von schweren Stieren mit Ringen in den Nüstern. Mit starken Holzstangen gehalten, führten die Bauern die schnaubenden Tiere durch die Strasse. Die Passanten duckten sich an die Häuserwände in Angst und Respekt vor den gewaltigen vor Kraft strotzenden Tieren. Die Stiere, von denen mancher über tausend Kilogramm wog, schnaubten und tänzelten an ihrem Nasenring, wobei aus ihren Nüstern und aus dem Maul weißer Schaum floss. Peter betrachtete dieses barbarische Spektakel mit einer Mischung aus Abscheu, Mitleid und respektvoller Furcht. Die riesigen rosafarbenen kräftigen Hodensäcke zwischen den Hinterläufen der Stiere verursachten dem Jungen undefinierbare Gefühle.

Aber jetzt war die Strasse leer, es gab keinen Viehauftrieb, die Strasse gähnte förmlich. In der Höhe von Tante Wilmutzis Haus roch er aus der Ferne den wunderbaren Duft aus der Küche der Großmutter. Er beschleunigte seinen Gang, und halb im Laufschritt ging er durch den großen Torbogen, der von der Strasse auf das großväterliche Grundstück führte. Der Torbogen und das zweiflügelige Tor waren für die Einfahrt des Pferdegespannes vorgesehen. Als Dr. Heimann noch seine prächtigen, herrlich gepflegten Apfelschimmel und die schwere schwarz glänzende Kutsche besaß und diese den Torbogen durchquerten, war in jedem Zimmer der Wohnung der Hufschlag der Pferde zu hören. Die Kutsche hatte Hartgummireifen, so dass sie lautlos durch den Torbogen rollte. Peter war oft hinten im Hof im Stall bei den Pferden. Wenn diese mit ihren schönen ausdrucksvollen Köpfen ihm zunickten, war er überzeugt, dass die Pferde ihn grüßten.

Aus der angenehmen Wärme des Stalles mit seinem Heu und frischem Tierduft ging er dann gern in die Remise, wo Großvaters Kutsche stand. Ein glänzender schwarzer Zweispänner mit gewienerten Beschlägen, Federn und Achsen und polierten Messingradnaben. Jede einzelne Speiche an den Rädern sah wie neu aus. Die herrlichen Messingkutschlampen mit ihren geschliffenen Kristallgläsern waren wahre Schmuckstücke. Die gesteppten Nappaledersitze – siebzig Jahre später baute man solche Sitze in Autos der absoluten Luxusklasse ein - verströmten einen eigenartigen Duft. Peter war überhaupt olfaktiv veranlagt. Er lebte in einer Welt von Düften und Gerüchen, die mit Gefühlen und Farben korrespondierten. Der Weg vom Duft zur Gefühlswelt war ganz direkt und intensiv. So vermittelte ihm die Kutsche durch den Lack-, Messing- und Lederduft ein Gefühl der Sicherheit und des Wohlstands, das er wiederum mit seinem Großvater assoziierte. Es war das angenehme Bewusstsein von Beständigkeit und Solidität. Es war ein wenig das Empfinden von Zeitlosigkeit, das die Welt des Großvaters bestimmte. Es war das Gegenteil von Vergänglichkeit, das er spürte. Es war das, was man Geborgenheit nennen könnte.

Apfelstrudel

Aus der Küche, die auch über den Hintereingang unmittelbar vom Garten her erreichbar war, strömte über die Travertinstufen der unnachahmliche Duft von Zimt, Rosinen und Rum, der Füllung des Apfelstrudels. Es war die Spezialität der Großmutter. Sie war berühmt in Neumarkt für ihren einmaligen Apfelstrudel.

Die geräumige Küche war wie in einen Operationssaal verwandelt. Alles war aufgeräumt. Die Kupferpfannen und Töpfe hingen an ihren Messinghaken. Nichts lag herum. Auf dem Vertiko ruhten die riesigen grünen Essigflaschen mit ihrem etwas trüben Inhalt von Früchten und Kräutern, die Peter als Kleinkind mit dem mysteriösen Inhalt und den dunklen Schatten schrecklich und furchterregend vorgekommen waren. Die große Kochmaschine glänzte schwarz, und die Umrahmung aus Edelstahl war frisch poliert. Der breite Küchentisch in der Mitte des Raumes war mit einem strahlend weißen Tuch bedeckt, auf dem ein blank gescheuertes Küchenbrett lag. Großmutter siebte mit rhythmischen tambourartigen kleinen Schlägen das Mehl auf das Brett. Dann formte sie eine Mulde in die Mitte, schlug ein Ei in den Mehlkrater und drückte von außen nach innen das ganze zu einem Teig, den sie mit etwas Wasser zu einer seidigen Masse verknetete. Sie befreite ständig ihre Finger und Hände von der Knetmasse, die sie verarbeitete. Peter dachte sich, die Fliegen haben ähnliche Gesten, wenn sie sich die ersten Vorderbeine gegeneinander reiben. Er fand diese Idee ein wenig respektlos, aber trotzdem witzig. Die Großmutter knetete den Teig auf dem Brett, bis er matt glänzte. Dann wurde eine Kugel geformt, mit Öl bestrichen mittels eines Pinsels aus weißen Entenfedern, und das ganze wurde unter eine große umgestülpte Kristallschüssel gelegt. Der Teig war jetzt eine durchgeknetete blasse Masse und lag unter der Kristallschüssel wie Schneewittchen im Glassarg. In der Zwischenzeit arbeiteten die beiden Gehilfen von Großmutter, die achtzehnjährige hübsche gut geformte Marischka und ihre Cousine Ester, die nicht so hübsch war, aber wunderbare dicke blonde Zöpfe trug, wie die Heinzelmännchen. Sie waren eine Art Au-pair-Mädchen, Töchter von Großbauern aus der Umgebung. Die Bauern schickten gern die Mädchen in die Stadt zu guten Häusern - so nannte man das damals. Die Mädchen sollten bei den Herrschaften all das lernen, was eine tüchtige Großbauersfrau über Haushalt, Kochen, Backen, Servieren, Sticken, Nähen, Waschen, Bügeln und Benehmen wissen musste. Sie schälten die Äpfel und wuschen die Rosinen. Die Großmutter vermischte die dünngehobelten Äpfel mit Zucker und Zimt sowie mit den mit Rum beträufelten Rosinen. Das war der psychologische Augenblick, in dem Peter zu betteln anfing, bis er mit einen ganz sauberen, noch nicht benutzten Holzkochlöffel die Füllung des Apfelstrudels probieren dürfte. Der Zimt, die Rosinen, die frischen Äpfel und die feine Spur Rum schmeckten himmlisch. Nachdem er zwei Löffel probiert hatte, wurde ihm ein ganz bisschen warm.

„Genug Junge, wir wollen doch den Strudel nicht leer servieren!"

Danach folgte die hohe Schule der Strudelherstellung. Sie nahmen das große Brett weg. Auf dem vorher mit Mehl bestreuten weißen Tuch wurde der Teig ausgebreitet. Die Großmutter zog an jeder Seite am Teig, und der breitete sich über das Tuch aus. Sie tanzte wie ein wild gewordener Derwisch um den Tisch herum und zupfte, zog, glättete den Teig, der bereits die Stärke von Zigarettenpapier erlangt hatte. Die Mädchen staunten in stiller Erfurcht, wie die Herrin aus dem Teig eine hauchdünne Fläche hervorzauberte.

„Wisch mir die Schweißperlen von der Stirn, Mädchen!"

Marischka sprang mit dem Handtuch in der Hand und tat wie befohlen. Peter stellte sich die Atmosphäre in einem Operationssaal so vor im schwersten Augenblick für den Professor. Es ging um Leben oder Tod. Der dünnste Strudelteig von Neumarkt war kurz vor der Vollendung.

„Vor achtunddreißig Jahren, meine Lieben, ist bei so einer Gelegenheit der Teig gerissen. Unvorstellbar, so was. Ich konnte alles wieder einkneten und mit dem Ziehen neu anfangen."

Ziehen, das war der Ausdruck. Strudel kocht man nicht, backt man nicht, Strudel zieht man. Das hat Peter bis zu seinem Lebensende definitiv verinnerlicht.

Das Aufbringen der Füllung, das Zusammenrollen durch behutsames Abheben des Tuches unter dem hauchdünnen Teig, der schließlich mit zerlassener Butter bestrichen wurde und anschließend auf das Backblech kam, waren reine Routineverrichtungen. Das eingespielte Team, Großmutter und die beiden Mädchen, arbeiteten lautlos und effizient zusammen . Die hohe Kunst des Strudelbackens war das Ziehen. Maßstab, laut Großmutter, war der Zeitungstest. Der Teig musste so dünn sein, dass eine darunter liegende Zeitung noch zu lesen gewesen wäre.

Dann stieg der Duft aus dem Ofen, und Peter verweilte noch eine lange Zeit in der Küche. Es fiel ihm irgendwie auf, wie anziehend die zarte Röte im Gesicht der Marischka schimmerte. Die Augen des Mädchens strahlten mit ungewöhnlich klarem Glanz.

Enkel und Großväter

Uhrmachermeister Schuster legte seine Lupe auf den Glastisch, rieb sich das Auge, das von dem anstrengendem Schauen müde geworden war und flimmerte, streifte die schwarzen Ellenbogenschützer ab, schaltete die kleine Arbeitslampe aus, verstaute die Werkzeuge, die eher chirurgischen Instrumenten ähnelten, in dem Schubfach seines Arbeitstisches, erhob sich, streckte sich und ging in das Zimmer von Michael.

„Na, was sagt dein alter Freund zu deiner neuen HJ-Ausstattung, mein Junge?"

„Er war überrascht und voller Bewunderung. Dem ist die Kinnlade heruntergefallen. Ich glaube, er war ein bisschen neidisch." antwortete Michael.

„Das glaube ich kaum."

„Wieso Großvater?"

„Weißt du nicht, aus welcher Familie der Peter stammt?"

„Doch, doch."

Der Großvater setzte sich auf Michaels Sofa, lehnte sich auf die Kissen, schob den alten zottigen Teddybären mit dem Steiffknopf im Ohr bei Seite, der etwas deplaziert im Zimmer des Jungen wirkte, und sah seinen Enkel an.

„Du weißt genau, dass Herr Dr. Heimann jüdisch ist."

„Na, und. Man kann nicht alle über einen Kamm scheren. Der Großvater von Peter war doch Offizier, und er war hoch dekoriert. Peter hat mir erzählt, er war in der schlimmsten Schlacht bei Isonzo, wo er Tage und Nächte Verwundete, auch deutsche Soldaten operiert hat."

„Ich weiß das genau, mein Junge. Das stand damals auch in der Zeitung, aber du kennst die Meinung von Dr. Halltrich."

Dr. Julius Halltrich war der Gauleiter der NSDAP im Kreis Neumarkt. Ein kräftiger, immer gut gelaunter pausbackiger Gynäkologe mit gut gehender Praxis und als bekannter Jäger gern bei den Jagden des Grafen von Teleky gesehen. Er sorgte immer für gute Laune.

„Wir hatten ihn auch zu Gast bei der HJ, aber seine Worte über die Juden waren sehr allgemein gehalten. Er geht doch mit Herrn Gabler zur Jagd, und der ist doch ..."

„Höre auf mich, mein kleiner Michael. Ich glaube nicht, dass es dabei bleibt. Ich sage dir, deine Freundschaft zu dem Peter wird noch schwer auf die Probe gestellt."

„Wie meinst du das, Großvater?"

„So, dass du dich wirst entscheiden müssen."

Zur gleichen Zeit ging Peter in das Arbeitszimmer seines Großvaters, das auch als Ordinationszimmer diente. Es war mit antiken Möbeln aus schwerem Nussbaumholz und mit edlen Furnieren im Stil der Gründerjahre eingerichtet. Der mit geschliffenen Kristallglastüren versehene Bücherschrank nahm die ganze Wand hinter dem matt glänzenden Schreibtisch ein. Der Schreibtisch hatte in Löwentatzen geformte Füße. Alles sah mehr nach Notariatskanzlei als nach Arztzimmer aus. Nur das Blutdruckmessgerät und die hellblauen Exemplare der Deutschen Medizinischen Wochenschrift auf dem Schreibtisch verrieten, dass es sich hier um ein Arztzimmer handelte. Die hohe Standpendeluhr mit den römischen Ziffern und der eingravierten Aufschrift „Tempus fugit" tickte metallisch. Es herrschte Ruhe, Ausgeglichenheit, und der Großvater las ruhig in einem Exemplar der Deutschen Medizinischen Wochenschrift. Peter hatte das Gefühl: Hier wird sich niemals etwas verändern, alles bleibt ewig wie es ist, mit Großvater im Sessel, mit der hohen dunkelgrünen Lederlehne, dem schweren Schreibtisch, den Büchern hinter Glas und dem auf Pergament handgeschriebenen eingerahmten großen Diplom. Die ersten Worte lauteten „Nos Rector", wobei das N eine kalligrafische Landschaft mit Verzierungen und Schnörkeln bildete, die mit Goldfarbe unterlegt waren. Der weitere lateinische Text war für den Jungen ein Buch mit sieben Siegeln. An einer dicken weißroten Kordel hing aus dem Rahmen eine Holzdose, in der sich das dunkelrote Wachssiegel der Universität Wien befand. Ein einziges Mal hatte der Großvater dem Jungen die Siegeldose geöffnet, und er durfte den nach Siegellack duftenden Stempel mit dem erhabenen Wappen der ehrwürdigen Wiener Universität sehen.

„Großvater, darf ich mit dir was wichtiges besprechen?"

„Ja, aber du weißt, ich habe es nicht so gern, wenn du einfach so bei mir hereinplatzt. Was ist denn so wichtig, Kleiner?"

„Schau, ich war heute nachmittag bei Michael, und stell dir vor, er ist jetzt in der Hitlerjugend!"

Großvaters Augen schienen hinter seiner sehr starken Brille blitzartig und kaum sichtbar zu zucken.

„Ja, und?"

„Du kannst dir gar nicht vorstellen, was für eine hübsche, wirklich sehr hübsche Uniform er hat. Nagelneu!"

„Doch, Peterchen, ich kann mir das sehr gut vorstellen."

„Und da hat er noch einen Dolch, sage ich dir."

Der Großvater konnte sich das alles vorstellen, zu gut sogar. Ohne sich dessen ganz bewusst zu sein, fiel ihm der Refrain des Naziliedes „Von unserem Dolch spritzt das Judenblut" ein. Er schaute den Jungen voller Mitgefühl und sehr tiefer Traurigkeit an.

„Und was möchtest du sagen, mein Kind? Das ist doch bekannt, dass die deutschen Jungen jetzt in die Hitlerjugend gehen."

„Ja, Großvater, aber ich möchte auch eintreten. Der Michael ist mein bester Freund, und er wird mich dort sicher vorstellen."

Dr. Heimann schwieg lange. Der Junge kannte seinen Großvater gut und ahnte, dass er etwas gesagt hatte, das dem Großvater nicht sonderlich gefiel. Der alte Doktor bat seinen Enkel, sich auf das mit einem dicken Perserteppich bedeckte Sofa zu setzen. Er stand von seinem Schreibtisch auf und setzte sich neben das Kind, ohne ein Wort zu sagen. Der alte Mann streichelte die kurz geschnittenen dichten Haare seines Enkels.

„Ich finde es ganz gut, dass du mir das erzählst und dass du einfach zu mir gekommen bist, sogar ohne anzuklopfen. Ich werde dir eine lange Geschichte erzählen, die wir heute sicher nicht beenden können."

Der Junge wusste, dass etwas schief gelaufen war. Seine Ohren wurden rot und seine Wangen heiß. Er hörte gespannt zu.

„Du weißt, Peterchen, dass wir eine jüdische Familie sind."

„Ja, aber das ist doch nur der Glaube."

„Eben nicht. Ich gestehe dir, das dachte ich auch oder besser gesagt, das hatte ich gehofft, dass jüdisch nur der Glaube sei - wie katholisch, evangelisch oder mohammedanisch. Leider sind die Zeiten heute so, dass wir wegen unseres Glaubens nicht mehr wohl gelitten sind. In Deutschland, das weißt du doch, ist ein Politiker namens Hitler an der Macht, der die Juden verfolgt, ja wie soll ich dir das sagen, ausschalten möchte."

„Was meinst du mit ausschalten?"

Der Großvater, der „Mein Kampf" gelesen hatte, wusste, dass Hitler klipp und klar über die Ausrottung des Judentums geschrieben hatte, und das bereits in den Zwanziger Jahren. Dass Millionen Menschen nach dem katastrophalen Weltkrieg behaupten würden, es nicht gelesen zu haben, konnte Dr. Joseph Heimann damals in seinem Ordinationszimmer im Gespräch mit seinem Enkel nicht ahnen.

„Er meint, die Juden haben zu großen Einfluss in unserem Lande."

„Aber das stimmt doch gar nicht."

„Man verübelt uns, das es zu viele jüdische Ärzte, Anwälte und Kaufleute gibt."

„Ja, aber sie kommen doch zu dir, wenn sie krank sind, und sie rufen dich, Großvater. Du bist ja zur Frau von Dr. Halltrich gerufen worden, und er ist doch der Gauleiter."

„Das ist alles sehr kompliziert, aber auch sehr einfach. Siehst du, mein Kleiner, Jesus Christus wird von den Christen als Sohn Gottes angebetet, wie Gott, und der war in Wirklichkeit ein Jude. Nach dem Neuen Testament ist er von den Römern vor 2000 Jahren ermordet worden, und sie sagen: Wir, die Juden, sind daran schuld!"

„Aber, Großvater, stimmt das denn?"

„Nein, mein Kleiner. Schau, wir leben in einem Land, das nicht gut regiert wird. Die Politiker sind nicht ehrlich, kümmern sich nur um ihren eigenen Vorteil. Das Volk ist arm. Das siehst du doch bei deinen Schulkameraden. Kannst du dich an den kleinen rumänischen Jungen erinnern, der nicht zum Unterricht kam? Die Entschuldigung seiner Mutter lautete, dass er keine Schuhe hatte."

„Ja, aber ich habe ihm doch meine Schuhe gegeben, die ihm passten, und er hat sich sehr gefreut. Grigore heißt er."

„Ja, aber das hat wieder böses Blut gegeben. Wieso hatte der jüdische Junge Schuhe und der Rumäne nicht?"

„Der Judenhass, auch Antisemitismus genannt, ist so alt wie die Vertreibung der Juden aus Israel durch den römischen Kaiser vor 1900 Jahren. Und unter uns, unsere Leute haben es mit ihrer Umgebung auch manchmal sehr schwer gehabt, weil sie sich nicht angepasst haben. Außerdem, in der neuen Zeit sind viele zu schnell reich geworden. Sie benehmen sich auffällig, sind nicht bescheiden, und weißt du, dann fallen sie doppelt so schnell auf. Manche jüdischen Kaufleute haben eine verheerende Rolle im Weltkrieg gespielt."

„Wieso?"

„Sie haben zum Beispiel Schuhe mit schlechten Sohlen für die Soldaten an die Front geliefert. Sicher haben das auch deutsche Gauner getan, nur bei den Juden hieß es, na bitte, schon wieder die Juden."

„Das mag sein, Großvater, aber dieser Hitler in Deutschland kann uns nicht deshalb alle ausschalten."

„Doch, er kann und wird dafür bejubelt. Scheinbar brauchen die Menschen Sündenböcke, über die ihr Neid und Unmut abgeleitet wird."

„Was hat das mit uns zu tun, Großvater? Du bist doch königlich-ungarischer Oberstabsarzt gewesen. Jetzt bist du der Oberarzt bei Gericht, deine Kranken mögen dich, und ich bin dein Enkel!"

„Glaube mir, Junge, ein jüdischer Bub hat bei der Hitlerjugend nichts zu suchen. Und jetzt geh' schön spielen, weil ich noch lernen muss."

Der kleine Peter wunderte sich immer wieder, wenn sein Großvater auf die Frage, was er denn tue, immer die Standardantwort gab: „Ich lerne."

Er nahm in der Tat die Deutsche Medizinische Wochenschrift in die Hand und las durch seine überstarke Brille weiter.

Carl Gabler

Carl Gabler war ein unübertroffener Charmeur. Klein von Wuchs, in seinen sportlich geschnittenen Maßanzügen immer tadellos gekleidet, den Scheitel wie mit dem Lineal gezogen, ein schelmisches Lächeln auf den Lippen, immer gut gelaunt, immer ausgeglichen und fröhlich. Wo Carl erscheint, da scheint die Sonne, sagte Agi immer, die Mutter von Peter. Carl kam oft zu Besuch. Er kam mit einem Einspännerfiaker und gab dem Kutscher immer ein großzügiges Trinkgeld. Er sprang mit federndem Schritt aus dem Fiaker, die damals die Taxis in Neumarkt waren. Agi freute sich über seinen Besuch. Peters Vater Aurel, ein erfolgreicher Geschäftsmann, war sehr viel unterwegs, wobei man auch über Schauspielerinnen in Budapest etwas munkelte. Agi war eine hochgewachsene, sehr schöne fünfunddreißig Jahre alte Frau mit nach hinten gekämmten dunkelbraunen Haaren, geschwungenen Augenbrauen und samtigen tiefbraunen Augen. Sie kleidete sich für ihr Alter zu konservativ, die Mode interessierte sie nicht. Ihr gerade geschnittenes, einfaches Kleid liess die etwas fülligen Formen zur Geltung kommen. Sie war zwar schlank, aber nicht dem damaligen sportlichen Frauenideal aus den Illustrierten ähnlich. Eine von vielen Männern begehrte junge Frau. Sie strahlte eine gewisse Unnahbarkeit aus und war in all ihren Beziehungen sehr zurückhaltend. Sie siezte die Haushalthilfe, aber auch ihre Eltern, die Großeltern von Peter, hat sie immer mit „Sie" angesprochen. Peters Vater wurde von ihr immer nur: „Sie, Aurel" angeredet.

Einer ihrer liebsten Freunde war Carl. Er war ein entfernter Verwandter. Seine Frau Emma war die Cousine von Peters Vater Aurel. Es kann sein, dass Carl sich in die beinahe um anderthalb Köpfe größere Agi verliebt hatte, denn jedes Mal, wenn er zu Besuch kam, funkelten seine Augen inmitten seiner Lachfalten noch lustiger als sonst.

Carl legte sein ‚homespun' Jäger-Sakko auf eine Stuhllehne, das Mädchen Marischka servierte Tee aus dem guten Meißner Porzellan mit der Bauernrose, und Onkel Carl fing an, bei Kerzenlicht von seiner letzten Jagd zu erzählen. Peter durfte dabei sein, trank seine Milchschokolade und hörte andachtsvoll zu. Es gab selbstverständlich damals kein Fernsehen. Ins Kino ging man nicht. Das war mehr eine Zerstreuung für Gymnasiasten, Soldaten und Dienstmägde. Onkel Carls farbige Erzählungen von der Jagd ersetzten die schönsten Filme. Er konnte zauberhaft Stimmungen, Farben, Düfte, Hunderte von Pflanzen, das Spiel von Licht und Schatten sowie die leisen Geräusche im Wald mit Wörtern und Tonimitationen wiedergeben. Man fühlte sich wie neben ihm auf der Pirsch in der kühlen Waldluft, voller Dunst und Düfte. Die Art und Weise, wie Carl zum Beispiel das plötzliche Erscheinen eines Rehs mit seinem Rehkitz auf einer Waldlichtung beschrieb, wobei er das leise Knacken des Unterholzes und das Vogelgezwitscher nachahmte, war wirklich unübertroffen. Agi hörte mit geschlossenen Augen zu, während Carl nicht ohne Bewunderung ihre ungewöhnlich langen Wimpern und ihr elfenbeinfarbiges Gesicht anstarrte. Peter sah das, aber bewertete Carls Blicke als natürliche Sympathie eines nahen Verwandten. Stunden vergingen so, und als Carl aufhörte, bat ihn Agi immer wieder: Weiter, weiter. Carl war einer der bekanntesten Jäger in der Gegend. Erstens war er hervorragend mit den feinsten Waffen aus Suhl ausgerüstet, nach Carls Vorlagen gearbeitete ziselierte Drillinge, Bockflinten und Karabiner. Seine gesamte Jagdausrüstung, sein Fernglas aus Jena, seine Hüte mit Gamsbartschmuck, die Jacken, Patronentaschen, alles stammte aus Deutschland. Sogar sein in Leder gebundenes Jägertagebuch, das er akribisch führte und mit kalligrafischer Schrift versah, die er durch kleine sehr gelungene Federzeichnungen in Tusche illustrierte, kam aus Deutschland. Die Tinte war von Pelikan, und seine Tuschefedern von Rotring aus Hamburg. Onkel Carl besaß somit nichts in seiner Jagdausrüstung, das nicht aus Deutschland kam. Wegen seiner wertvollen Trophäen, der korrekten Weidmannshaltung und profunden Kenntnisse der Tier- und Pflanzenwelt sowie seiner sehr freundlichen Natur war er gern gesehener Gast auf den Jagden der Grafen von Teleky, die ihr historisches Barockschloss achtzehn Kilometer von Neumarkt hatten. Aus der Familie der Grafen von Teleky stammte bereits der Reichskanzler der Kaiserin Maria Theresia. Ein Bruder des Grafen war der Ministerpräsident von Ungarn. Zur Jagdgesellschaft gehörte auch Dr. Julius

Halltrich, von dem bekannt war, dass er Gauleiter der NSDAP für den Gau Miresch war. Im Vorbeigehen hatte Carl neulich zufällig einen Gesprächsfetzen aus einer Unterhaltung zwischen Dr. Halltrich und dem gräflichen Jägermeister, Herrn Szegö, mitbekommen: „... Macht der Graf noch lange diese Judenjagden?"

Carl war schockiert. Erstens dachte er, dass er als Sohn eines angesehenen deutschen Bürgers trotz jüdischer Mutter, der sein Studium der Chemie in Leipzig absolviert hatte, gar nicht als Jude galt. Zweitens konnte er sich gut daran erinnern, wie noch voriges Jahr Dr. Halltrich sich sehr dankbar gezeigt hatte für die wunderbaren geräucherten Vorderschinken der von Carl geschossenen Wildsau, die ihm Carl zu Weihnachten geschenkt hatte. Carl hatte ein sonniges Gemüt, und schlussendlich dachte er nicht mehr an diese Episode. Es hätte ja sein können, dass er gar nicht gemeint war.

Agi und Aurel

Der Anfang ihrer Liebe, wie jeder Anfang einer Beziehung zwischen zwei jungen Menschen, hätte in einen Roman gepasst:

Agi war zusammen mit ihren Eltern zum siebzehnten Geburtstag ihrer Cousine Emma eingeladen. Emmas Eltern waren Eigentümer des Laubenganghauses, in dem Uhrmachermeister Schuster die hintere hofseitige Wohnung mietete. Aurel, damals Bonvivant der Stadt, war so gut wie verlobt mit Emma. Emma, eine adrette Brünette mit auffälligem Dekolleté, samtigen braunen Augen und leicht rot schimmernden Haaren, war verliebt in den schneidigen jungen Mann, der als hervorragender Tennisspieler und brillanter Tänzer auf allen Bällen der Stadt gerühmt wurde und darüber hinaus sehr gerne Karten spielte. Aurel hatte den Ruf eines Frauenhelden, der allzu oft seine Bekanntschaften wechselte. Aber er konnte es sich leisten: Mit seinen vierundzwanzig Jahren war er schon Prokurist bei der angesehenen Albingia-Bank. Des öfteren lieh er sich den schweren gelben Mercedes Benz Typ 370 S Mannheim seines Onkels Josef Mollnar aus, um dem in der Mühlengasse gelegenen Etablissement von Madame Margit einen Besuch abzustatten. Madame Margit, die Chefin des Hauses, schätzte Aurel wie alle. Er galt dort als Stammgast.

Bei der Geburtstagsfeier von Emma lernte Agi nun Aurel kennen, von dem sie bereits viel gehört hatte. Sie wusste, dass Emma mit ihm so gut wie verlobt war und dass Emmas Vater, der Spielwarenhändler Sadler, von dieser Beziehung nicht begeistert war. Als Agi Aurel begegnete, spürte sie etwas, worüber sie nur in Romanen gelesen hatte, und zwar ein Gefühl wie ein Blitz, der durch ihren Körper und ihre Seele drang. Sie errötete und war vollständig verwirrt. Sie glaubte, sich augenblicklich bis über beide Ohren verliebt zu haben, obwohl sie dieses plötzliche Verlieben doch für ein literarisches Klischee aus den Romanen von Courts-Mahler gehalten hatte.

Kurz: Agi und Aurel heirateten, doch von dem Verliebtsein blieb im Laufe der Zeit wenig übrig. Agis Ehe mit Aurel befand sich nach wenigen Jahren in einer tiefen

Krise. Der romantische, beinahe märchenhafte Beginn ihrer Liebe mündete nicht in eine durch gegenseitiges Vertrauen getragene harmonische Freundschaft und familiäre Verbundenheit. Daran konnte auch die glückliche Geburt ihres Sohnes Peter nichts ändern.

Die tiefen Gefühle Agis für ihren Mann wurden im wahrsten Sinne des Wortes zunehmend physisch belastet. Einerseits wurde für Agi die aufdringliche, ja übermäßige Triebhaftigkeit ihres Mannes zur Last, aber auch seine übertriebene Extrovertiertheit und seine Leidenschaft zum Flirten belasteten sie. Aurels ständige Besuche in der Mühlengasse, von denen sie wusste, beeinträchtigten zunehmend die eheliche Beziehung. Sehr störend und auch physisch schmerzhaft war für Agi das, was man damals mit „Unvereinbarkeit der Charaktere" umschrieb. Die seelische Belastung und der brennende Schmerz nach jeder intimen Vereinigung waren für Agi einfach zu viel. Sie überlegte sich oft, dass sie in der Lage gewesen wäre, eines dieser beiden Belastungen unter Umständen zu ertragen. Aber die charakterliche Volatilität, gepaart mit der übermäßigen Potenz ihres Mannes, waren für sie nicht verkraftbar.

Es traf sich gut, dass Aurel eine leitende Stellung in der Zentrale der Albingia-Bank in Klausenburg und später in Budapest bekam. So existierte die Ehe nur noch auf dem Papier. Die jüdische Herkunft seiner Frau betrachtete Aurel überdies zunehmend als Behinderung für seinen beruflichen und gesellschaftlichen Aufstieg. Er zeigte sich in Neumarkt immer seltener. Dr. Heimann, Agis Vater, dem sie sich anvertraut hatte, erlaubte es schließlich nicht mehr, dass der Name von Aurel in seinem Beisein ausgesprochen wurde.

Agi war, was die wenigsten wussten, nicht gesund. Sie hatte vor einigen Jahren ihre linke Niere verloren, und da damals an Dialysegeräten nicht einmal im Traum zu denken war, war ihr Leben stark eingeschränkt. Jede Erkältung, jeder Diätfehler, jede Infektionskrankheit, die ihre übrig gebliebene Niere hätte gefährden können, wäre für sie fatal gewesen. Sie hielt eine strenge salzarme Diät und trug um ihre

Taille immer einen breiten Gürtel aus feiner Angorawolle, die ihre Nierengegend wärmte. Oft lag sie im Bett mit einem elektrischen Wärmekissen. Überhaupt lag sie sehr viel im Bett, und im Gegensatz zu der Zeit vor ihrer Nierenoperation trieb sie keinen Sport mehr, obwohl sie eine gute Tennisspielerin war. Das Skilaufen in der Pojana bei Kronstadt hatte sie ebenfalls aufgegeben. Dadurch war ihre etwas sichtbare Körperfülle zu erklären. Sie legte sich jeden Nachmittag mit Nachthemd ins Bett und hielt ihren Mittagsschlaf. Peter sah manchmal seine Mutter im durchsichtigen Seidennachthemd aus dem Schlafzimmer ins Bad gehen. Das Gegenlicht aus dem Bad schien durch das Nachthemd, und die Augen des Jungen erfassten die Konturen ihres jungen Frauenkörpers. Peter hatte das Gefühl, dass er etwas Verbotenes, Geheimnisvolles tat, aber er suchte immer wieder die Gelegenheit, um seine Mutter, die er sehr schön fand, so zu sehen. Günstig war es, wenn seine Mutter ihn bat, sie jeweils um vier Uhr nachmittags zu wecken. Er tat das mit einem unschuldigen Kuss und atmete den feinen Duft, der seine Mutter umhüllte. Er hielt ihr das Negligé, und seine Blicke begleiteten sie im Gegenlicht der Badezimmertür. Agi pflegte manchmal, bevor der Vater heimkam, auf dem Recamiersofa im Wohnzimmer ihren Mittagsschlaf zu halten. Sie schlief ein, während Peter ihre langen seidenmatten braunen Haare, die über die Kopfrolle des Sofas zum Boden hingen, mit einem großen Bakelitkamm langsam kämmte. Der Kamm hatte beinah fingerdicke Zinken, zwischen denen ihre Haare durchglitten. Er musste sehr aufpassen, um bei verknoteten Strähnen nicht an ihren Haaren zu zerren. Das hätte er sich nie verziehen. Manchmal knisterten die Haare, weil sie sich am Bakelitkamm elektrisch aufgeladen hatten. Der Junge hielt dann den Kamm kurz an seine metallene Gürtelschnalle, und die elektrische Ladung verschwand. Agi schlief ein, und ihr Gesicht strahlte glücklich.

Das Wiener Diktat

Die Ereignisse beschleunigten sich. In der Stadt herrschte gespannte Ruhe, und unter der rumänischen Bevölkerung machte sich Panik breit. In der großen grauen griechisch-orthodoxen Kathedrale, die sich wie ein Fremdkörper am Ende des Marktplatzes erhob, hielten die Rumänen Bittgottesdienste ab. Die wohlhabenden Rumänen, Ärzte, Anwälte, Notare und Beamte, verließen die Stadt. Peters Schulkamerad, Lucian Jeremia, der lange Zeit sein Banknachbar war, verschwand einfach. Es war eine ausgesprochene Seltenheit, dass ein rumänischer Junge das reformierte Kollegium besuchte. Hier hatten bereits die Großväter und Großonkel von Peter ihre Matura gemacht. Die Schule galt bei den rumänischen Behörden als Zentrum ungarischen Ungehorsams. Das Ergebnis des ersten Weltkriegs und den „Schandfrieden" von Trianon von 1918 hatte innerlich kein Siebenbürger Ungar anerkannt. Insgeheim hatte jeder während der letzten zweiundzwanzig Jahre seine rot-weiß-grüne ungarische Flagge gut versteckt aufbewahrt.

Dr. Andor Fekete, der Bruder von Peters Großmutter, war einer der Fürsprecher der ungarischen Bevölkerung, die in dieser Gegend die überwiegende Mehrheit darstellt. 1919, kurz nach der rumänischen Besetzung, war ihm Schlimmes widerfahren. Von einer Horde von bewaffneten rumänischen Nationalisten, die in seine Wohnung einbrachen, wurde er nachts um zwei Uhr aus dem Bett gezerrt. Sie stülpten ihm einen Sack über den Kopf und zerrten den sich heftig wehrenden und nach Hilfe schreienden Mann in eine Kutsche. Elisabeth, die Magd, hörte die Hilferufe ihres Herrn, und im Nachthemd, wie sie war, sprang sie auf die Hinterachse der Kutsche, die gerade aus dem Innenhof durch den Torbogen in Richtung Marktplatz fuhr. Die junge Frau schrie mit solch gewaltiger markerschütternder Stimme um Hilfe:

"Mörder, sie ermorden Dr. Fekete, Hilfe, Leute, Hilfe!", dass in kurzer Zeit die aus dem Schlaf geweckten Bürger auf die Straße liefen und das Pferdegespann anhielten. Die Entführer verschwanden in der Nacht, und Onkel Andor wurde befreit.

Am nächsten Tag ließ er vor allen Fenstern seiner Kanzlei und seiner Wohnung schwere eiserne Scherengitter einbauen. Ob er in der Stadt zu Fuß ging oder mit der Kutsche fuhr, er ließ sich fortan immer von einem Privatdetektiv begleiten.

Peters Großmutter schwor nach dem Einmarsch der Rumänen 1918, kein einziges rumänisches Wort mehr in den Mund zu nehmen. Sie hielt ihren Schwur, auch wenn das manchmal zu witzigen Situationen führte, z.B. wenn der Briefträger Geld brachte und die Großmutter mit Händen und Füßen gestikulierend ihm verständlich machen wollte, dass sie nichts verstehe. In der „Kleinen Morgenzeitung", einer der letzten ungarischsprachigen Zeitungen Siebenbürgens, erschienen immer öfter mutige Artikel über die Rückführung Siebenbürgens in das Königreich Ungarn und über das Unrecht von Trianon.

Dies war ein Kapital für sich: Ungarn war ein Königreich, alle Behörden, Polizei, Post, Finanzamt, Eisenbahn, alles, was mit dem Staat zu tun hatte war „königlich ungarisch". Die Sache hatte nur einen Haken: Es gab keinen König.

Admiral Miklos Horthy, der persönlicher Adjutant von Kaiser Franz Joseph und später Oberbefehlshaber der Österreichisch-Ungarischen Kaiserlichen und Königlichen Kriegmarine in der Adria war, wurde Reichsverweser, eine denkwürdige Regierungsform. Horthy trug immer eine blaue Admiralsuniform, obwohl Ungarn alle Zugänge zum Meer verloren hatte und die kaiserlich-königliche Flotte zwar in der Seeschlacht von Ortranto unter Horthy gesiegt, aber auf seinen Befehl hin sich selbst versenkt hatte. Seitdem war er „Admiral der berittenen Kriegsmarine". Er hatte die Gewohnheit, bei Paraden oder sonstigen Feierlichkeiten auf einem wunderschönen Schimmel zu reiten. Es gab sogar Lieder, die bereits als Volkslieder galten: „Horthy Miklos auf deinem weißen Pferd komme und befreie uns".

Nachdem im August 1940 durch Radio und Zeitungen der zweite Wiener Schiedsspruch von Adolf Hitler und Benito Mussolini bekannt wurde, brach unbeschreibliche Freude und Jubel im gesamten Nordsiebenbürgen aus. Dieses Gebiet, hauptsächlich das Szeklerland, hatte eine überwältigende ungarische

Bevölkerungsmehrheit. Das ganze Gebiet wurde mit sofortiger Wirkung Ungarn zugesprochen.

Die rumänischen Behörden verließen noch in der selben Nacht still und heimlich die Stadt. Am nächsten Tage hing ein Fahnenmeer in den ungarischen Farben - rot, weiß, grün - an den Häusern und Behörden, anstelle der verhassten rumänischen Trikolore - rot, gelb, blau. Auch das Haus von Dr. Heimann, Peters Geburtshaus, war in den ungarischen Farben geschmückt. Die Großmutter hatte, obwohl dies strafbar war, 1918 die ungarische Fahne in ein weißes Leinentuch eingenäht, auf dem großen Dachboden hinter einem Balken gut versteckt - und sie jetzt wieder hervorgeholt.

Die ungarische Armee hielt ihren Einzug in Neumarkt am Miresch, das nun wieder Marosvasarhely hieß, am nächsten Tag. Es war ein Donnerstag.

Der feierliche Einmarsch mit Militärparade und klingendem Spiel, kommandiert durch Admiral Miklos Horthy persönlich und mit anschließendem großen Empfang, sollte Sonntag stattfinden.

Der Reichsverweser nahm seinen Sitz im Schloss des Grafen Teleky, wo am selben Abend ein festlicher Empfang stattfand. An diesem Empfang im barocken Festssaal des Schlosses nahmen neben vielen anderen Persönlichkeiten Onkel Andor, Carl Gabler, Dr. Heimann, aber auch Dr. Halltrich teil. Alle feierten im Beisein seiner Hoheit des Reichsverwesers die seit langem ersehnte Wiedervereinigung Siebenbürgens mit dem Mutterland. Die Vorfahren des Geschlechtes derer von Teleky schauten still aus ihren goldgerahmten dunklen Ölgemälden auf die aufrichtig vergnügte und irgendwie glücklich feiernde Gesellschaft herab. Ungarn würde später Hitler und Mussolini für dieses Geschenk einen Preis zahlen müssen, dessen Bedeutung im Augenblick noch unvorstellbar war: die Verpflichtung Ungarns, an der Seite Deutschlands in den Krieg gegen die Sowjetunion einzutreten.

Am nächsten Tag verschlang Peter die Zeitungsberichte über dieses großartige Ereignis. Am Sonntag schaute er aus dem Fenster des Hauses von Dr. Samson, das genau an der Strecke der Parade lag. Magda, die Frau des Zahnarztes Dr. Samson, war mit Peters Mutter befreundet. Sie war sogar ihre beste Freundin, obwohl man sich gegensätzlichere Persönlichkeiten gar nicht vorstellen konnte. Agi war schön, anmutig, ruhig und von vornehmer Zurückhaltung, mit bescheidener unauffälliger Eleganz. Magda war eigentlich nicht hübsch, sie hatte zu schmale Hüften, die zu ihrem ausladenden Busen nicht passten, ihre Arme wie ihre Beine waren dünn und gerade, wodurch sie länger erschienen als sie waren. Sie war schrill gekleidet, meistens in rot, sprach laut und hatte ein herzhaftes Lachen. Dabei wurden allerdings ihre perlenähnlichen wunderbaren weißen Zähne sichtbar. Es kann sein, dass Agi Magda eben wegen ihrer Extrovertiertheit so sehr mochte, und ihr Lachen munterte sie immer wieder auf. Magda trug ihre vollen braunen kastanienbraunen Haare in einem damals modischen Haarnetz am Hinterkopf zusammengefasst. Unerklärlicherweise rief dieses Haarnetz in Peter abgrundtiefe Antipathie hervor.

Auf der Straße herrschte unbeschreibliche Begeisterung. Eine ausgelassene fröhliche Stimmung ergriff die vielen Zuschauer auf den Bürgersteigen, in den Fenstern und auf den Balkonen entlang der Strecke, auf der die Parade ablief. Immer wieder warfen die Menschen Blumen auf die im Schritt vorbeifahrenden sauber gewienerten Militärfahrzeuge.

Weg war der Spuk der großrumänischen Armee mit ihren unordentlichen alten Pferdegespannen und schlecht gekleideten Soldaten. Die ungarischen Soldaten waren besonders fesch herausgeputzt und grüßten mit großen Gesten die jubelnde Menge. Ab und zu sprang ein Soldat oder Offizier vom Fahrzeug und umarmte oder küsste rein zufällig das hübscheste Mädchen am Straßenrand. Plötzlich sprang ein sehr gut aussehender Oberleutnant von seinem offenen Mannschaftswagen, der langsam weiter fuhr, schwang sich zum Hochparterrefenster , von wo aus Agi und Magda fröhlich winkten, und küsste Agi auf dem Mund. Das ging alles so schnell, dass keiner darauf reagieren konnte. Die beiden jungen Frauen sahen sich an und lachten verlegen. Peter sah aus unmittelbarer Nähe diese Szene. Die neue Uniform des ungarischen Offiziers mit breitem Gürtel und der Pistolentasche erinnerte Peter an die Uniform von Michael. Es war derselbe Duft von Leder und neuem Stoff. Der Offizier saß längst wieder an seinem Platz, rechts vom Fahrer des Mannschaftstransportes im Blumenregen, als der Junge noch immer seine Gefühle zu beherrschen versuchte. Er hatte noch nie erlebt, dass ein fremder Mann seine Mutter auf den Mund geküsst hatte. Ihm verging die Freude am ganzen triumphalen Einmarsch der ungarischen Armee, und er verließ das Fenster. Die fröhliche Stimmung hielt die ganze Nacht in der Stadt an.

Im Judenviertel

In der Kossuth-Straße, stadtauswärts, lag das eigentliche Judenviertel. Hier wohnten in der Nachbarschaft der orthodoxen Synagoge die religiösen Juden in ihren kleinen schiefen Häuschen. Viele hatten auch tagsüber die Fensterläden geschlossen. Die koschere Metzgerei mit Delikatessen wie Gänseleber und geräucherter Gänsebrust, Israel der Bäcker und viele kleine Handwerksbetriebe säumten die engen Straßen. Hier in diesem Viertel wohnten die Juden, die dem typischen Klischee entsprachen. Die meisten trugen lange schwarze Mäntel, Pelzmützen und weiße Kniestrümpfe. Frauen waren kaum zu sehen. Die Kinder mit zu langen kurzen Hosen, Schnürschuhen, schwarzen Hosenträgern über den weißen Hemden und Schläfenlocken spielten Ball auf der Straße. Sie sahen wie kleine Erwachsene aus, hatten blasse Gesichter, waren still und nicht ausgelassen wie andere Kinder. In einer der Nebenstraßen lag die Synagoge der orthodoxen jüdischen Gemeinde. Ein großes Gebäude im byzantinischen Stil, unverputzt aus rotem Backstein, davor ein hoher eiserner Zaun. Diese Synagoge unterschied sich sehr stark vom neologen Tempel der wohlhabenden nichtorthodoxen Juden der Stadt. Das reich verzierte große Gebäude mit einer gewaltigen Kuppel zwischen zwei zwiebelförmigen Türmen erinnerte an eine katholische Kathedrale. Über dem Eingangsportal war ein farbiges Glasfenster mit biblischen Motiven, und in der Mitte ein beeindruckender Davidstern. An hohen jüdischen Feiertagen nahm Dr. Heimann seinen Enkel zum Gottesdienst mit.

Diese Welt war eine andere, und zwischen den orthodoxen und den neologen Juden bestand nicht der geringste Kontakt. In den assimilierten Kreisen schämte man sich unausgesprochen der armen klischeehaften Juden wegen. Man wollte nicht mit den „ewigen" Juden in einen Topf geworfen werden. Man hielt die sich an der ostjüdisch-orthodoxen Tradition festklammernden Glaubensgenossen für rückschrittlich und ihr Aussehen insgesamt für mitursächlich am immer spürbarer aggressiven Antisemitismus.

Die jungen ungarischen Offiziersschüler, die sich in angetrunkenem Zustand gegenseitig an den Schultern hielten, zogen über die gesamte Breite der schmalen Gasse des Judenviertels und sangen laute Lieder, was die Bewohner dort erschreckte. Einer der jungen Offiziersanwärter warf, nachdem er eine Kadarka-Weinflasche ausgetrunken hatte, diese in großem Bogen gegen die Wand eines niedrigen Hauses. Die Weinflasche zerbrach und hinterließ einen roten Fleck an der Wand. Kurz darauf erschien ein kleiner alter Mann, schwarz gekleidet mit langem schlohweißen Bart und einer kleiner Samtmütze auf seinem Kopf.

„Bitteschön, Herr Offizier, tun sie so etwas nicht."

„Wer bist denn du alter Scheißer?"

„Ich bin der Tempeldiener hier in der Synagoge, schon seit fünfundzwanzig Jahren."

„Ein nichts bist du," schrie ihn ein etwas angeheiterter Unterleutnant von der Seite an.

„Warum, bitte schön, sagen sie so etwas? Sie waren noch gar nicht geboren, als ....."

„Halt die Fresse, du alte Judensau. Sonst passiert was."

Der alte Herr Hirsch wurde ganz ruhig und spürte, dass es nicht ungefährlich war, mit den angeheiterten jungen Offiziersanwärtern die Auseinandersetzung fortzusetzen. Er machte ein paar Schritte zurück, drehte sich um und wollte gehen.

„Feige bist du auch noch!"

„So seid ihr alle, Diebe, Feiglinge und Schmarotzer!" Ergänzte ein anderer Uniformierter.

Daraufhin drehte sich der Alte plötzlich um und rief so laut er konnte: „Rotzlöffel, du warst noch nicht geboren, als ich bereits an der Front war mit den Dreiundzwanziger Husaren."

In diesem Augenblick sprang der eine Kadett von der Seite den alten Mann an, schleuderte ihn zu Boden, die anderen drückten ihn nieder, und alle gemeinsam zerrten und zupften sie an seinem langen Bart, bis er blutüberströmt mit halb ausgerissenem Bart liegen blieb. Die Bewohner der Häuser, die hinter den Gardinen die grausame Szene beobachtet hatten, liefen auf die Straße zum alten Herrn Hirsch, halfen ihm auf die Beine und begleiteten ihn in sein Haus. Die Offiziersschüler zogen weiter unter Absingen unflätiger Lieder und Spottsprüche gegen die Juden brüllend. Es kam keine Polizei und keine Hilfe. Im Judenviertel schlich sich die jahrhunderte-alte Pogromangst ein.

Dr. Heimann las in der „Kleinen Morgenzeitung" über die Vorkommnisse in der Kossuth-Straße mit Schrecken und Abscheu. Er legte die Zeitung auf seinen Schreibtisch neben das Frühstückstablett, faltete seine Hände und dachte: So weit ist es schon. Die glückselige Befreiung und die Heimkehr ins Mutterland fängt ja gut an. In dem Augenblick betrat Peter das Zimmer, wieder ohne anzuklopfen.

„Gut, dass du kommst, mein Kleiner. Ich werde dir etwas vorlesen im Anschluss an unser Gespräch von gestern."

„Lies vor, Großvater."

Mit etwas Rührung in der Stimme las der Großvater dem Enkel den Bericht über den brutalen Übergriff der Kadetten im Armenviertel vor. Dann schwiegen sie beide. Der kleine Junge sagte ganz leise: „Ich habe dich verstanden Großvater. Die Hitlerjugend passt nicht zu mir. Aber Michael bleibt mein bester Freund. Ich verstehe nicht, Großvater, warum sie uns das alles antun."

Der Großvater ging zu seinem Bücherschrank, öffnete die Kristallglastür und nahm vom obersten Regal die alte in Leder gebundene Bibel heraus. Er blätterte das zweite Buch Moses, Vers neunzehn, auf und las dem Bub folgendes vor:

„Am ersten Tag des dritten Monats nach dem Auszug der Israeliten aus Ägyptenland, genau auf den Tag, kamen sie in die Wüste Sinai. Denn sie waren ausgezogen von Refidim und kamen in die Wüste Sinai und lagerten sich dort in der Wüste gegenüber dem Berge. Und Moses stieg hinauf zu Gott. Und der Herr rief ihm vom Berge zu und sprach: So sollst du sagen zu dem Hause Jacob und den

Israeliten verkündigen: Ihr habt gesehen, was ich mit den Ägyptern getan habe, wie ich euch getragen habe auf Adlerflügeln und euch zu mir gebracht. Werdet ihr nun meiner Stimme gehorchen und meinen Bund halten, so sollt ihr mein Eigentum sein vor allen Völkern; denn die ganze Erde ist mein. Und ihr sollt mir ein Königreich von Priestern und ein heiliges Volk sein."

Der Großvater schwieg. Dem Jungen füllten sich die Augen mit Tränen, und er sagte ganz leise: „Aber Großvater, ich will nicht heilig sein, ich will kein Priester sein, ich will ein Junge sein, wie die anderen auch."

Der Großvater streichelte ihn über seine kurz geschnittenen Haare und murmelte ganz leise: „Das, mein Junge, ist nicht in unserer Hand."

Die Petroleumfabrik

Die kleine siebenbürgische Stadt Neumarkt war das Zentrum des Szekler-Landes. Dieser alte Stamm von freien Bauern bildete Jahrhunderte lang das Bollwerk der Österreich-Ungarischen Monarchie und vorher des alten Ungarischen Königreiches gegen die Türken. Der Karpatenbogen war wie eine natürliche Festungsmauer. Um die Jahrhundertwende zur Zeit des aufblühenden Kapitalismus hatte sich auch Neumarkt gewandelt. Der Großvater sagte, dass das die glücklichsten Jahre vor dem ersten Weltkrieg waren. Damals hatte die Stadt einen der erfolgreichsten Bürgermeister ihrer Geschichte, Dr. Bernady. Keiner seiner Nachfolger hat annähernd so stark das Gesicht der Stadt geprägt wie er. Der im Jugendstil errichtete Kulturpalast mit seinem schönen Dach aus emaillierten farbigen Ziegeln, mit den herrlichen Mosaiken, welche die Eingangshallen verzierten, den Festsälen, insbesondere dem Spiegelsaal, dem Konzertsaal mit der großen Orgel, und der Bibliothek war der Stolz der Stadt. Das emaillierte Ziegeldach glänzte in der Sonne und war von weitem sichtbar.

Neben dem Kulturpalast erhob sich das neue Rathaus, ebenfalls im Jugendstil mit szeklerischem Einschlag. Das Gebäude mit dem hohen Turm, mit roten, weißen und blauen glänzenden emaillierten Ziegeln bedeckt, und der großen Uhr mit den vier Ziffernblättern, jeweils eins in jeder Himmelsrichtung, war aus den meisten Bezirken der Stadt sichtbar. Der Glockenschlag nach Westminster-Art war dagegen bei jeder Tag- und Nachzeit in der ganzen Stadt unüberhörbar bis hinunter zu der Siedlung der Fischer am Miresch hinter dem Deich.

In diese Zeit fiel auch die industrielle Entwicklung von Neumarkt. Szekely und Reti gründeten ihre Möbelfabrik, die später die fein gearbeiteten Stilmöbel bis nach Frankreich exportieren sollte. Philipps in Hilversum bezog die spiegelglatten polierten Nusswurzelholzgehäuse für seine Radiogeräte von Szekely und Reti. Die Zuckerfabrik, die Transilvania Butterfabrik und die Ledergerberei sind auch in diesen Jahren gegründet worden. Auch die Petroleum Fabrik wurde um 1906 gegründet. Sie hatte direkten Bahnanschluss und erhielt das Rohöl mit

Zisternenwaggons direkt aus Ploesti, wo die berühmten Rohölfelder Rumäniens lagen. Alles war damals in amerikanischer Hand, die Standard Oil of New Jersey betrieb die Ölfelder in Rumänien und auch die Raffinerie in Neumarkt. Nach dem Zweiten Wiener Diktat und dem Wiederanschluss von Nordsiebenbürgen an Ungarn wurde die Verbindung zu den rumänischen Ölfeldern unterbrochen. Das gesamte rumänische Öl ging in das Deutsche Reich nach Leuna und nicht mehr nach Neumarkt. Die stillgelegte Raffinerie von Neumarkt versank in einer gespenstische Ruhe. Zwischen den Destillerietürmen und Rohrleitungen wuchs Gras. Die für einen Laien unverständlich verschlungenen dicken schwarzen Rohre mit ihren großen Ventilrädern und Schiebern sowie die schmalen Metallleitern, die hoch hinauf bis zur Spitze der Crackingtürme führten, übten eine magische Anziehungskraft auf abenteuerlustige Buben aus. Das Werksgelände war zwar eingezäunt, aber Peter und Michael wussten, wo man unerkannt hineinschlüpfen konnte. Sie suchten ständig nach einem Wunder, verlorenem Werkzeug oder geheimen Plänen. Immerhin wähnten sie sich in einer prickelnden geheimen Mission und wollten unbedingt auf dem verbotenen, verwunschenen Fabrikgelände das große Abenteuer erleben.

Eines Tages spielten sie mit dem weißen Fußball auf einer der Freiflächen. Die grau-braune Fläche sah wie asphaltiert aus und roch auch so. Der Ball rollte an den Rand der fußballfeldgroßen Fläche, die den Jungs als Spielplatz diente. Peter lief nach dem Ball und sah, dass dieser in einer glänzenden, nach Teer riechenden Pfütze gelandet war. Der Ball war derart verschmiert, dass sie mit dem Spiel aufhören mussten. Mit einem Grassbüschel wischten sie den Ball ab und gingen nach Hause.

Carl Gabler, der gerade wieder einmal Agi besuchte, kam Peter entgegen, der mit dem verschmierten Ball ankam. Als gelernter Chemiker erkannte Carl sofort den stechenden Teergeruch.

„Wo warst du, Junge? Du riechst ja wie eine ganze Chemiefabrik."

Peter schwieg, er wusste, dass es streng verboten war, die Raffinerie zu betreten.

„Du kannst es mir ruhig sagen. Du weißt, von mir erfährt niemand etwas." animierte ihn Carl und zwinkerte aus seinen wie immer leuchtenden Augen.

„Ich sage es dir, Onkel Carl, aber es muss unter uns bleiben."

„Klar."

„Wir ..."

„Wer ist wir?"

„Michael und ich . Wir waren in der Raffinerie."

Carl schüttelte den Kopf.

„Du bist ein kluger Junge. Du weißt, so eine alte Fabrik birgt Gefahren. Man kann sich verletzen, und obendrein hört ja niemand, wenn nach Hilfe gerufen wird. Das ist eine große Dummheit gewesen."

„Wir wollen auch nicht mehr hin. Schau, der Ball ist auch total verdreckt."

„Aha, das stinkt also. Gib mal... „

Carl fasste vorsichtig den Ball an den noch sauberen Stellen an, roch an den teerähnlichen braunen Flecken und fragte: „Und wie ist das passiert?"

„Wir haben an einem nicht bewachsenen Bolzplatz gespielt, und als der Ball wegrollte, landete er in dieser Brühe. Du bist doch Chemiker. Sag mir, wie kann ich den Ball wieder sauber kriegen?"

„Mit Terpentin oder Leichtbenzin. Gib' mir den Ball, ich mache ihn bei uns im Betrieb sauber, und morgen kannst du ihn bei mir abholen."

Carl besaß mit seiner Frau Emma einen kleinen chemischen Betrieb, der hauptsächlich Material für zahnärztliche Laboratorien herstellte, rosafarbene Bienenwachsplatten, Zement- und Amalgampulver, flüssiges Quecksilber für Füllungen. Dank seiner Verbindungen nach Deutschland verkauften sie fast die ganze Produktion dorthin. Aus Deutschland kamen die fein bedruckten Schachteln mit Namenszügen, wie „Dr. Lehmann Zahnlabor Dresden". Sogar das Zellophanpapier und die hauchdünnen Seidenpapierlagen für die Bienenwachsplatten kamen aus dem Reich. Carls Werk war Manufaktur für die deutschen Großlaborlieferanten.

Den kleinen Betrieb führte Carls Frau Emma, eine kleine energische, sehr resolute Unternehmerin, ganz alleine. Sie kümmerte sich um alles, vom Einkauf bis zur Buchhaltung, von der Korrespondenz mit den Kunden in Deutschland bis hin zur Qualitätskontrolle der Produkte. Durch ihre Hände ging jede einzelne Exportverpackung. Carl selbst pflegte die Jagd und die Kontakte zur deutschen Kundschaft im Reich, wohin er ab und zu Geschäftsreisen unternahm und seine ehemaligen romantischen Verbindungen aus seiner Studienzeit in Leipzig auffrischte.

Als Carl mit dem bräunlich verschmierten Ball in seinem Betrieb ankam, wollte seine Frau gerade die kleine Fabrik verlassen.

„Was hast du schon wieder aufgelesen, Carl?"

„Emma, ich sage dir, wenn das, was ich vermute, richtig ist, dann können wir unsere Negerproduktion für die Deutschen einstellen. Dann sind wir nämlich Großindustrielle."

„Du spinnst."

„Lass' uns in das Büro gehen, Emma."

„Sprich", sagte Emma und nahm an ihrem alten, etwas abgewetzten Schreibtisch Platz, der noch aus dem Nachlass ihres Vaters stammte, der in der großen Krise von 1929 alles einschließlich seines Lebens verloren hatte.

„Schau, die Kinder haben in der alten Raffinerie Destillationsresiduen entdeckt, aus denen Teer hergestellt werden könnte. Die Frage ist, welche Mengen dort lagern. Wenn wir über den alten Doktor Jeremia ...."

„Ja, aber die sind doch fort nach Rumänien", unterbrach ihn Emma."

„Ein Jagdkamerad ist nie fort! Er war doch Prokurist bei der Romano Americana, und wenn wir die Nutzungsrechte über ihn bekämen, dann ..."

Emma, die eine hellwache und pfiffige Kauffrau war, unterbrach ihn wieder.

„Hör mal, wir müssen nicht irgendwelche Rechte oder so was kaufen, dann wittern die was. Wir übernehmen einfach die Aufsicht und die Räumung von eventuellen gefährlichen Ablagerungen, damit, wie es zum Beispiel den Kindern ergangen ist, keine Gefahren mehr von der stillgelegten Raffinerie ausgehen können."

Carl umarmte seine Frau: „Ich wusste schon immer, das du eine tolle Geschäftsfrau bist."

Leicht bewegt erwiderte Emma: „Jemand muss doch in der Familie an die Kohle denken. Deine Jagerei bringt ja nicht viel, das kannst du ruhig zugeben."

„Pass mal gut auf, mein kleines Häschen!" - das war die höchste Form der Liebkosung bei Carl -: „Auf der Jagd bei dem Grafen Teleky war auch General Szombathelyi, der der stellvertretende Kommandeur der ungarischen Luftwaffe ist. Weißt du, was der erzählt hat? Dass sie zur Zeit in Papa in Transdanubien einen riesigen Fliegerhorst bauen, der von der Deutschen Luftwaffe mitbenutzt werden soll. Sie haben die größten Probleme, weil sie keinen Asphalt für die Landebahnen beschaffen können. Der ganze Teer und das schwere Heizöl wird aus Ploesti mit dem Rohöl nach Leuna exportiert. Du weißt doch, die machen aus Teer alles, von Autoreifen bis zu Medikamenten. Leuna sage ich Dir."

„Das kenne ich. Du hast mir doch das Buch von diesem Zischka gegeben."

„Eben, Emma, mein Schatz, das können wir schon mal für eine kleine Feier vormerken."

Emma, die eine sehr temperamentvolle Frau war, freute sich auf einen schönen Abend mit ihrem Carl.

Nach ein paar Tagen ging Carl in Begleitung von Peter zur Petroleumfabrik, so hieß die Erdölraffinerie im Alltagssprachgebrauch. Carl hatte von der Verwaltung den Schlüssel zu den schweren Messingvorhängeschlössern der Ketten erhalten, mit denen das große Eingangstor verschlossen war. Er stieß das Tor auf, und sie betraten über die mit Unkraut bedeckten Gleise das Werksgelände. Die dunklen

Eisenbahnschwellen waren vor lauter Kamille, Huflattich, Löwenzahn und anderem Unkraut kaum sichtbar...

„Nun zeig mir, Bub, wo das mit dem Ball vorgefallen ist."

Der Junge führte Carl über eine asphaltähnliche graue fußballfeldgroße Fläche, über deren Ränder das Unkraut schon kniehoch wucherte. Die glänzende, stechend riechende Pfütze war noch da.

„Hier war es." sagte der Junge.

Carl holte aus seiner Tasche ein Reagenzglas, das mit einem roten Gummipfropfen verschlossen war, und eine kleine Schöpfkelle und füllte ganz vorsichtig das Glas mit der zähen Flüssigkeit. Die braune Substanz floss nur langsam am Glasrand hinunter und schimmerte in allen Farben des Regenbogens.

„Was ist das für Zeug, Onkel Carl?"

„Das sind Reste von der Erdöldestillation, also von der Peteroleumherstellung."

„Ich verstehe das nicht."

„Komm, ich erkläre dir das, aber lass' uns sehen, wo es solche Flächen noch gibt."

Sie durchwanderten das mehrere Hektar große Grundstück der Raffinerie, und Carl stellte fest, dass es noch mindestens neun solch größere und einige etwas kleinere Flächen gab. Carl merkte sofort, dass es sich um Absetzgruben handelte, die sicherlich mehrere Meter tief waren und in denen die damals als wertloser Rückstand angesehenen Residuen des Destillationsprozesses abgelagert worden waren. Er stellte sich mit Grauen vor, was passiert wäre, wenn die gehärtete Oberfläche unter den spielenden Kindern eingebrochen wäre. Die Kinder hätten qualvoll in dem stinkenden Ölschlamm den Tod gefunden. Ihre Hilfeschreie hätte niemand gehört. Es war eine Art schweres Heizöl, das aber in der Form nur durch komplizierte technologische Prozesse nutzbar war. Bei den niedrigen Preisen für solche Abfallprodukte hatte die damalige Direktion entschieden, die dicke Brühe zunächst in Erdgruben zu sammeln. Dann kam die neue Grenzziehung, und scheinbar kümmerte sich danach niemand mehr um diese Hinterlassenschaft.

Carl versuchte, Peter zu erklären, um was es hier ging.

„Du weißt doch, wenn deine Großmutter Kaffee kocht, bleibt in den Tassen immer ein gewisser Kaffeesatz."

„Also, Kaffeesatzlesen," erwiderte der Junge.

„Genau. So verhält es sich hier, ich möchte aus diesem Kaffeesatz lesen. Vielleicht ergibt sich daraus etwas sehr spannendes."

„Ist das gefährlich, Onkel Carl?"

„Es hätte für euch gefährlich werden können, wenn die dicke Haut, die diese Becken bedeckt, unter euch durchgebrochen wäre. Dann wäre nicht nur der Ball schmutzig geworden. Du musst mir zwei Dinge versprechen."

„Das tue ich."

„Du darfst nie wieder diese Flächen betreten, und zweitens darfst du niemandem, aber wirklich niemanden, von unserem Besuch hier erzählen."

„Auch Michael nicht? Er ist doch mein bester Freund."

„Nein, ich bitte dich, sprich mit niemandem darüber. Komm, besiegeln wir das mit einem Handschlag."

Carl umfasste die kleine Hand des Jungen. Dieser fühlte sich stolz und wichtig - schon wegen des großen Geheimnisses, dessen Sinn er zwar nicht verstand, aber dennoch fest entschlossen war, jeder Versuchung zu widerstehen, das Geheimnis von Onkel Carl zu bewahren.

Carl analysierte in seinem kleinen chemischen Labor den Fund aus dem Reagenzglas. Er wusste noch aus seiner Studienzeit in Leipzig, dass solche Rückstände von hochmolekularen Wasserstoffen Harze bilden können, die sich zur Herstellung von Asphalt eignen. Bitumenharz unter Beimengung von Sand und Kies ergibt Asphalt. Die Frage war nur, ob diese parafinartige hochkonzentrierte Substanz die richtige Zusammensetzung hatte und ob es tatsächlich ein bitumenartiger Stoff war. Das Labor der Chemischen Fakultät der Universität von

Budapest, wohin er die Probe geschickt hatte, bestätigte ihm glücklicherweise seine Vermutung nach kurzer Zeit. Sein Freund, Dr. Gamentzy, arbeitete die entsprechenden Vertragsentwürfe aus, und Carl erledigte den Rest mit den Liquidatoren der Petroleumfabrik, die er über Dr. Jeremia von den Jagdpartien kannte. Die Herren waren sogar erfreut, dass sich unerwartet jemand fand, der sich der Ablagerungen annahm. So könnte das wertvolle Gelände nach Abriss der Fabrik nutzvoll verwendet, parzelliert und bebaut werden.

„Das sind gute Geschäfte, Herr Gabler." sagte Rechtsanwalt Jeremia.

„Wenn beide Parteien zufrieden sind, ist das der Idealzustand." erwiderte Carl.

Darauf tranken sie ungarischen Törkely-Sekt. Beim Anstoßen klirrten die Gläser.

Carl ging beschwingt in sein Labor zurück, nahm Emma in den Arm und lud sie zum Essen ein. „Wir haben den wichtigsten Vertrag unseres Lebens geschlossen." sagte er zu ihr und küsste sie auf beide Wangen. Nach einem köstlichen Mittagessen in ihrem Stammlokal „Zum Löwen" überzeugte Carl Emma, nicht mehr in die Firma zurück-zukehren, sondern einen schönen Nachmittag in der Wohnung zu verbringen. Sie waren schon seit über zwanzig Jahren verheiratet, und die erste Glut ihrer körperlichen Liebe war so gut wie erloschen. Immer häufiger traten bei Carl auch Potenzprobleme zur großen Enttäuschung von Emma auf. An diesem Nachmittag war das alles wie verflogen. Sie liebten sich lange, ausgiebig und mit viel Phantasie, so wie in jungen Jahren.

Als sie danach nebeneinander lagen, ohne das Licht einzuschalten, nur im Licht der hellgrauen Dämmerung des späten Nachmittags, sagte Emma verschmitzt:

„Liebster, scheinbar wirken Bitumenverträge sehr positiv auf dich. Du solltest Bitumen hierfür zum Patent anmelden."

Carl lachte, küsste und umarmte seine Frau. „Warte nur ab, du wirst sehen, wir werden damit Erfolg haben und nicht nur in der Liebe."

Dann erzählte er ihr seine Idee mit dem General der Luftwaffe und dem Fliegerhorst in Papa. Er kündigte ihr an: „Morgen reise ich nach Budapest."

Der gelbe Stern

Die Großmutter saß im Nähzimmer, wo auch gebügelt und die anfallenden Näharbeiten von den Mädchen verrichtet wurden. In hellen Weide-Wäschekörben lag die sorgsam gefaltete Wäsche, sortiert nach farbig und weiß. Die alte Singer-Nähmaschine stand vor dem Fenster. Die Großmutter arbeitete an einem zitronengelben Tuch. Sie hatte sich eine Schablone aus harter Pappe zurecht geschnitten. Es war ein sechseckiger David-Stern, Durchmesser genau 7,5 cm von der einen Spitze zur anderen. Dann zeichnete sie auf die Rückseite des Stoffes nach der Schablone mit blauer Schneiderkreide den Stern und schnitt ihn mit der großen Schneiderschere aus. Diese Schere benutzte sie beim Zuschneiden der Stoffe, aus denen sie ihre Kleider nähte. Großmutter trug weder Konfektionsware noch liess sie sich von der Schneiderin etwas nähen. Die Sterne wollte sie von der Hausschneiderin nähen lassen, aber der Großvater hatte davon abgeraten.

„Du sollst die Gisela mit dieser Schande nicht beschäftigen."

Sie sah das ein und nähte nun die Sterne selbst. Die Behörden haben nach deutschem Beispiel verfügt, dass jeder, der nach dem Gesetz als Jude galt - Kinder ab fünf Jahren - , einen gelben 7,5 cm großen Stern gut sichtbar auf der linken Brustseite außerhalb der Wohnung zu tragen hatte. Der Stern durfte nicht provisorisch mit einer Anstecknadel oder Sicherheitsnadel befestigt werden. Er musste fest mit dem entsprechenden Kleidungsstück verbunden sein und durfte nicht leicht zu entfernen sein. Also fertigte die Großmutter mehrere Sterne für jeden. Es war zwar Frühjahr, aber sie dachte, der Winter kommt bestimmt, und stellte die Sterne vorsorglich auch schon für die Wintermäntel her. Nach Lage der Dinge - Hitler beherrschte ganz Europa, die deutschen Armeen standen tief in Russland - konnte sie nicht hoffen, dass in absehbarer Zeit der ganze Spuk zusammenbrechen würde.

Peter sah zu, wie die Großmutter mit ihren geschickten Fingern die Sterne akkurat und präzise nach der Schablone ausschnitt, dann den Saum umschlug und mit der Nähmaschine vernähte.

„Du nähst ja mit weißem Faden Großmutter."

„Die werden sich damit zufrieden geben müssen. Gelben Faden gab es bei Schwella nicht."

Schwella war der Kurzwaren- und Textilhändler, bei dem seit über vierzig Jahren eingekauft wurde. Schwella hatte in seinem Schaufenster ein mit großen schwarzen Buchstaben bedrucktes Schild mit der Aufschrift: „Alt-Arisches Ungarisches Geschäft" stehen. Diagonal in der Ecke des Schildes waren die ungarischen Nationalfarben sichtbar – rot, weiß, grün. Diese nationale Bekundung war die mildere Form des verordneten Antisemitismus. Die richtigen Antisemiten hatten eine andere Aufschrift in ihren Schaufenstern: „Wir bedienen keine Juden", umrahmt von rot, weiß, grün.

Peter hatte in der Schule gelernt, was der Sinn des Ungarischen Königlichen Staatswappens und der Nationalflagge war. Die vier weißen Streifen auf der rechten Seite des Wappens symbolisierten die vier großen Flüsse Ungarns: Donau, Theiß, Drava und Sava. Nebenbei bemerkt, die letzten beiden flossen gar nicht auf dem Staatsgebiet von Ungarn. Auf der linken Wappenseite war das Doppelkreuz des Heiligen Stefan zu sehen. Es stand auf drei kleinen grünen Hügeln. Die Hügel bedeuteten die ungarischen Berge Tatra, Matra und Fatra, wobei die Tatra ebenfalls nicht mehr ungarisch war. Oben auf dem Wappen prangte die beinah 1000-jährige Stefanskrone, die der Papst im Jahre 1001 dem König Stefan, dem späteren Heiligen Stefan, verliehen hatte. Das Sinnbild der Fahne war einfacher. Rot für das Blut der Helden, weiß für die Unschuld und grün für die Hoffnung.

Die Begeisterung nach dem Einmarsch der Ungarischen Armee, der ganze nationale Pathos, die Freude über den Auszug der Rumänen verflüchtigte sich wie der Schnee von gestern. Eine bedrückte Stimmung und unheimlich große Angst schlich sich allmählich in alle jüdischen Familien ein.

Dr. Heimann trat freiwillig nach dreiundfünfzigjähriger Zugehörigkeit aus der Ärztekammer von Neumarkt aus, damit ein jüngerer Kollege – Dr. Simon Hirsch - seinen Platz einnehmen konnte. Die Zahl der jüdischen Ärzte war quotiert, und die

Ärztekammer akzeptierte es, wenn ältere Kollegen ihre Mitgliedschaft jüngeren überließen. Professor Dr. Haranghy, Präsident der Ärztekammer, suchte spätabends Dr. Heimann auf und bat ihn, als ehemaliger Oberstabs- und Amtsarzt seine Mitgliedschaft beizubehalten.

„Das Ganze dauert nicht mehr lange, Herr Kollege. Das wissen Sie genau so gut wie ich. Stalingrad war doch der Anfang vom Ende." meinte der Präsident der Ärztekammer.

Dr. Heimann antwortete höflich aber bestimmt: „Nein, Herr Kollege, Schimi Hirsch ist ein junger begabter Arzt, er hat drei Kinder und stammt aus sehr bescheidenen Verhältnissen. Sein Vater war Tempeldiener in der orthodoxen Synagoge und ist von den Patrioten aus dem Mutterland übel zugerichtet worden. Nein, Herr Kollege, ich räume meinen Platz für einen jüngeren. Das ist unumstößlich."

Sie rauchten noch schweigend ihre Zigarren zu Ende, und Professor Haranghy verabschiedete sich etwas enttäuscht. Professor Haranghy war Inhaber des Lehrstuhles für anatomische Pathologie an der neu gegründeten Medizinischen Hochschule von Neumarkt. Zu den Gründungsmitgliedern zählte auch Dr. Fekete, der Großonkel von Peter. Haranghy wurde in die deutsche Reichskommission berufen, die mit anderen damals als unabhängig geltenden Wissenschaftlern aus dem ganzen von Deutschland besetzten Europa die grauenhafte Leichenfunde von Katyn zu untersuchen hatte. Die deutsche Regierung setzte alles daran zu beweisen, dass die über vierunddreißig tausend ermordeten polnischen Offiziere Opfer der Sowjetischen Geheimpolizei, des NKWD, waren. Dr. Heimann, voreingenommen, was in seiner Lage verständlich war, hatte die feste Überzeugung, es handele sich um ein großangelegtes Propagandamanöver der Nazis, um diesen grausamen Massenmord den Russen in die Schuhe zu schieben. Die Horrormeldungen über die bolschewistischen Greueltaten an der Front gegenüber den gefangenen deutschen Soldaten wurden seitenlang in den Zeitungen ausgebreitet. Haranghy und die anderen Kommissionsmitglieder aus Frankreich, Österreich, der Slowakei und Belgien bestätigten, dass der Massenmord von den Russen verübt worden war. Dr.

Heimann, selbst Gerichtsmediziner und Pathologe, war an dieser Angelegenheit nicht nur wegen der politischen Bedeutung, sondern auch aus wissenschaftlich-fachlichen Gründen interessiert. Er hatte sich mit Hilfe von Professor Haranghy das Gutachten besorgt, sofern bestimmte Teile überhaupt zugänglich waren. Unter strengster Vertraulichkeit lieh ihm der Professor die Papiere aus. Aus dem Gutachten und den Beweisaufnahmen ging tatsächlich hervor, dass die Opfer durch Genickschuss ermordet worden waren. Dies war die bekannte Mordmethode des NKWD. Und dennoch glaubte Dr. Heimann nicht, dass es die Russen waren, weil sein Gefühl über seinen wissenschaftlichen Sachverstand obsiegt hatte. Erst fünfundfünfzig Jahre danach, nachdem alle an dieser Untersuchung Beteiligten nicht mehr am Leben waren, auch die Mörder nicht, Dr. Heimann nicht und Professor Haranghy nicht und möglicherweise alle polnischen Verwandten der Opfer nicht mehr, hat sich der Präsident Russlands, Boris Jelzin, vor den Massengräbern in den Wäldern von Katyn verneigt und Abbitte beim polnischen Volk geleistet wegen des unglaublichen Verbrechens, das der NKWD verübt hatte.

Am nächsten Tage holte Dr. Heimann die kleine Holzleiter aus dem stillgelegten Pferdestall. Er lehnte sie an die Fassade des Hauses, unterhalb des Messingschildes mit der Aufschrift: „Dr. Joseph Heimann - Oberarzt. Sprechstunden täglich von 10-12 Uhr". Er bat seinen Enkel, die Leiter zu halten, damit sie nicht wegrutschte, und schraubte die Tafel aus ihrer Halterung. Er reichte die von der Sonne angewärmte Tafel dem Enkel und stieg von der Leiter hinab mit den Worten:

„Siehst du mein Kleiner, so endet nach dreiundfünfzig Jahren ein Berufsleben. Bitte frage nicht warum. Die Antwort kennt nur der liebe Gott."

In Peter stieg wieder dieses gemischte Gefühl aus Angst, Scheu und Auflehnung gegen eine ihm unerklärliche und unheimliche Ungerechtigkeit auf. Der Junge nahm die Tafel, half beim Verstauen der kleinen Holzleiter und ging sehr traurig in sein Zimmer.

Das reformierte Kollegium war in einem großen hellen Jugendstilgebäude untergebracht. Verzierte geschosshohe Fenster ließen die Ausmaße der dahinterliegenden Festsäle ahnen. Die Inschrift „Reformiertes Collegium" erstreckte sich oberhalb des vierten Geschosses über die ganze Fassade. Die ehemals verwitterten goldenen Buchstaben, die das rumänische Regime überstanden hatten, erstrahlten nunmehr in neuem Glanz.

Im Inneren umschloss das festungsähnliche Schulgebäude einen großen betonierten quadratischen Innenhof, der als Pausenhof diente. Das fünfstöckige Gebäude umfasste von vier Seiten den hundert mal hundert Meter großen Innenhof. Nur der Lärm der Kinder, der durch den Widerhall der Wände sich ins schier unerträgliche steigerte, lenkte vom Gedanken ab, dass sich dieser Innenhof auch als Gefängnishof geeignet hätte. Die großen, zum Hof sich öffnenden Fenster auf den langen Fluren und in den Klassenzimmern waren während der mehrmaligen Umbauten im Laufe der Jahrhunderte entstanden. In diesem Kollegium hatten Peters Großvater, Onkel Andor, sein Vater und die meisten männlichen Verwandten ihre Matura abgelegt. Peter ging in die vierte Klasse der Grundschule. Nach einer Prüfung, von der er überzeugt war, sie bestehen zu können, wären die acht Klassen der gymnasialen Oberstufe gefolgt. In der Schule herrschte ein liberaler Geist. Unter der rumänischen Herrschaft war das Kollegium eine Art nationales Zentrum gewesen. Die Unterrichtsprache war ungarisch, man lernte aber auch deutsch und gezwungenermaßen rumänisch. Für Peter war es irgendwie unangenehm, dass er auch in rumänisch eine Eins im Zeugnis hatte. Seine Großmutter hätte es nämlich am liebsten gesehen, wenn er in diesem Fach durchgefallen wäre.

Nach der sogenannten Befreiung verschlechterte sich die Stimmung spürbar. Aus dem Mutterland kam ein neuer Schuldirektor. Viele jüdische Schüler, von denen bis dahin keiner wusste, dass sie Juden waren, verließen die Schule und wechselten in die neu gegründete israelitische Realschule. Selbstverständlich verlangte der Großvater, dass Peter im Kollegium blieb, obwohl er des öfteren gehänselt wurde.

Vor den Osterfeiertagen war es besonders schlimm. Manche Kinder in ihrer für Kinder typischen Grausamkeit pöbelten Peter an: „Ihr habt Jesus getötet, dafür werdet ihr noch büßen ...."

Das alles belastete den ohnehin zur Traurigkeit neigenden Jungen sehr. Es gab allerdings Klassenlehrer, die solche Pöbeleien verurteilten und den Jungen in Schutz nahmen. Besonders brutal war ein Junge namens Elek. Sein Vater hatte eine große Tischlerwerkstatt. Dieser Junge liess seinem ungezügelten Hass freien Lauf. Es wurden auch Spottlieder mit dem alten Refrain: „Jude, Jude, HEP" gesungen. Peter erfuhr erst später, was HEP bedeutet. Auch die anderen Jungen wussten das nicht. HEP ist das Akronym für die lateinischen Wörter „Jerusalem ist verloren".

Nach den Osterferien hatte Peter das alles etwas verdrängt und kam am ersten Schultag mit seinem Ranzen auf dem Rücken durch den Torbogen in den Schulhof. Er wollte den Hof überqueren, um zu dem Treppenhaus zu gelangen, das zu seinem Klassenzimmer führte. Wie auf ein Zeichen schallte es aus mehreren Fenstern der dritten und vierten Etage: „Jude, Jude, Jude, Juden raus! Juda verrecke!" Immer mehr Jugendliche kamen zu den Fenstern und skandierten rhythmisch immer wieder dieselben Schimpfwörter. Peter war der einzige noch jüdische Junge im Kollegium, und offensichtlich konzentrierte sich der ganze Hass deshalb auf ihn. Das Geschrei wurde durch die hohen Mauern um den Schulhof noch weiter verstärkt. Durch den Widerhall war es so laut, dass er sich die Ohren zuhalten musste. Der Klassenlehrer, Herr Bancsik, rannte die Treppen hinunter, legte seinen Arm um die Schulter des völlig verängstigten Jungen, drehte ihn um und geleitete ihn durch den Torbogen auf die Straße. Noch immer mit der Hand auf der Schulter von Peter sagte der Klassenlehrer: „Mein Sohn , es ist besser, wenn du jetzt schön nach Hause gehst. Diese Jungs sind verrückt geworden, aber nicht nur die. Ich werde mit deinen Eltern sprechen."

Peter fing an zu weinen und ging tief traurig nach Hause.

Nach diesem furchtbaren Ereignis hielt die Familie Rat. Auf Vorschlag des Großvaters wurde Peter vom Kollegium genommen. Es folgte die Einschulung in die neu gegründete israelitische Realschule. Außer dem Nachteil, dass eine Realschule nur vier Oberklassen hatte und kein Abiturabschluss möglich war, gab es aus Peters Sicht wegen der Umschulung weitere Verschlechterungen. Die Schule lag viel weiter entfernt, der Fußweg dauerte dadurch eine halbe Stunde bis in die Unterstadt. Der Weg führte an der evangelischen Schule vorbei, wo die in ihre HJ- oder Pimpf-Uniformen gekleideten deutschen Kinder in die Schule gingen. Das Schulgebäude war im Vergleich mit dem ehrwürdigen reformierten Kollegium ausgesprochen armselig. Ein Lichtblick waren nur die Lehrer und insbesondere der neue Klassenlehrer, Studienrat Dr. Stern. Er war sehr kurzsichtig, trug eine außerordentlich starke Brille mit dicken Gläsern, die an eine Lupe erinnerten. Er kam aus Budapest, sprach einen ganz anderen Dialekt, hatte eine ausgewählte elegante Ausdrucksweise und war im ganzen großstädtisch. Er unterrichtete ungarische Literatur und Geschichte. Der Unterricht war interessant und farbig. Peter freute sich jedes Mal auf die nächsten Stunden mit Dr. Stern. Die Liebe zur Literatur und das Interesse für Geschichte, die Peter sein Leben lang begleiten sollten, nahmen ihren Anfang in den faszinierenden Stunden von Herrn Stern. Außer seinem großen Wissen und den interessanten Hintergrundinformationen, die er seinen Schülern bot, hatte er eine feine ironische Art. Wenn z. B. ein Schüler mit der Ausrede kam, er habe etwas vergessen, ein Buch oder das Heft mit den Hausaufgaben, neigte Herr Stern seinen Kopf leicht zur Seite und fragte: „Sag mir, mein Kind, wie viele Familienmitglieder hast du zu unterhalten?"

Ein weiterer gewaltiger Vorteil der Umschulung, der durch nichts zu überbieten war und der alles in den Schatten stellte, das ehrwürdige Kollegiumsgebäude mit seiner Tradition, die ehemaligen Kameraden dort, den kurzen Schulweg, die gut ausgestattete Turnhalle, den Festsaal mit den Schnitzereien und der Orgel, einfach alles: die israelitische Realschule wurde auch von Mädchen besucht. Es fand ein gemischter Unterricht statt. Zum ersten Mal in seinem Leben bekam Peter unmittelbaren Kontakt im Alltag mit gleichaltrigen Mädchen – stundenlang, während des Unterrichts und in den Pausen. Die Au-pair-Mädchen Marischka und Ester hatten ihn schon fasziniert und seine Phantasie erregt, insbesondere die hübsche und rundliche Marischka. Aber das waren andere Gefühle, als die er jetzt im Schulalltag empfand.

Die Klasse bestand aus zweiundzwanzig Jungen und dreizehn Mädchen. Peter konnte von einem Mädchen seine Blicke nicht nehmen. Dieses Gefühl kannte er bisher noch nicht. Das Mädchen hieß Vera Goldstein. Sie war etwas kleiner als Peter und trug eine Pagenfrisur, die ihr herzförmiges Puppengesicht umrahmte. Sie hatte leuchtend klare bernsteinfarbene Augen und eine etwas füllige rundliche Figur. Ihre kleinen Mädchenbrüste waren durch ihre Bluse zu erahnen. Ihr Babyspeck war noch nicht ganz verschwunden, und die samtige Haut erinnerte an die Oberfläche eines Pfirsichs. Sie war immer geschmackvoll und adrett gekleidet, in ihren Lieblingsfarben rosa und weiß. Er wünschte sich, es möge sich eine Gelegenheit ergeben, bei der er ihr irgendwie behilflich sein könnte, wie z. B. bei den Hausaufgaben. Der Haken an der Geschichte war nur, dass das Mädchen in der Schule viel besser war als der verhinderte Kavalier. Er fand heraus, dass sie eine hervorragende und begabte Akkordeonspielerin war und im Schulorchester mitspielte. Schnurstracks bat Peter seine Eltern, ihm doch sofort ein Akkordeon Marke Hohner mit sechsundvierzig Bässen zu kaufen, was sie selbstverständlich nicht taten.

Peter war eigentlich ein Einzelgänger. Außer seinen Großeltern traute er niemandem. Seine Mutter vergötterte er. Er las viel. Es interessierten ihn die literarischen Werke, die Dr. Stern in der neuen Schule durchnahm. Aber nicht als Pflichtlektüre, sondern es fesselten ihn die klassischen Werke, so von Arany Janosch, der als ungarischer Goethe galt, insbesondere seine Trilogie über den sagenhaften Helden Miklos Toldy. Das wunderbare Versmaß, die reiche Sprache, die bildhafte farbige Beschreibung der Heldentaten von Toldy, die Darstellung seiner ungeheueren, allen überlegenen Kraft machten aus diesem literarischen Helden eine Art Superman. Peter verlor sich in Gedanken über Toldy, und in seinen Tagträumen stellte er sich vor, er wäre Toldy und würde die gesamte Ungerechtigkeit beseitigen, die ganze niederträchtige Wirklichkeit mit einem Atemzug wegpusten. Und dann würde er Veras Herz erobern, die sich an seiner kräftigen Brust anschmiegen würde. Eigentlich waren das zu romantische Vorstellungen für einen elf Jahre alten Jungen, aber die abstoßende und aggressive

Wirklichkeit des Alltages in Siebenbürgen im Jahre 1942 zwangen in geradezu in diese innere Flucht. Er las Toldy unter dem Nussbaum, den die Großeltern traditionsgemäß am Tage seiner Geburt gepflanzt hatten und der nach elf Jahren bereits eine beachtliche Höhe erreicht hatte und über die Terrasse des Obergeschosses hinaus ragte. Es war ein schöner gleichmäßig gewachsener Baum mit glatter hellgrauer Rinde und kräftigen Ästen in allen Richtungen. Da, wie die Großmutter sagte, Nussbäume über hundert Jahre alt werden, dachte Peter für einen Augenblick darüber nach, dass sein Baum ihn überleben würde und die Menschen dann sagen würden: Das ist Peters Baum. Auf der Rückseite des zweigeschossigen Hauses zog sich der Balkon entlang des Obergeschosses und mündete in eine geräumige Terrasse. Die Terrasse war im Frühjahr und Sommer der Lebensmittelpunkt der Familie Metz, die im ersten Stock des Hauses wohnte. Hier nahmen sie die Mahlzeiten ein, frühstückten sogar auf der Terrasse, und an warmen Sommerabenden empfingen sie hier auch ihre Gäste. Dr. Stefan Metz war ein literarisch ambitionierter Arzt aus einer musischen Familie. Seine Schwester, Fräulein Metz, die schon über fünfzig war, aber den größten Wert auf die Anrede Fräulein legte, war eine der besten Klavierlehrerinnen der Stadt. Sie gehörte zu den wenigen Zeitgenossen, die auf der Orgel des Kulturpalastes mit ihren 4624 Pfeifen spielen durfte. Er selber, Arzt für innere Medizin, war außerordentlich schmächtig. Er hatte nämlich wegen eines Magengeschwürs eine schwere Operation, eine vollständige Magenresektion, hinter sich.

„Stefan hat ja nur einen Magen so groß wie eine Faust und muss deshalb sechs mal am Tage essen." pflegte Frau Dr. Metz zu sagen.

Der akademische Titel war nach dem Beispiel der alten K u K-Monarchie, wenn auch nicht offiziell, aber im Alltag, durch Ehe „übertragbar".

Von der Stelle aus, wo Peter oft im Schatten seines Nussbaumes saß, hatte er freie Sicht zum Balkon und der Terrasse der Familie Metz.

Frau Metz, in jeder Hinsicht das anatomische Gegenteil ihres Mannes, war eine kräftige, wohlproportionierte, um nicht zu sagen walkürenhafte Frau von etwa achtunddreißig Jahren mit kräftigen Armen und Oberschenkeln und einem optimistischen Lächeln. Sie hatte die segensreiche Eigenschaft, weder im Sommer noch im Winter Höschen zu tragen. Diese Entdeckung machte Peter anlässlich einer seiner Lesestunden auf der Bank unter dem Nussbaum. Ohne aufzufallen, blickte er verstohlen nach oben, wenn Frau Metz den Balkon entlang mit dem Tablett von der Küche zur Terrasse ging. Da sie weite Kattunkleider trug, war für den Jungen einiges zu sehen. Die griechische Statuenfigur in Bewegung, ihre fleischigen Oberschenkel und die Aussicht weiter nach oben, regte die auch sonst lebhafte Phantasie des Jungen an. Das war das absolute Geheimnis und rangierte noch vor dem Geheimnis um die Entdeckung in der Petroleumraffinerie.

Dr. Metz besuchte eines Abends seinen alten Freund Dr. Heimann, von dem er seit vielen Jahren die obere Wohnung mietete. Er war etwas verstört und man sah ihm an, dass er sich unwohl fühlte.

„Jozsi" - die Herren duzten sich -, „ich möchte mit dir eine wichtige und unangenehme Sache besprechen," begann er das Gespräch.

Sie saßen im Ordinationszimmer, Dr. Heimann an seinem gewohnten Platz hinter dem Schreibtisch, Dr. Metz davor, wo üblicherweise die Patienten Platz nahmen.

Dr. Heimann dachte: Nanu, er will wohl die Wohnung kündigen und nach Budapest ziehen, wo er gute Beziehungen zu höchsten Regierungsstellen hat, über eine der berühmtesten Film- und Bühnenschauspielerinnen, die mit ihm verwandt ist.

„Tu dir keinen Zwang an, mein Lieber. Du kannst mit mir wie immer ganz offen sprechen."

„Glaube mir, das ist mir alles sehr peinlich. Ich muss weiter ausholen."

Marischka klopfte an, kam in den Raum und servierte auf dem kleinen Silbertablett Dr. Metz eine Tasse lauwarmen Milchkaffee, den er wegen seines Magenleidens bevorzugte. Nachdem das Mädchen das Zimmer verlassen hatte, fuhr er fort: „Ich bin für morgen einberufen worden. Sie haben mich hier vor Ort zur Krankenkasse abkommandiert. Trotzdem muss ich meine Stabsarztuniform tragen."

„Ist doch nichts dabei. Ich freue mich, dass sie dich trotz deiner schweren ehemaligen Ulkusgeschichte genommen haben."

„Es ist, wenn du so willst, eine Art Ersatzdienst, weil sie die jungen und gesunden Ärzte für den bevorstehenden Feldzug gegen Russland einberufen haben."

Dr. Heimann antwortete nicht, schaute lang den dünnen ausgemergelten Kollegen an und versuchte sich vorzustellen, was der für einen Offizier abgeben würde.

„Und ich muss dir sagen, wir haben bestimmte Vorschriften."

„Gut, gut, nun sag endlich, was dir am Herzen liegt."

Dr. Metz nippte am lauwarmen Kaffee und fuhr fort: „Wir kennen uns seit beinahe dreißig Jahren, ich wohne bei euch schon sei vierzehn Jahren, wir sind Kollegen und du hast mir dankenswerter Weise viele Patienten übersandt. Mir ist das alles wirklich sehr peinlich."

Dr. Heimann zog seine Augenbrauen hoch, zündete sich eine Zigarre an, schaute seinen Gast aufmerksam durch seine starken Brillengläser an und fragte: „Was denn?"

„Ich sage es dir ganz ehrlich, wenn ihr – er meinte sicherlich die ganze Familie - mit diesem blöden gelben Stern auf der Strasse geht, darf ich euch nicht grüßen und am besten, ihr grüßt mich auch nicht, aber das alles ist eine reine Formalität. Hoffentlich hast du Verständnis dafür. Ohnehin endet das alles bald...."

Der alte Doktor, der so etwas schon vermutet hatte und von der Charakterstärke seines dünnen Mieters im Gegensatz zu der griffigen und wohlgeformten Frau Metz nicht viel hielt, antwortet ihm ganz leise:

„Stefan, es ist doch natürlich, dass ein so fescher ungarisch königlicher Stabsarzt in Uniform unmöglich einen alten kaiserlich königlichen Oberstabsarzt grüßen kann, der obendrein noch drei Jahre Fronterfahrung hinter sich hat."

Verschmitzt fügte er hinzu: „Ein alter Jude bleibt doch für euch immer ein alter Jude."

Dr. Metz zuckte zusammen und brauste auf: „Aber Jozsi, in Gottes Namen, ich bitte dich, diese bestialischen Gesetze und Verordnungen habe ich doch nicht erfunden. Du spürst es soeben, wie zerstörend diese unsägliche Situation auf alte Freundschaften wirkt. Ich schäme mich wirklich, obwohl ich das alles in absolut keiner Weise zu vertreten habe."

Ein mildes Lächeln, kaum bemerkbar, huschte über das alte Gesicht von Dr. Heimann.

„Stefan, geh' jetzt schön nach Hause, grüß' deine Frau von mir und mach' dir kein Kopfzerbrechen. Erstens tut das deinem Magen nicht gut und zweitens bleibe ich für dich dein alter Kollege und Freund, mit oder ohne gelbe Sterndekoration."

Dr. Metz fühlte sich wie ein begossener Pudel, verließ die Heimann'sche Wohnung und ging die Treppen hoch.

Baron von Senyi

Dr. Heimann hatte aber festgestellt, dass nicht gerade alle aus dem selben Holz geschnitzt waren wie Dr. Metz. In der Nachbarschaft lag das mehrere tausend Hektar großen Landgut der Grafen Teleky und das alte kleine Gutshaus des Baron von Senyi. Der alte Baron war ehemaliger kaiserlich königlicher Geheimrat am Hofe von Kaiser Franz Josef. Er wohnte in seinem Gutshaus mit ein paar getreuen Landarbeitern und seiner alten Haushälterin. Seine Frau, eine geborene Gräfin Toldalagdy, war seit vielen Jahren gestorben. Baron von Senyi genoss ein hohes Ansehen in ganz Siebenbürgen, nicht nur wegen seiner hohen Rangstellung, die er bis zum Zusammenbruch der Österreich-Ungarischen Monarchie hatte, sondern es war bekannt, dass der Kaiser ihn persönlich genau wie seinen Adjutanten, damals noch Korvettenkapitän Miklos Horthy, sehr geschätzt hatte.

Baron von Senyi bewahrte alle Andenken aus seiner damaligen Dienstzeit auf. Seine Orden, die Fotografien mit Widmung vom Kaiser, kleine Geschenke waren sorgfältig in seinen Glasvitrinen wie in einem Museum ausgestellt. In einem reich verzierten Nussbaumwurzelholzschrank in seinem Jagdzimmer waren seine Uniformen aufbewahrt, darunter auch die schwarze Galauniform, verziert mit goldenen Kordeln und Spangen. Seine Säbel mit den goldfarbigen Quasten und dem dazugehörigen Gürtel hingen an der Wand.

Die Haushälterin musste in jedem Frühjahr die Uniformen aus ihren weißen Leinentuchhüllen vorsichtig heraus nehmen, abbürsten und ein paar Stunden in die Sonne hängen. Die alte Frau wusste, die Kraft der Sonnenstrahlen tötete alle Motteneier. Es war dennoch sehr unwahrscheinlich, dass die kleinen blassen Motten sich in den Schrank mit den Uniformen verirren würden. Die Haushälterin hatte neben den vielen ziemlich stark riechenden Mottenkugeln auch noch kleine Lavendelsträucher zwischen den Uniformen aufgehängt. Die Uniform aus dem schweren schwarzen Gabardinestoff sah auch nach zweiundzwanzig Jahren noch immer einwandfrei aus. Sie roch jedoch ganz schön nach Naftalin und Lavendel.

Der Baron ordnete an, dass die Uniform ebenso wie die festliche Mütze mit dem weißen Federschmuck und den goldenen Knöpfen draußen bleiben und gelüftet werden sollte.

Am nächsten Tag sandte der Baron seinen Diener, der zugleich sein Kutscher war, zu Dr. Heimann und liess ihm ausrichten, dass bei gutem Wetter am nächsten Sonntag Punkt Viertel vor Zwölf der Herr Baron den gnädigen Herrn Doktor besuchen werde.

Dr. Heimann spielte jeden Mittwoch Abend in einer Runde mit Baron von Senyi, dem katholischen Prälat und dem Notar Dr. Albert Skat. Nachdem sich die antisemitische Gesetzgebung dramatisch verschärfte, fiel die Skatrunde auseinander. Baron von Senyi blieb zwar weiterhin Patient von Dr. Heimann, aber die Widerstandskraft und Abgeklärtheit des Alters machten die Arztbesuche des Barons rar. Über die Ankündigung, dass er ihn ausgerechnet am Sonntag besuchen wollte, machte sich der Doktor keine weiteren Gedanken.

Am Sonntag Schlag dreiviertel Zwölf hielt der Zweispänner des Barons vor dem Tor. Der Baron trug seine Galauniform mit umschnalltem Säbel, kam ins Haus und umarmte seinen alten Freund, der etwas verwundert schaute, mit den Worten:

„So mein Lieber, wie du siehst, bin ich in vollem Wichs!"

„Da staune ich nur, dass du neuerdings zum Arztbesuch deine kaiserlich königliche Galauniform mit umschalltem Säbel anlegst. Was hast du denn vor?"

„Draußen ist herrliches Frühlingswetter, nimm deinen Überzieher und lass uns eine kleine Spazierfahrt machen. Sagst du nicht immer, dass frische Luft gesund ist?"

Nach langem Hin und Her zog Dr. Heimann seinen schwarzen Überzieher mit dem aufgenähten gelben Stern an, zeigte auf den Stern und wandte sich an den Baron:

„In solcher Gesellschaft kannst du doch nicht im Ernst ausgehen."

„Und ob ich das kann."

„Ich möchte dich davon abhalten, eine Dummheit zu machen."

„Als mein Doktor weißt du, dass ich vorigen Monat vierundachtzig Jahre alt geworden bin und somit erwachsen. Willst du mich beleidigen?"

Nachdem Dr. Heimann sah, dass der Baron fest entschlossen war, folgte er ihm und setzte sich zu seiner Rechten auf den weichen Ledersitz der Kutsche.

„Auf den Marktplatz!" befahl Baron Senyi. Nach einigen Minuten kamen sie dort an. Auf dem sonnenumfluteten breiten Marktplatz kamen die festlich gekleideten Menschen aus der Evangelischen Kirche. Das Mittagsglockengeläut klang über den großräumigen Platz. Auch die katholischen Gläubigen verließen gerade die Kirche und kamen in sonntäglicher Kleidung, die Offiziere in festlicher Uniform, die breite Treppe hinab. Auf dem breiten hellen Marktplatz, der auch Hauptplatz hieß und vor einigen Wochen in Horthy-Miklos-Platz umbenannt worden war, herrschte buntes Treiben. Es war Frieden. Die Menschen freuten sich auf den Frühling und schienen glücklich, in den warmen Sonnenstrahlen der Mittagstunde ihren Spaziergang zu machen. Es war die Gelegenheit, Bekannte zu treffen und ein kurzes Schwätzchen zu halten. Die Kinder hielten ihre kleinen farbigen Papierwindmühlen an den dünnen Holzstielen. Die roten, blauen und gelben Propeller drehten sich lustig im lauwarmen Frühjahrswind.

Die beiden alten Herren entstiegen der Kutsche. Baron von Senyi in seiner wirklich auffalligen Galauniform hakte sich bei Dr. Heimann ein. Beide alte Herren, hochgewachsen und kerzengrade, trotz des Alters, begannen langsam mit gemessenen Schritten ihren Spaziergang am Marktplatz. Der Baron war sehr bekannt in der Stadt. Man war stolz auf ihn, und er genoss dieselbe Hochachtung wie der Graf von Teleky. Beide gehörten zu den herausgehobenen Persönlichkeiten des alten Adels. Das äußerlich ungewöhnliche Paar auf dem sonntäglichen Marktplatz, der alte Baron in glänzender Galauniform und der alte stadtbekannte jüdische Doktor mit dem gelben Stern, hatten was Herausforderndes. Die Leute tuschelten hinter den beiden her, manche blieben stehen und glaubten ihren Augen nicht, andere – es war die Mehrzahl - grüßten artig „Guten Tag, Herr Baron." oder

„Guten Tag, die Herren.". Es gab sogar welche, die beide anlächelten. Das waren meistens die Frauen.

Plötzlich sprang ein Jugendlicher aus einer Gruppe in die Nähe des Barons, baute sich vor ihm auf und schrie mit kreischender Stimme: „Du alter Judenknecht."

Der Baron zuckte zusammen, seine Augen blitzten, und er schrie mit seiner nicht Widerspruch duldenden sonoren Stimme zurück: „Du ungezogener dummer Lümmel, verschwinde oder ich schlitz dir dein Maul bis zum Ohr auf." Und griff nach seinem Säbel.

Dr. Heimann, der wusste, dass für den Baron mit seiner koronaren Herzkrankheit jede Aufregung schädlich war, bemühte sich, den alten Herren zu beruhigen. Er machte sich schwere Vorwürfe. „Kommen Sie, Baron , wir gehen nach Hause."

Der kräftige Kutscher war auch zur Stelle. Die Passanten sammelten sich in kleinen Gruppen um die beiden Herren. Der pöbelnde Jugendliche verschwand in der Menge. Bald kam ein Polizist, der wirklich froh war, als der Baron ihm sagte:

„Herr Wachtmeister, es ist nichts geschehen."

Der kräftige junge Kutscher und der alte Doktor stützten den Baron auf dem Weg zu der Kutsche, die ein paar Schritte entfernt am Straßenrand stand. Sie fuhren im schnellen Galopp in Richtung Sankt Michael, wo der Baron sein Gut hatte. Dr. Heimann merkte, dass sein alter Freund und Patient sich nicht besonders wohl fühlte. Seine Nasenspitze war etwas hell, einige kleine kaum merkbare Schweißperlen sammelten sich auf seiner Stirn. Er war still und atmete angestrengt. Dr. Heimann nahm seinen Puls, er spürte ihn kaum.

„Haben Sie Ihre Nitrokugeln bei sich, Herr Baron?"

„Ja."

Er suchte in der Westentasche seiner Galauniform, holte eine kleine runde Silberdose hervor und gab sie dem Doktor. Der Arzt reichte ihm eine der kleinen weißen Kugeln mit der Aufforderung: „Zerbeißen Sie sie sofort, bitte."

Der Baron zerbiss das Kügelchen, und seine Zunge wurde augenblicklich von dem scharfen spiritusähnlichem Geschmack umhüllt. Er kannte diesen Geschmack des Nitroglyzerins zu gut. In der letzten Zeit, bei dem häufigen engen Gefühl in der Brust oder bei Herzstechen war er jedes Mal gezwungen, „seinen Sprengstoff" zu nehmen. Nitroglyzerin war seit Jahren das einzige probate Mittel gegen eine akute Angina Pectoris.

Die Kutsche bog in den gepflasterten Hof. Der Kutscher rief einen anderen Burschen, der einen Stuhl aus der Küche mitbrachte. Darauf sitzend trugen sie den Baron in sein Zimmer, das auf der Südseite des Gutshauses im ersten Stock lag. Anfangs protestierte der Baron, er sei weder krank noch alt und den Affenzirkus wolle er nicht, aber auf sanften Druck des Doktors akzeptierte der alte Herr den Transport in der improvisierten Sänfte. Dr. Heimann half dem Baron aus seiner Galauniform und ins Bett. Die Haushälterein war sofort zur Stelle und fragte besorgt, ob sie einen Tee bringen solle. Der Doktor sagte ihr, sie solle ein Glas schönen Rotwein bringen. Der Baron hatte noch ein paar Flaschen Chateau Margaux von 1924 im seinem Weinkeller. Dr. Heimann öffnete eine Flasche, goss den rubinroten Wein in das Kristallglas und reichte es dem Baron, der zunehmend blass wurde. Er nippte an dem Glas und bezichtigte im Spaß den Doktor, dass dieser jede Gelegenheit medizinisch dazu nützen würde, um zu jeder Tageszeit von dem guten alten Wein zu trinken.

„Versuchen Sie zu schlafen. Ich werde hier bleiben und schwöre, ich werde Ihren Wein nicht austrinken."

Der Baron wurde zunehmend unruhig und klagte, dass seine Beine kalt würden. Obwohl er sofort zugedeckt wurde, half das nicht viel. Dr. Heimann hatte stets sein aus Lerchenholz gefertigtes Stethoskop bei sich, das aussah wie Fuß und Stiel eines Rotweinkelches. Das stielförmige Rohr war abnehmbar. Mit dieser aus leichtem hellen Holz gefertigten kleinen „Trompete" konnte er Herz und Lunge abhören. Wenn Dr. Heimann aber die Herztöne genau hören wollte, entfaltete er sein schneeweißes gebügeltes Batisttaschentuch, legte es auf die Brust des Patienten und beugte sich mit seinem Ohr dicht auf das Tuch. So hörte er unmittelbar die leisesten Herztöne. Das tat er auch diesmal. Es gefiel ihm nicht. „Nehmen Sie noch eine Kugel, Baron", sagte er und reichte ihm diese. Er fühlte ständig seinen Puls. Der Baron atmete immer unregelmäßiger. Dr. Heimann rief den jungen Kutscher und bat ihn, schnellstens seine Arzttasche von zuhause zu holen. Dann flüsterte er ihm zu, er solle den Skatbruder, den Pfarrer, verständigen. Er ließ von der Haushälterin ein paar Stück Würfelzucker bringen, benetzte den Zucker mit etwas Rum und gab sie dem Baron.

„Sagen Sie, Jozsi, ist etwas nicht in Ordnung?" fragte der Baron. Er nannte ihn Jozsi, was nur selten geschah.

„Sie haben sich zu stark aufgeregt. Ich glaube wirklich, Sie sollten versuchen zu schlafen. Ich bleibe bei Ihnen."

Der Baron versuchte zu schlummern und hielt die Hand des Doktors, der seinen Puls fühlte. Der Kutscher kam nach einer Viertelstunde mit der Arzttasche zurück. Der Doktor verabreichte dem Baron eine Beruhigungsspritze, deckte in zu und setzte sich auf den mit rotem Samt bezogenen Lehnstuhl, der vor dem Fenster stand. Sein Blick schweifte über die Felder, die in der Frühlingssonne hellgrün leuchteten. Man hörte Vogelgezwitscher und das Gebell eines Hundes aus der Ferne.

Plötzlich rief der Baron mit erschrockener Stimme: „Mein Gott, Jozsi, helfen Sie mir!!!"

Er bäumte sich von seinen Kissen auf, riss die Augen weit auf und rang nach Luft. Dr. Heimann stützte ihn. Dann fiel er zurück in seine Kissen, wurde aschfahl, schweißgebadet, seine Lippen liefen blau an, und nachdem ein Seufzer hörbar war, wurde es still. Der alte Doktor konnte keinen Puls mehr fühlen und auch die Herztöne waren nicht mehr zu hören. Er schloss seine Augenlieder und blieb unbewegt stehen. In diesem Augenblick betrat der Pfarrer das Zimmer.

„Zu spät, mein Lieber."

Der Pfarrer zündete zwei Kerzen an, verhängte den Spiegel und faltete die Hände des Toten auf der Brust. Nachdem er ihm die letzte Ölung verabreicht und ein Gebet auf lateinisch gesprochen hatte, meinte Dr. Heimann mehr für sich selbst:

„Welche Ironie und Zynismus des Schicksals ist es, dass das erste Opfer des Gelben Sterns ein katholisch-ungarischer Edelmann, unser lieber Freund, sein musste."

„Ich werde alle Vorbereitungen treffen, auch für die Beerdigung. Sie können hier nichts mehr tun."

Während der Heimfahrt vergegenwärtigte ihm der Tod von Baron Senyi, in welch grausamer Wirklichkeit die Menschen in der Zeit lebten. Unendliche Traurigkeit erfasste den Arzt. Er dachte mit Sorge an seine Familie und an seinen Enkel. Er ahnte nichts gutes für die Zukunft. Dann kamen ihm ganz praktische Gedanken, ob er bei der Beisetzung seines Freundes überhaupt erscheinen solle und wenn ja, mit seinem gelben Stern. Er machte das Regime, das diese abscheuliche Demütigung mit dem Stern erfunden hatte, für den Tod des Barons verantwortlich. Er wusste aber sehr wohl, dass der alte Baron mit seiner koronaren Herzkrankheit im hohem Masse gefährdet war.

Bei der Beisetzung des Barons von Senyi schritt Dr. Heimann am offenen Grab vorbei, hielt für einen Augenblick inne und ließ zum letzten Gruß einen Frühjahrsstrauß auf den dunklen Mahagonisarg gleiten. Im Blumenstrauß verborgen befand sich ein gelber Stern.

Der Flughafen

Emma stand in ihrem kleinen schwarzem Zweiteiler vor der Baracke, die als Airport-Abfertigungshalle diente, und wartete auf Carl, der mit der Malev um halb Elf aus Budapest ankommen sollte. Die Malev flog damals dreimotorige Junkers, insgesamt zweiundfünfzig Ganzmetallflugzeuge. Nachdem die drei Propeller angehalten hatten, entstieg Carl zusammen mit den anderen dreiundzwanzig Passagieren dem Flugzeug. Mit seinem unwiderstehlichen breiten Lächeln, das an diesem Tag noch heller strahlte, umarmte er heftig seine Frau und flüsterte ihr ins Ohr: „Wir haben es geschafft."

Emma küsste ihn, umarmte ihn, hakte sich bei ihm ein und bat ihn, ihr alles zu erzählen.

Carl hatte tatsächlich mit dem Jagdkameraden General Szombathelyi vereinbart, dass Carls Firma für den neuen Flughafen in Papa das Bitumen liefern sollte. Die Bestellung hatte er mit allen Stempeln und Genehmigungen in seiner Aktentasche bei sich.

Als er Emma das Dokument zeigte, war sie außer sich vor Freude und Begeisterung. Sie war stolz auf ihren Mann, und es tat ihr leid, dass sie ihn meistens als Bonvivant der Familie einschätzte, der sich lediglich für die schönen Dinge des Lebens zuständig fühlte.

Die vorbereitenden Arbeiten in der Raffinerie begannen ein paar Tage später. Es waren Investitionen für eine Schöpfanlage erforderlich, welche die zähe Masse aus den Gruben in die Zisternen fördern sollte. Die damit verbundenen technischen Probleme, das Gewinnen der zähen klebrigen Masse aus den Absatzgruben und die Verladung mussten technisch gelöst werden. Hierzu benötigte Carl Kapital. Aufgrund der offiziellen Bestellung durch das Ministeriums war es für Carl kein Problem, bei der Rosenfeld-Privat-Bank eine Finanzierung für die notwendigen Anlagen kurzfristig zu sichern.

Die Technik stand nach zweieinhalb Wochen, und Peter wurde zu Beginn der Arbeiten eingeladen. Wochenlang waren mehre Arbeiter damit beschäftigt, die Anlagen in Gang zu halten und das Bitumen in die Zisternenwaggons zu verladen.

Im fernen Papa, es lag immerhin rund fünfhundert Kilometer Eisenbahnstrecke westwärts von Neumarkt, waren die Bauarbeiten in vollem Gange. An der Baustelle hatte der Bauunternehmer aus Budapest, der die Schwarzdecke für das mehrere kilometerlange Rollfeld aufbringen sollte, geheizte Drehkessel in Betrieb, in denen das von Carl gelieferte Bitumen mit Sand vermischt und erhitzt wurde. Der so gewonnene Asphalt wurde dann auf den Untergrund aufgetragen. Nach Abkühlung des Materials wurde die Rollbahn von schweren Dampfwalzen geglättet und verdichtet.

Im kleinen Labor der Familie Großmann gerieten die üblichen Arbeiten, mit denen der Betrieb mühsam aufrecht gehalten wurde, ins Hintertreffen. Emma ertappte sich dabei, dass sie die Erledigung der Bestellungen aus Deutschland etwas vernachlässigte. Sie war hauptsächlich mit dem Ausfertigen der Lieferscheine, Frachtbriefe und Rechnungen für das gelieferte Bitumen beschäftigt. Mit großer Genugtuung stellte sie nach vierzehn Tagen fest, dass die Rechnungen fristgerecht bezahlt wurden. In Kürze konnte der Kredit an die Privat-Bank Rosenfeld zurück gezahlt werden. Auf dem Bankkonto der Großmann Laboratorien sammelte sich in den nächsten Monaten ein kleines Vermögen an. Carl träumte schon von neuen Jagdgewehren und von einem kleinen Automobil der Marke Wanderer.

Die Fertigstellung der Rollbahn des Militärflughafens erfolgte Anfang Juni. Die Einweihung fand unter großem militärischen Zeremoniell statt. Die ungarischen rot-weiß-grünen Flaggen flatterten neben den rot-weiß-schwarzen Hakenkreuzflaggen des Großdeutschen Reiches auf den Fahnenmasten rechts und links von der Aussichtstribüne. Auch Carl war geladen und wurde von General Szombathelyi dem deutschen Luftwaffengeneral Milch vorgestellt. Als der deutsche General merkte, dass Carl akzentfrei deutsch sprach, unterhielt er sich eingehend mit ihm.

„Woher kommen Sie, mein Lieber?“

Carl erzählte ihm, dass er in Leipzig studiert habe und dass er aus einer deutschstämmigen Zahnarztfamilie aus Siebenbürgen stamme.

Der ungarische General erwähnte kurz, dass Carl einer der renommiertesten Jäger in Siebenbürgen sei. Worauf der deutsche General mit Begeisterung über die von Reichsmarschall Hermann Göring, der gleichzeitig Reichsjägermeister war, organisierten Jagden in der Schorfheide sprach. Carl schaute den deutschen General mit unendlicher Bewunderung an und gestand ihm, dass es sein Lebenstraum sei, an einer Jagd des Reichsmarschalls, der auch als Verfasser der in der Welt vorbildlichen deutschen Jagd- und Artenschutzgesetze galt, teilnehmen zu dürfen. Carl als Halbjude besaß die unbegrenzte Naivität zu glauben, dass er jemals zu Hermann Görings Jagd eingeladen werde. Als er General Milch gegenüber seine Kameradschaft mit Dr. Halltrich, dem Gauleiter von Neumarkt, erwähnte, ergab der Zufall, dass dieser Dr. Halltrich gut kannte. Carl sah sich schon auf der Göring-Jagd bei Karinhall in der Schorfheide.

Genau um zehn Uhr begann die Flugschau. Es brausten im Tiefflug einige ME-109, gefolgt von Junkers-88 Jagdbombern und einigen ungarischen Jagdflugzeugen, über den neuen Flughafen. Den krönenden Abschluss bildete das Fallschirmspringen von deutschen Luftlandetruppen aus einer Junkers-52, die liebvoll „Tante Ju“ genannt wurde. Einige Flugzeuge landeten und die Besatzungen wurden von hohen Offizieren und geladenen Gästen begrüßt. Reden wurden nicht gehalten, aber beim anschließenden kleinen Empfang wurde ausgiebig ungarischer Sekt getrunken. Am Abend fuhr Carl mit der Bahn zufrieden, beschwingt und hoffnungsvoll nach Neumarkt zurück.

Die Panzer

Peter wachte auf, es drang ein infernalisches Geräusch in sein Zimmer und füllte den Raum. Er hörte ein fürchterliches Knirschen, so als ob man riesige Eimer mit Schrauben umkippen würde. Ab und an heulte ein starker Motor auf, aber immer nur kurz, und dann wieder das Kettenknirschen. Er sprang aus dem Bett und zog das von der Sonne ausgebleichte Textilrollo hoch, besser gesagt, vor lauter Schreck lies er die Kordel des Rollos los, so dass es samt Kordel nach oben schnellte. Die Großmutter hatte ihm hundertmal gesagt, dass er das nicht tun möge, da wegen des hohen Fensters die Rollos nur von der Leiter aus wieder in funktionsfähigen Zustand zu bringen waren. Er vergaß das alles und starrte nur auf die Strasse. In Augenhöhe mit dem Hochparterrefenster sah er zwei junge Soldaten, die gerade im Begriff waren, ihre Uniformjacken auszuziehen. Blitzweiß leuchteten ihre Unterhemden auf den sportlichen Körpern. Peter spähte hinter den Gardinen hervor, er wollte nicht gesehen werden. Die Soldaten saßen auf einem gewaltigen Panzer, der auf der ihm zugesandten Seite ein schwarzes Balkenkreuz trug. Das lange Kanonenrohr ragte nach vorne in Richtung Fahrbahn. Peter erkannte den „Königstiger" als den damals modernsten und größten Panzer der deutschen Wehrmacht. Er zog sich in Windeseile an und rannte ohne Waschen, Zähneputzen und nur mit Hose, Hemd und Sandalen bekleidet nach draußen. Er lief unter dem Panzerkanonenrohr durch und spürte den warmen Geruch von Motorenöl und Dieseltreibstoff, der auf die vollkommen leere Strasse strömte. Zaghaft näherte er sich dem feldgrauen Ungetüm. Der eine Soldat, der sich auf der Turmluke sitzend zu Rasieren begann, rief im zu.

„Hee, Junge, verstehst du deutsch?"

Peter zögerte einen Augenblick, besann sich, dass er auf der Strasse war und keinen Stern trug, und antwortete, auch für sich selbst überraschend, mit fester Stimme:

„Klar spreche ich Deutsch."

Daraufhin kroch noch ein Soldat aus der Luke und fragte: „Seid ihr Deutsche?"

Peter ertappte sich dabei, dass ihm die Antwort aus dem Munde schoss: „Na klar."

Die Soldaten fanden diesen Umstand sehr erfreulich und hoben den Jungen zu sich auf dem Panzer. Der eine rasierte sich weiter, wobei er seinen Pinsel in eine kleine Aluminiumschale tauchte und dann sein Gesicht damit einseifte. Seine Rasierseife hatte einen frischen fruchtigen Duft. Die Soldaten behandelten den Jungen freundlich. Er durfte durch die Luke in den Panzer hinabsteigen, wo es ziemlich warm und dunkel war und Peter durch den Sehschlitz kaum nach außen blicken konnte. Da er schon viel über Panzer gelesen hatte, konnte er einige Bedienungshebel erkennen. Da saß Peter ohne Judenstern im deutschen Panzer und merkte gar nicht, in welcher Situation er sich befand. Seine Begeisterung für die gewaltige Maschine überlagerte alle anderen Gedanken.

Der eine Soldat, ein Stabsfeldwebel, fragte ihn, ob sie Trinkwasser aus dem Haus holen könnten. Der zweite versuchte, ihm das auszureden, aber der Feldwebel argumentierte ganz schlüssig: „Was willst du eigentlich? Wir werden bei einer deutschen Familie doch Wasser holen dürfen. Wir sind ja hier nicht in Feindesland."

Da hatte er nicht unrecht. Ungarn wurde von der Wehrmacht an diesem neunzehnten März 1944 besetzt, und offenbar stand der Tigerpanzer am Anfang der Straße, um den für den Einmarsch der Wehrmacht hinderlichen Straßenverkehr aufzuhalten. Peter lief ins Haus. Die Großmutter hatte alles hinter den Gardinen gesehen.

„Großmutter," - rief der Junge voller Begeisterung - „die Deutschen sind da. Ich war im Panzer, das glaubt mir keiner in der Schule!!! Bitte gib mir eine Kanne kaltes Wasser. Sie haben mich gebeten, ihnen Wasser zu bringen."

Die Großmutter machte sich Gedanken über die unfreiwillige Komik der Situation. Der Junge freute sich über den Einmarsch der deutsche Armee und brachte den Soldaten auch noch Wasser. Noch schöner wäre es, wenn er sie zum Frühstück einladen würde! Kaum beendete sie ihren Gedanken, schon rief der Enkel:

„Was wäre, wenn wir sie ins Haus bitten würden?"

Leicht ironisch antwortete die Großmutter: „Ich glaube nicht, dass sie ihr „Spielzeug" auf der Straße stehen lassen dürfen, um bei uns ein Gabelfrühstück einzunehmen. Untersteh' dich. Am Ende bringst du sie herein und sie begrüßen deinen Großvater mit Heil Hitler. Das fehlt noch. Bring' denen ihr Trinkwasser und Schluss!"

Die deutschen Soldaten, die eine höflich freundliche Art hatten, waren in den Augen von Peter nicht zu vergleichen mit den ungarischen Kommisköpfen, die damals einmarschiert waren und die Mädchen und Frauen einfach abgeknutscht hatten. Das sind richtige Herren, dachte Peter. Das Rasierwasser, mit dem der eine Soldat sich das Gesicht benetzt hatte, duftete noch feiner als Seife. Die gut geschnittenen feldgrauen Uniformen saßen perfekt. Ihre Rangabzeichen am Ärmel waren für Peter unbekannt. Ihre breiten Ledergürtel hatten auf der Koppel die Inschrift „Gott mit uns". Diese gepflegten jungen Männer können keine schlechten Menschen sein, dachte Peter, verabschiedete sich artig von der Panzerbesatzung und ging ins Haus. Einige Minuten später saß er auf seinem Fahrrad Marke Göricke und sauste den Berg hinab Richtung Marktplatz.

Das Bild, das sich ihm bot, überraschte ihn. Auf beiden Seiten des Marktplatzes standen Mannschaftswagen und Lastwagen der Wehrmacht. Gegenüber der katholischen Kirche befand sich der sogenannte Apollo-Palast, ein großes mehrstöckiges Gebäude im Stil der Gründerjahre mit einer beeindruckenden Säulenfassade. Das Haus gehörte der jüdischen Familie Bürger, die Ländereien, Mühlen und eine Agrargroßhandlung besaß.

Im Erdegeschoss zur Straße hin war eine Delikatessmetzgerei, in der vormittags Geschäftsleute frische Bratwurst aus eigener Schlachtung, aber auch andere Spezialitäten wie Kalbsbries und Innereien frisch gebraten aßen und dazu Schnaps und Bier an runden schwarzen Marmortischen tranken. Die Frauen, die dort in der Metzgerei bedienten, ähnelten etwas den auf die Wand gemalten rosa Schweinchen.

Peter war oft mit seinem Vater in der Metzgerei, genoss den herrlichen Duft, aber aß dies alles nicht. Er begnügte sich mit einer Brezel, den die Metzgerfrau aufschnitt und mit Griebeschmalz bestrich. Der Laden war an diesem Tag geschlossen. Die Möbelwagen standen vor dem Haus, und es schien so, dass die Familie Bürger ihr Haus in Eile verlassen musste. Man munkelte, sie seien bereits in der Schweiz. Peter hörte die Leute reden:

„Die Deutschen haben sich für die Kommandantur das schönste Haus am Platz ausgesucht. Recht geschieht es den reichen Juden. Jetzt sind auch mal andere dran."

Die deutschen Soldaten trugen große Behälter, grüne Kisten und allerlei Gerät in den Apollo-Palast. Peter sah, wie ein Offizier ein Gemälde von Adolf Hitler mit einem dicken goldenen Rahmen ins Haus trug. Der Junge fuhr kurz an der anderen Straßenseite vorbei, sah, dass an beiden Enden des Marktplatzes Panzer mit offenen Luken standen. Allerdings waren sie etwas kleiner als das Ungetüm vor Großvaters Haus. Die Soldaten rauchten und scherzten auf ihren Panzern. Peter stellte fest, dass die deutschen Soldaten gut gelaunt waren und die Sachen in das Haus räumten. Nach einer unsichtbaren Ordnung klappte es wie am Schnürchen und in einem Tempo, das Peter bei den einheimischen Arbeitern nie erlebt hatte. So stellte er sich das Schaffen der Heinzelmännchen vor. Einige deutsche Soldaten fuhren mit grünen Motorrädern mit Beiwagen, sie trugen große silberne halbrunde Plaketten auf der Brust mit der Inschrift „Feldjäger". Sie hielten an den Straßenkreuzungen und befestigten an den Lampenmasten gelbe Schilder, die auf der einen Seite spitz waren, mit allerlei unverständlichen Abkürzungen, aber auch mit verständlichen Wörtern wie „Kommandantur" oder „Lazarett".

Peter fuhr nach Hause. Er traf seinen Großvater, der noch besorgter war als sonst. Der Junge versuchte, seine Begeisterung und Bewunderung über die deutschen Soldaten, ihre Autos, Motorräder und Panzer zu schildern. Der Großvater reagierte hierauf mit Worten, die auf den Jungen wie eine kalte Dusche wirkten.

„Diesen 19. März 1944 werden wir noch bitter in Erinnerung haben, mein Kleiner. Merke dir das gut. Diese ordentlichen akkuraten Soldaten mit ihren tollen Maschinen sind nicht unsere Freunde."

Dem Jungen fiel es schwer, das zu verstehen, und er erzählte von seiner Begegnung mit der Mannschaft des Königstigerpanzers, der noch immer vor dem Haus stand.

Der Großvater wollte wissen, ob die deutschen Soldaten seinen Judenstern gesehen hatten. Peter schämte sich, dem Großvater und sich selbst einzugestehen, dass er seine Abstammung verborgen hatte. Es sollte nicht das letzte Mal sein.

Der Junge erlebte Zeiten, in denen die Entwicklung seines Charakters und die Wahrnehmung der Welt sich mit Lichtgeschwindigkeit veränderten. Seine Herkunft als Teil einer verfolgten Minderheit und die daraus resultierende Ungerechtigkeit waren eine völlige Umkehrung, die Relativierung aller bis dahin als unverrückbar geltenden Werte seiner Familie und der Gesellschaft. Nichts stimmte mehr. Wie eine unsichtbare Schlange kroch immer stärker die Angst in seine Seele. Zu Michael traute er sich nicht mehr zu gehen. Als er mit einigen Kameraden auf dem Heimweg von der jüdischen Schule war und sie sich dabei absichtlich auf der anderen Straßenseite hielten, um nicht unmittelbar an der deutschen Schule vorbeigehen zu müssen, wurde die kleine Gruppe angepöbelt und angegriffen. Peter bekam zwar keine Faustschläge ab, dennoch schmerzte es ihn sehr, als er sah, dass Michael, sein ehemals bester Freund, auf der anderen Straßenseite vor dem gotischen Haupttor des evangelischen Schulgebäudes abseits stand und seinen Blick von den jüdischen Schülern abgewendet hatte. Diese kleine Episode erfüllte ihn mit mehr Bitterkeit als all die offiziellen antisemitischen Alltagserscheinungen.

Als er nach dieser Balgerei mit den Jungen aus der deutschen Schule nach Hause kam, sah er ein feldgrünes Auto, einen Mercedes Benz, vor dem Haus des Großvaters stehen. Der Fahrer am Lenkrad rauchte eine Zigarette und schaute abwesend in die Leere. Es mag sein, dass er an sein Zuhause irgendwo in Deutschland denkt, sagte sich Peter und ging ins Haus. Drinnen auf der Graderobe sah er drei deutsche Offiziersmützen, die nagelneu glänzend nebeneinander hingen. Dass die Mützen höheren Offizieren gehörten, sah man sofort an den goldenen Kordeln über dem Mützenschirm. Peter trat ein, die Großmutter und Agi saßen gegenüber den drei Offizieren, es wurde Tee serviert, und der eine Offizier, ein hagerer eleganter Herr mit Goldrandbrille, erklärte gerade in einem sehr gepflegtem leisen Ton in akzentfreiem Hochdeutsch, dass das Reformierte Kollegium zum Militärlazarett umgewidmet werde. Er sei der Oberstabsarzt und Chefarzt, sagte er, und benötige für sein eigenes Ordinations- und Bürozimmer einige Möbelstücke. Der Judenrat, der in Neumarkt seit Einmarsch der Wehrmacht einberufen worden war, habe die Adresse des Kollegen Dr. Heimann den deutschen Offizieren übermittelt, mit dem Hinweis, dort würden sie die Biedermeiermöbel, die der Stabsarzt ausdrücklich gewünscht hatte, finden. Agi war sprachlos, und die Großmutter wünschte sich insgeheim die Rumänen zurück.

„Selbstverständlich, gnädige Frau, wird die Standortverwaltung eine ordnungsgemäße Empfangsbescheinigung ausstellen, und nach dem Endsieg beziehungsweise nach dem Abzug der deutschen Truppen erhalten Sie die Gegenstände in bestem Pflegezustand zurück."

Die Familie des Kollegen Dr. Heimann könne vergewissert sein, dass die schönen Stilmöbel äußerst pfleglich behandelt würden. Sie wählten den schönen Schreibtisch mit grüner Ledertischplatte von Agi aus, an dem sie gern ihre Korrespondenz erledigt hatte, zwei dazu passende Stühle mit diskret gestreifter Polsterung und einen verglasten Bücherschrank derselben Stilrichtung. Es waren eigentlich die Möbel aus Agis Mädchenzeit. Der Großvater hatte sie bei einer Auktion für seine Tochter ersteigert. Nachdem die deutschen Offiziere sich verabschiedet hatten, begeleitete Agi sie durch das Zimmer zum Ausgang. Halbwegs entschuldigend sagte der Oberstabsarzt:

„Wir wollten diesen Krieg nicht, aber der Bolschewismus bedroht Europa und Sie hier mit. Es ist Krieg und wir müssen Opfer von der Zivilbevölkerung fordern."

Agi sah ihn an, ohne ein Wort zu verlieren. Der Offizier hob den Ton und fuhr fort :

„Wissen Sie eigentlich, gnädige Frau, was alles unsere deutsche Bevölkerung im Reich durch die Terrorluftangriffe verloren hat? Ich sage nur Hamburg, Berlin, Dresden."

Agi und die Großmutter wussten darüber bestens Bescheid, hatten aber nicht die Absicht, auf die Worte des deutschen Offiziers einzugehen. Er fügte hinzu, am nächsten Tag würden einige Sanitätssoldaten die Sachen abholen, bis dahin möchte man alles ausräumen und die Schlüssel der Schubladen nicht vergessen. Die anderen beiden sagten kein einziges Wort. Sie verließen das Haus, nachdem sie sich höflich für den Tee und für das Verständnis bedankt hatten. Im Vorbeigehen streichelte einer von ihnen, der als letzter das Zimmer verlassen hatte, Peter über seine kurzen Haare. Das Ganze war ihm eindeutig nicht angenehm.

Laszlo Arpad

Agi war völlig amusikalisch. Ihre Freunde hänselten sie damit, dass sie die Musik von Johann Strauß von der von Beethoven nicht unterscheiden konnte. Andererseits war sie künstlerisch veranlagt. Agi hatte eine große Begabung zum Zeichnen und Malen. Ihre große Liebe galt Aquarellen. Diese entdeckte sie während ihrer langen Rekonvaleszenz nach einer schweren Nierenoperation. Eines ihrer Lieblingsmotive war die Donau mit der Budapester Kettenbrücke und den weißen Raddampfern der Donaudampfschifffahrtsgesellschaft. Das Flaggschiff trug den Namen „Zsofia", auf deutsch Sophie. Von der Terrasse der Wohnung ihres Großonkels hatte Agi von der Pester Seite aus dem Liegestuhl einen wunderbaren Ausblick auf die Donau, auf die Stadt, die Brücken und die sich gegenüber erhebenden grünen Hügel von Buda mit dem königlichen Schloss. Später, als ihre Erholung Fortschritte machte, zog sie in ein Appartement des Hotels „Pallatinus" auf der Margaretheninsel, ebenfalls mit Blick auf die Donau. Sie machte immer längere Spaziergänge über die Platanenalleen der Insel. Die Alleen waren von Büsten fast aller berühmten ungarischen Dichter, Denker und Musiker gesäumt. Agi las viel, hauptsächlich lyrische Werke, und fand es interessant, an den Granitstatuen ihrer Lieblingsdichter Ady Endre und Josef Attila vorbeizuschlendern.

Am Ende der Allee der Dichter lag das kleine Kloster St. Margarethen mit seiner über achthundertsechzig Jahre alten Kapelle. Agi als nicht fromme Jüdin scheute sich vor allen religiösen Glaubensformen. Sie empfand insbesondere die katholische Kirche und deren liturgische Rituale als befremdend. Da das Leben aber eine unendliche Kette von kleinen und großen Kompromissen ist, fand sie an dem warmen frühen Nachmittag nichts dabei, in die kleine Kapelle einzutreten, dort auf einer Bank unweit vom Altar Platz zu nehmen, die angenehme Kühle unter den Kreuzbogen der gotischen Kirche zu genießen und sich auszuruhen. Sie ertappte sich dabei, dass sie ihre Hände faltete und zu beten begann. Der vergoldete Altar und die reich verzierte Trennwand zur Sakristei wirkten auf sie fremd und vertraut zugleich. Nachdem sie sich gesammelt hatte, stand sie auf, verneigte sich leicht und verließ durch den Mittelgang die Kirche. Rechts vor dem Ausgang lagen die üblichen Drucksachen, Festschriften und Prospekte über die Kirche und die örtliche katholische Gemeinde aus. Eine Schrift erweckte ihr besonderes Interesse. Auf der Titelseite einer kleinen Hochglanzbroschüre im Schwarzweißdruck war ein Zisterziensermönch abgebildet. Es fiel ihr sofort die frappierende Ähnlichkeit des Mönches mit Aurel auf. Sie nahm die kleine Broschüre und blätterte darin. Obwohl sie von diesem Orden gehört hatte, wusste sie bis dahin nicht, dass der Orden nach dem französischen Kloster Citeaux benannt und als ein Reformorden der Benediktiner im Jahre 1098 gegründet worden war, ungefähr zu derselben Zeit, in die die Christianisierung Ungarns und die Krönung des Heiligen Stephan mit der ungarischen Krone fiel. Sie las weiter, dass zu diesem Orden auch die berühmten Bernhardinermönche gehörten. Die kleine Broschüre enthielt aber hauptsächlich eine Art Rezension der dichterischen Arbeit des abgebildeten Mönches namens Laszlo Arpad. Auf der letzten Seite las sie ein Gedicht von ihm. Sie nahm die Broschüre mit und steckte eine Münze in den bereitstehenden Opferstock.

Das Gedicht des Mönches beeindruckte sie tief. Vor dem Einschlafen lag sie noch lange im Dunkeln wach. Das Bild des Geistlichen in seinem weißen Talar hatte sie verwirrt, ja geradezu verstört. Die Ähnlichkeit mit Aurel liess sie nicht einschlafen. Sie schaltete die Nachttischlampe wieder ein, suchte das Telefonbuch und fand schnell die Telefonnummer und Anschrift des Klosters der Zisterzienser: Villanyi-Straße sechsundsiebzig, unweit der Margaretheninsel in Buda.

Am nächsten Morgen bat sie den Concierge, einen Band mit Gedichten von Laszlo Arpad zu besorgen. Als sie den schmalen Gedichtband erhielt, machte sie es sich bequem auf dem Liegestuhl des kleinen Balkons und vertiefte sich in die Lektüre der Gedichte. Immer wieder blätterte sie zurück zur ersten Seite mit der Fotografie des Dichters. Sie schaute auf das Bild des attraktiven Mannes mit dunklen Haaren, hoher Stirn, geschwungenen Augenbrauen, offenem Blick, etwas kräftiger Nase und sinnlichem Mund, bekleidet mit einem weißen Talar. Sie las das Gedicht „Anklage und Verteidigung". Tief beeindruckt beschloss sie, dem Pater zu schreiben. Nachdem sie mehrere Entwürfe in den Papierkorb befördert hatte, entstand ein kurzer, aber sehr gefühlvoller Brief, in dem sie ihre aufrichtige Bewunderung festhielt. Es vergingen einige Tage, ihre Erholung machte Fortschritte, obwohl die lange Operationsnarbe, die sich über ihre Hüfte zog, noch ab und zu schmerzte. Allmählich verschwand die ganze Krankheit aus ihrem Blickfeld. Die Ängste wegen der fehlenden Niere waren wie verflogen. Sie dachte oft an ihren Sohn Peter und sandte ihm selbstgemalte Aquarelle der Donauraddampfer. Sie fühlte sich in jeder Hinsicht wohl.

Nach einigen Tagen fand sie nach ihrem Spaziergang auf dem kleinen Schreibtisch in ihrem Hotelzimmer einen Brief. Der Umschlag aus feinem weißen Papier trug als Absender das Kloster der Zisterzienser und den Namen Laszlo Arpad. Sorgfältig öffnete sie den Brief und las:

„Sehr geehrte Gnädige Frau, Ihre Zeilen haben mich sehr erfreut, aber auch beschämt. Ich habe für meine kleinen Gedichte niemals solche freundlichen Worte voller Bewunderung erhalten. Aus Ihren Zeilen, gestatten Sie diese Anmerkung, lese ich, dass Sie allein sind und Ihre augenblickliche seelische Verfassung nicht die beste ist. Das tut mir aufrichtig leid und ich bete für sie. Der Herr möge Ihnen Harmonie und Frieden geben. Wenn Sie es nicht für vermessen halten, bitte ich Sie, wenden Sie sich mit vollem Vertrauen an mich. Wie ich Sie verstanden habe, sind sie nicht eine Tochter unserer Heiligen Kirche. Das spielt jetzt keine Rolle. Wir sind alle Kinder Gottes. Sein Segen ruht auf uns und wir müssen nur unseren Herren finden. Er gibt uns allen Kraft, auch in den schwersten Stunden unseres Daseins. Ich danke Ihnen nochmals für Ihre liebenswürdigen Zeilen. Gott segne Sie. Ihr Laszlo **Arpad.“**

Lange hielt Sie den Brief in Händen und las die schöne, beinahe kalligrafische Handschrift immer wieder. Sie spürte Zweifel, ob es richtig war, ihren Gefühlen freien Lauf zu lassen und die begonnene Korrespondenz weiterzuführen.

Die medizinische Kontrolluntersuchung durch Professor Burger gab keinen Anlass zu Beanstandungen. Es wurde ihr eine strenge salzarme Diät und eine dauerhafte

Änderung der Lebensweise verordnet. Im Rahmen dieser Einschränkungen konnte Agi ansonsten ein ganz normales Leben führen. Der Heimkehr nach Neumarkt stand somit nichts mehr im Wege.

Nach ihrer Heimkehr beherrschte weiterhin in diesem Frühjahr des Jahres 1944 ein unerfreulicher Alltag das Leben der Familie. Die Machtübernahme der Kreuzpfeiler-partei mit ihrem demagogischen Führer Szallasy, der dauernd über Blut und Boden sprach und flammende Reden über die großungarische Vergangenheit hielt, fand immer weniger Anhänger angesichts der Hiobsbotschaften von der Ostfront. Die Rote Armee wälzte sich unaufhaltsam in Richtung Westen. Die ungarische Armee, nachdem sie schon bei Stalingrad unbeschreibliche Verluste erlitten hatte, war nunmehr im Jahre 1944 in verlustreiche Abwehrschlachten verwickelt. Es kursierten unerfreuliche Gerüchte über das Verhalten der großdeutschen Kameraden, denen zufolge diese beim Rückzug die ungarischen Soldaten von ihren Truppen-transportern gestoßen hatten.

Es herrschte eine allgemeine Angststimmung, angeheizt durch die Propaganda über die „bolschewistische Gefahr". Gruselgeschichten über die Abschaffung des Eigentums und die „Vergesellschaftung" der Frauen wurden erzählt.

Im engsten Kreise um den Reichsverweser Admiral Horthy gab es verzweifelte Bestrebungen, Verbindung mit den Alliierten aufzunehmen. Nach dem Beispiel Italiens strebte man einen separaten Frieden mit den Anglo-Amerikanern an, um das Land vor dem totalen Zusammenbruch und dem Einmarsch der Roten Armee zu bewahren.

All diese Versuche schlugen wegen der vollständigen Infiltration der ungarischen Behörden bis zum Büro des Reichsverwesers durch die Gestapo fehl, aber auch wegen der fanatischen Haltung der ungarischen Faschisten. Der Sohn des Admirals Horthy, ein hochdekorierter Fliegeroffizier, Istvan Horthy, kam durch ein bis nach dem Krieg nicht geklärtes mysteriöses Flugzeugunglück ums Leben. Die Furcht vor einer Besatzung des Landes lag in der Luft.

Dieser Stimmung begegnete Agi nach ihrer Heimkehr aus der scheinbar heilen Welt des Hotels Pallatinus auf der Margaretheninsel. Sie flüchtete sich in die Welt der Literatur, las noch mehr als sonst, Lion Feuchtwanger, Franz Werfel, Thomas Mann und Sandor Marai. Und sie fühlte sich sehr stark von der Lyrik Laszlo Arpads angezogen. Sie vertiefte den Briefwechsel mit ihm. Seine Antworten wurden immer persönlicher. Irgendwann stellte er fest, dass sie beide womöglich verwandte Seelen seien und es Gottes Fügung sei, dass sie sich begegnen sollten. Er sandte ihr seinen **neuesten Gedichtband „Es werde Licht" mit einer Widmung: „Ein kleiner Band für** Sie ganz alleine, liebe Frau Agnes, mit brüderlichen Grüßen aus dem fernen **Budapest von Laszlo Arpad."**

Sie spürte, ohne lange nachzudenken, dass Sie diesen Mann treffen musste. Da ohnehin eine weitere Kontrolle bei dem Professor der Chirurgie, Dr. Burger, anstand, fuhr sie erneut mit der Eisenbahn nach Budapest. Im Hotel Pallatinus war sie Stammgast. Nach der ärztlichen Untersuchung, die ihr einen unauffälligen Heilungsprozess ohne jegliche Beanstandung bestätigte, rief sie aus ihrem Hotelzimmer das Zisterzienserkloster an. Sie bat um Verbindung mit Pater Laszlo Arpad. Sie musste warten. Nach einiger Zeit klang aus dem Hörer eine samtige leise freundliche Männerstimme. Es war er.

Sie verabredeten sich in der Konditorei des Hotels auf der Margaretheninsel. Das warme Frühlingssonnenlicht umflutete die Terrasse unter der weißgelb gestreiften Markise. Von dort gut sichtbar, blühten Agis Lieblingsblumen, die hellgelben Forsythien. Liebespaare schlenderten an der Terrasse entlang zu den Alleen, die durch den Goldregen der blühenden Büsche hinüber zu den zartgrünen Lichtungen des Parks führten. Die Margaretheninsel war ohnehin einer der Lieblingsplätze von frisch Verliebten.

Laszlo Arpad erschien ihr noch stämmiger und größer, als sie sich ihn von den Bildern vorgestellt hatte. Er begrüßte sie mit einem formvollendet angedeuteten Handkuss. Sie hatten beide das Gefühl, dass sie sich seit langem kannten. Sie schwiegen beide. Der Pater trug seinen strahlend weißen Talar aus feinem dünnem

Wollstoff und darüber einen schwarzen Überwurf. Agi empfand im Vergleich zu den derben braunen Kutten der Benediktiner die Kluft der Zisterzienser als etwas Vornehmes, Edles und Besonderes.

Außer der Begrüßung hatte er noch nichts gesagt. Da spürte Agi, was sie damals bei Emma empfunden hatte, als sie Aurel zum ersten Mal traf. Sie wollte sich das selbst aber unter keinen Umständen eingestehen. „Ich bin wohl verrückt geworden.", dachte sie. Sie begann, von seinem letzten Gedichtband zu schwärmen. Aber auch Pater Arpad blieb nicht gleichgültig, als er die schöne junge Frau mit ihren nach hinten gekämmten braunen Haaren zum ersten Mal sah. Sofort bemerkte er ihre klaren samtigen Augen und ihren wohlgeformten Körper. Für einen Augenblick vergaß er, dass er ein Mönch war, und spürte die Versuchung, gegen die er seit Jahren erfolgreich ankämpfte.

Agi offenbarte sich ihm gegenüber in völligem Gegensatz zu ihrer gewohnten Verschlossenheit. Sie erzählte über ihre Krankheit, ihre Herkunft und ihre enttäuschende Ehe. Es sprudelte nur so aus ihr heraus, als ob sie ihr Gegenüber seit ihrer Geburt kennen würde. Dies geschah ohne lange Überlegung. Arpad hörte still zu. Für ihn, der für viele Menschen der Beichtvater war und ihre Geheimnisse kannte, war Agis Schicksal dennoch außerordentlich bewegend. Er wusste genau, was sich in diesem März 1944 abspielte. Sein Orden wie die gesamte katholische Kirche Ungarns war entsetzt, aber machtlos gegen den wütenden Faschismus und Antisemitismus. Die Hilfe der Kirche bestand darin, dass Verfolgte in entlegenen Klöstern ein Versteck finden und so die furchtbare Zeit überleben konnten.

Er sprach mit Agi darüber, dass er sie in einem abgelegenen Gut in der Nähe von Pannonhalma unterbringen könne, bis der Krieg in absehbarer Zeit sein Ende finden würde. Es war aber offensichtlich, dass Agi dieses großzügiges Angebot nicht annehmen konnte und wollte. Zu Hause in Neumarkt warteten ihr Sohn und ihre betagten Eltern.

Jeder von ihnen trank schweigend den starken Espresso. Das Gespräch stockte nun immer wieder. An dem frühen Frühlingsnachmittag kühlte sich die Luft ab, sobald die Sonne hinter den Hügeln von Buda verschwand. Pater Arpad schlug einen kleinen Spaziergang unter den Platanen vor. So schritten sie nebeneinander in Richtung Kapelle.

„Sehen Sie, Pater, in dieser Kapelle der heiligen Margarethe sind Sie mir das erste Mal begegnet," sagte Agi.

Er verstand nicht genau, was sie meinte. Darauf hin erzählte sie ihm von ihrem Besuch in der Kapelle.

„Wir sollten hier für ein kurzes Gebet einkehren," schlug er vor.

Sie traten in das Halbdunkel der Kirche. Lediglich am Altar brannten zwei Kerzen. Das Sonnenlicht fiel gefiltert durch das farbige Mosaik der Fenster schräg auf den dunkelroten Teppich vor dem Altar. Sie knieten beide in der dritten Reihe nieder. Sie waren die einzigen Personen in der Kirche. Pater Arpad versank tief in seinem Gebet und schloss die Augen. Agi kniete neben ihm und vernahm seinen Atem. Sie spürte den Duft seiner Haut. Die Absurdität der Situation war ihr sehr wohl bewusst. Plötzlich, ohne lange nachzudenken, wie unter Hypnose, fasste sie die betenden Hände des Paters. Sie erschrak, aber zu ihrer größten Überraschung erwiderte er, ohne vom Altar wegzuschauen, ihren Händedruck. Er hatte angenehme weiche warme und kräftige Hände. Er befreite sich kurz aus ihrem Händedruck und streichelte mit einer väterlichen Geste über ihren Kopf. Ein absolut gerader Scheitel trennte ihr volles glänzendes Haar. Sie erinnerte sich daran, dass ihr Vater, als sie ein kleines Mädchen war, sie genauso über das Haar gestreichelt hatte. Diesmal war es etwas völlig anderes.

Dabei spürte sie, wie sie sich erregte. Das war ihr in den letzten Jahren nicht mehr passiert. Sie war verstört, verschämt und unsicher. Ihr natürlicher Instinkt lenkte sie. Sie lehnte ihren Kopf an die Brust von Laszlo Arpad und flüsterte ihm ganz leise zu:

„Bitte entschuldigen Sie mich, aber ich möchte, dass die Zeit jetzt stehen bleibt."

Pater Arpad war trotz seines Gelübdes zum Zölibat und seiner festen Haltung als katholischer Mönch biologisch letztendlich ein Mann, und zwar ein in seiner vollen Manneskraft stehender außerordentlich gut aussehender Mann in den besten Jahren. Die Annäherung einer Frau, wie Agi es war, konnte ihm nicht gleichgültig sein. Sie erhoben sich und verließen die Kirche. Sie traten aus dem Halbdunkel in die blendende Nachmittagssonne, die den Park mit ihren Strahlen vergoldete. Agis Augen füllten sich mit Tränen. Ob wegen ihrer überbordenden Gefühle, ihrer Scham oder allem zusammen, wusste sie selbst nicht. Der Pater ging mit keinem Wort darauf ein.

„Ich biete Ihnen an, bevor Sie eine endgültige Entscheidung treffen wollen, doch unser kleines verstecktes Klostergut mit mir aufzusuchen. Dort können Sie beurteilen, ob Sie sich für das Versteck entscheiden wollen." Gerne nahm Agi dieses Angebot an.

Am nächsten Morgen kam Pater Arpad mit dem alten schwarzen Fiat Balilla des Klosters. Er fuhr vor den Hoteleingang. Der uniformierte Portier blickte mit Geringschätzung auf das kleine klapprige Fahrzeug, das neben den schweren Maibach- und Hoch-Limousinen hielt. Es sah daneben wie ein Spielzeugauto aus. Agi stieg ein, und sie fuhren aus der Stadt in Richtung Westen. Pater Arpad sprach wenig. Auch Agi schwieg. Dann eröffnete er ihr: „Unser Weg führt Richtung Pannonhalma."

Es ergab sich eine eigentümliche Stimmung. Im Wagen war es sehr warm. Sie legte ihre Jacke auf den hinteren Notsitz. Unter ihrer hochgeknöpften weißen Bluse zeichnete sich durch den Stoff deutlich sichtbar ihr voller Busen ab. Auch ihre gut geformten Knie waren sichtbar, weil ihr Rock auf dem engen rechten Vordersitz zwangsläufig nach oben gerutscht war. Der Pater trug eine Sonnenbrille, war frisch rasiert und seine dunklen, beinahe blauschwarzen Haare waren sorgfältig nach hinten gekämmt. Diesmal trug er ein Kreuz an einer goldenen Kette auf seiner Brust.

Die Fahrt dauerte über eine Stunde. Nachdem sie die Hauptstraße verlassen hatten, fuhren sie einige Kilometer über einen verstaubten Landweg. Hinter dem Wagen bildete sich eine gewaltige Staubwolke. Sie kamen zu einer alten hohen weißgeschlemmten Mauer. An dem großen verwitterten Eichentor fasste Pater Arpad den schwarzen Griff, der auf der Innenseite der Mauer mit einer kleinen Glocke verbunden war. Das helle Glockengeläut wiederholte er vier Mal. Nach einer gewissen Zeit, die Agi wie eine Ewigkeit vorkam, ging das Tor ächzend auf. Die Einfahrt war mit groben Pflastersteinen ausgelegt, so dass der Wagen sich nur im Schritttempo bewegen konnte. Nach einer leichten Rechtskurve zwischen Rosenbeeten auf der linken und einem Kräutergarten auf der rechten Seite gelangten sie zu einem hellgelben eingeschossigen Gebäude in klassischem Stil mit rotem Ziegeldach, regelmäßiger Fassade, großen Fenstern und grünen Klappläden. Am Giebel war ein verschlungenes Adelswappen zu sehen. Pater Arpad begrüßte den alten Mann, der das Tor geöffnete hatte und eine nicht ganz einwandfreie weiße Kutte trug, mit „Gott zum Gruße, Bruder Michael."

Bruder Michael schloss das Tor. Agi und Pater Arpad traten in das kühle Vestibül, von wo eine breite Steintreppe in das Obergeschoss führte. Das Anwesen war wie ausgestorben. Der Pater bat Agi, ihm zu folgen. Auf dem Flur im ersten Geschoss hingen alte Ölgemälde. Sie zeigten unbekannte adlige Damen und Herren aus vergangenen Jahrhunderten. Die Dielen des Fußbodens dufteten nach Wachs. Der Pater öffnete die hellgrün gestrichene zweite Tür rechts. Sie betraten ein geräumiges Zimmer. Hier hingen Bilder mit religiösen Themen an der Wand. Über dem steinernen Kamin ein einfaches, aber ziemlich großes Kruzifix. Auf dem Kaminsims standen Kerzenhalter aus Messing mit Wachskerzen. Der Raum war mit altertümlichen Möbeln ausgestattet. Die Sitzgruppe hatte einen dunkelgrünen Samtbezug mit Fransen. Die Armlehnen der Sessel waren seitlich mit Perlmut besetzt. Agi hatte das Gefühl, sie sei bei ihrer Großmutter zu Besuch. Der mächtige Bücherschrank mit den vielen alten Büchern, in Leder gebunden und mit Goldprägung, war nicht verglast, sondern mit dünnem hasengitterähnlichen Draht verschlossen.

„Nehmen Sie bitte Platz, Agi. Ich hole Ihnen eine Erfrischung. Wir haben hier herrliches Brunnenwasser."

Er verließ den Raum, und der Fußboden knarrte unter seinen Schritten. Bald kam er mit einer Karaffe aus dickem weißen Porzellan und zwei Kristallgläsern auf einem matten Silbertablett zurück.

„Sagen Sie mir, Pater Arpad. Was ist das hier für ein Märchenschloss?" fragte sie etwas beunruhigt, aber dennoch angenehm überrascht.

„Das ist unser geheimes Versteck. Ein kleines Gutshaus des Barons Toldarlagdy, das er vor vielen Jahren unserem Kloster geschenkt hat. Hierher ziehen wir uns zu Klausuren zurück und wenn wir ungestört arbeiten wollen."

Agi öffnete ungewollt ihre Augen ganz weit.

„Hier schreibe ich manchmal meine Gedichte, aber auch andere Schriften mit theologischem Inhalt. Wie Sie sehen, stört hier niemand. Es liegt völlig abseits und man ist mit Gott allein. Allein der Frater Michael sorgt für das Haus und den Garten schon seit dreißig Jahren."

Auf dem Tisch stand eine Schüssel mit frischem Obst. Die Äpfel, Birnen und Quitten verströmten einen eigentümlichen Duft, und das Gefühl, sie sei bei Großmutter zu Besuch, wurde durch diesen Duft noch verstärkt.

„Bitte erlauben Sie, dass ich mir nach dieser langen Fahrt etwas Marscherleichterung gönne," wandte er sich an Agi.

Sie wusste nicht genau, was er meinte, aber sie antwortete: „Selbstverständlich, Sie sind ja bei sich zu Hause."

Er verließ erneut den Raum und kehrte nach einigen Minuten zurück. Er trug perfekt gebügelte schwarze Hosen und eine weiße Jacke mit zwei Brust- und zwei Seitentaschen. Der Pater erinnerte sie an einen Marineoffizier in Sommeruniform.

„Sie sehen herrlich aus, auch ohne Ihren Talar, aber etwas ungewöhnlich."

„Ich danke Ihnen für Ihr Kompliment," erwiderte er und fuhr fort. „Sehen Sie, hier könnten Sie ein Refugium für die nächsten Monate finden. Bruder Michael würde Sie umsorgen, und kein Mensch oder Behörde würde den leisesten Verdacht hegen, dass Sie hier sind. Allerdings müssten Sie in Ihrem eigenen Interesse jeden Kontakt mit der Außenwelt und Ihrem früheren Leben vermeiden."

Agi schwieg lange. Sie spürte eindeutig, dass es für sie unmöglich war, seinem Vorschlag zu folgen. Sie war nicht im Stande, ihren Sohn und ihre Eltern sang- und klanglos zu verlassen, nur um ihre eigene Haut zu retten.

Agi saß auf dem dreisitzigen Sofa. In der Mitte, rechts von ihr, hatte der Pater Platz genommen. Da er seinen Talar nicht mehr trug, war er in ihren Augen mehr denn je ein gut aussehender attraktiver Mann mit einer verblüffenden Ähnlichkeit mit Aurel.

„Darf ich Ihnen etwas sagen, Pater?" fragte sie. Er unterbrach sie: „Sagen Sie bitte Laszlo zu mir." „Gut", fuhr sie fort. Ihre Verlegenheit war wie weggeflogen.

„Ich möchte Ihnen sagen, dass Sie wie der Zwillingsbruder meines Noch-Ehemannes aussehen. Ich habe schon so etwas gelesen, dass die meisten Menschen irgendwo auf der Welt einen Doppelgänger haben. Ich hielt das bisher für ein Märchen, und nun sehe ich Sie vor mir und bin sprachlos."

In ihren langen Briefen hatte sie ihm davon berichtet, dass die Ehe in der Krise war und dass von der anfänglichen großen Liebe leider nur ein bitterer Nachgeschmack geblieben war. Er schaute sie teilnahmsvoll sehr lange an und fragte: „Darf ich mich neben Sie setzen?"

Agi spürte wieder die starke Erregung, die sie eigentlich beherrschen wollte, und auch die Feuchtigkeit, die sie nicht zu kontrollieren im Stande war.

„Ja, bitte," antwortete sie etwas zu prompt.

Er nahm neben ihr Platz, streichelte mit seinem Zeigefinger über ihren Unterarm und fasste ihre Hand an. Sie wusste nicht genau, ob das jetzt der mitfühlende Freund war oder der Mann, zu dem sie sich hingezogen fühlte – und er sich zu ihr.

Sie spürte eine starke Sehnsucht und hielt seine Hand fest. Dann drehte sie ihren Oberkörper zu ihm, legte ihren Arm um seinen Hals und küsste ihn auf den Mund mit einer Leidenschaft, zu der sie sich gar nicht mehr für fähig hielt. Sie vergaß in diesem Augenblick alles, dass er ein katholischer Mönch und sie eine noch verheiratete, von der Deportation bedrohte Jüdin war, weit weg von ihrer Familie. Für sie existierte in diesem Augenblick nur der kräftige wohlduftende Mann mit seinen warmen sensiblen Lippen. Er erwiderte ihren Kuss. Ihre Umarmung wollte nicht enden. Er war selbst vollkommen aufgewühlt und konnte sich kaum beherrschen. Er streichelte Agi zart über ihren Kopf, ihren Hals und über ihre vollen Brüste. Agi spürte, dass ihre Sehnsucht nicht mehr beherrschbar war. Sie befreite sich aus seiner Umarmung, ging zu den Fenstern, zog die dunkelgrünen Seidenvorhänge zu, so dass das Zimmer in einem gedämpften hellgrünen Licht schwamm. Vor dem Vorhang stehend, zog sie sich blitzschnell aus. So näherte sie sich ihm und setzte sich auf seinen Schoss. Sie umarmte und küsste ihn wieder. Das war auch für Laszlo nicht mehr beherrschbar. Er schob seine Hose herunter und ließ sich von ihrer bebenden, vor Sehnsucht schmerzenden, pulsierenden Öffnung einfangen. Jedwede moralischen, religiösen und sonstige Skrupel fielen von ihm ab. Es folgte ein unendlich langer Liebesakt in allen Variationen. Sie fühlte sich tief beglückt, und nur für einen Augenblick hatte sie Angst davor, wieder mit einer schmerzlichen Vereinigung konfrontiert zu werden. Er nahm sie zart, liebevoll, leidenschaftlich. Nach einer Unendlichkeit erlebte sie Kaskaden von Orgasmen. Hierüber hatte sie schon einmal gelesen, aber nie daran geglaubt, dass so etwas möglich war. Am Ende lagen sie nebeneinander, Schweiß gebadet auf dem dicken rötlichen Perserteppich. Sie weinte. Das gedämpfte Licht umhüllte ihre Körper, er umarmte sie, legte ihren Kopf auf seine Brust und brach die Stille. „Du bist jetzt wohl enttäuscht." flüsterte er ihr ins Ohr.

„Was meinst Du?" fragte sie.

„Ja, das so etwas einem Pater passieren kann."

„Du bist der beste Liebhaber der Welt, und das hat der liebe Gott Dir gegeben. Ich bin unglücklich, dass ich Dich erst jetzt getroffen habe."

Agi verbrachte mit Laszlo in dem kleinen Landhaus die schönste Liebesnacht ihres Lebens. Das war die Hochzeitsnacht, die sie sich mit Aurel vor vielen Jahren erträumt hatte. Sie schliefen erst in den frühen Morgenstunden ineinander verschlungen ein.

Am nächsten Tag, bei einem einfachen Frühstück mit frischer Milch, Bauernbrot und hausgemachter Butter, eröffnete ihm Agi, dass sie - was er bereits ahnte - ihre Familie nicht verlassen könne. Sie wollte noch am selben Nachmittag mit dem Schnellzug nach Neumarkt zurückfahren, mit der ernsten Absicht, bald wieder zu ihm zurück zu kehren. Stumm hörte er sich ihre Gründe an und gestand, dass er deswegen zutiefst unglücklich sei, aber volles Verständnis habe. Sie fuhren vom Gutshaus zum Budapester Bahnhof. Sie mochte keine Abschiedsszenen und er konnte, bekleidet mit seinem Talar, einen leidenschaftlichen Abschied nicht leisten. Dennoch umarmte er sie lange und segnete sie. Mit Tränen in den Augen trennten sie sich voneinander. Agi stieg in den Zug und drehte sich nicht mehr um. Pater Laszlo Arpad stand bewegungslos, bis der Zug verschwand. Beide konnten nicht ahnen, dass dies ihre letzte Begegnung war.

Tödliche Entscheidung

Carl hatte sich mit einem guten Freund, Laci Rend, einem Gutsbesitzer, der nach dem Einmarsch der Ungarn bei der Post in Neumarkt eine hohe Stellung erhalten hatte, zu Besuch angesagt. Der Großvater, die Großmutter und Agi empfingen die beiden. Die furchterregenden Nachrichten über die Todeslager in Chmelno, Sobibor und die Bestialitäten der Rumänen in Bessarabien, die die beiden mitbrachten, waren Dr. Heimann nicht unbekannt.

„Das wird auch unser Schicksal sein." sagte er zu seiner Frau. Sie antwortete ihm:

„Jozsi, seien Sie doch nicht immer so pessimistisch. Das waren Sie ein Leben lang auch in der Medizin. Sie wissen doch, hinter ihrem Rücken nannten Sie die Leute „Unglücksrabe"."

Sie spielte auf die tragische Begebenheit mit dem jungen Rosenfeld an. Der alte Rosenfeld war alleiniger Gesellschafter der renommierten Bank Rosenfeld und Co., die in ganz Nordsiebenbürgen eine bedeutende Agrarbank war. Außerdem besaß die Familie ein Textilgroßhandelsgeschäft auf dem Marktplatz unweit des hellen Barockgebäudes, wo die Bank ihren Sitz hatte. Lediglich ein glänzendes kleines Messingschild mit der Inschrift „Privatbank Rosenfeld" verriet, was sich hinter der Fassade und der in sattem Grün gestrichenen schweren Holztür verbarg. Bankier Rosenfeld, der ein ruhiger bedachtsamer, immer leise sprechender älterer Herr war, hatte außer zwei erwachsenen Töchtern als Nachzügler einen einzigen Sohn, David Rosenfeld. Der Hausarzt der Familie war seit Jahrzehnten Dr. Heimann. Er erhielt einmal im Jahr ein stattliches Honorar unabhängig davon, wer wann und wie lange in der Familie erkrankt war. Diese Hausarztfunktion bei mehreren wohlhabenden Familien sicherten ihm ein ausreichendes Einkommen, so dass er nebenbei die nicht so begüterten Patienten kostenlos behandeln konnte. Dies tat er seit Jahrzehnten. So war der renommierte alte Arzt eigentlich die Krankenkasse in Person, ohne Verwaltung, Bürokratie und all die Übel, die später das gut gemeinte demokratische Gesundheitssystem ersticken sollten. Dies sicherte ihm neben seinem Einkommen auch ein hohes soziales Ansehen in der Stadt. Die Großmutter bezog sich in ihren

Anspielungen auf den wirklich traurigen Fall David Rosenfeld. Der Junge war damals drei Jahre älter als Peter und ein sehr intelligenter technisch begabter junger Mann, bester Schüler in seiner Klasse, hervorragend in der Volleyballmannschaft, guter Klavierspieler, ein von Mädchen umschwärmter gut aussehender Sohn aus wohlhabenden Hause. Eines Tages befielen ihn völlig unerwartet ungewöhnlich starke Kopfschmerzen, die sich so verstärkten, dass es David zunächst übel wurde und er sich danach sogar übergeben musste. Er kam sofort ins Bett. Herr Rosenfeld eilte aus der Bank nach Hause und Dr. Heimann wurde dringend gerufen. In ein paar Minuten war der alte Hausarzt zur Stelle. Die Rosenfelds wohnten in der Parallelstraße, keine achthundert Meter von der Heimannschen Wohnung entfernt. Wie immer stumm, ohne ein einziges Wort zu verlieren, untersuchte er den jungen Mann sehr gründlich. Anschließend streichelte er ihm über seine seidigen dunkelblonden Haare und sagte:

„David, du wirst diese Sache sportlich überstehen."

Er schrieb mit seinem dicken Füllfederhalter ein Rezept für ein Pulver gegen die sich stetig verstärkenden Kopfschmerzen und gegen das langsam ansteigende Fieber auf. Dr. Heimann verliess in Begleitung des tief besorgten Vaters das Krankenzimmer. Sie nahmen im Salon Platz, einem mit antiken Rokokomöbeln aus dem siebzehnten Jahrhundert eingerichteten Zimmer. Der alte Doktor sah seinen Freund lange an und sagte in einem ruhigen bedächtigen Ton:

„Eugen, ich werde dir etwas sagen, was du kaum verkraften wirst."

Der Bankier schreckte auf und seine Augen starrten in Panik auf den Doktor.

„Ich mache das kurz. Wir sind beide alte Männer, die schon einige Schläge des Schicksals oder auch Gottes hartes Urteil ertragen mussten. Ich kann bei Gott deinem Sohn nicht helfen. Niemand kann ihm helfen. David hat eine infektiöse Gehirnhautentzündung, eine sogenannte Meningitis, die nach heutigem Stand der Medizin und der Wissenschaft mit unseren Möglichkeiten unheilbar ist. Mach' ihm seine verbleibende Zeit so angenehm wie möglich. Die Medizin, die ich ihm verschrieben habe, lindert nur die Symptome."

Der Bankier sackte in sich zusammen, sein Gesicht wurde blass, er atmete tief durch und murmelte leise das Stossgebet der Juden „Schma Israel...."

Seine Augen füllten sich langsam mit Tränen, danach schrie er den Doktor an:

„Du lügst. Du hast keine Ahnung. Ich werde noch heute aus Budapest die besten Professoren einfliegen lassen. Ich werde ein Consilium einberufen, an dem meinetwegen auch du teilnehmen kannst und ich werde meinen Sohn retten."

Dr. Heimann hatte nun auch wegen des Zustands von Bankier Rosenfeld Bedenken bekommen und gab ihm ein Rezept für ein starkes Beruhigungsmittel.

„Kein Wort zu meiner Frau," stammelte der völlig aufgelöste Bankier.

Bei Malev wurde ein Sonderflug von Budapest nach Neumarkt gebucht. Am selben Abend waren die Professoren der Neurologie und der Inneren Medizin von der Medizinischen Hochschule Pazmany-Peter in Budapest am Krankenbett von David Rosenfeld. Der Junge befand sich bereits in einem Dämmerzustand. Wegen des hohen Fiebers war sein Gesicht scharlachrot und seine Stirn bedeckt mit Schweißperlen. Nachdem die medizinischen Koryphäen aus der Hauptstadt den Jungen gründlich untersucht hatten - es wurde sogar eine Rückenmarkpunktion gemacht, die blitzschnell in der örtlichen Klinik zur Analyse gegeben wurde -, fand in der Bibliothek des Bankierhauses das Consilium statt. Die beiden Professoren und ihr alter Kollege aus Neumarkt kamen zu genau derselben Diagnose. Wie ein Richterkollegium im Gerichtssaal baten sie den zerbrochenen, tief verstörten und verzweifelten Vater zu sich. Der Professor für Innere Medizin, Dr. Hetenyi, eröffnete ihm das Unabänderliche. Bankier Rosenfeld fing laut an zu schluchzen und verbarg sein Gesicht in den Händen. Dr. Heimann trat zu ihm, umarmte ihn, hielt seine Schultern und drückte den zitternden älteren Mann an sich. Der Bankier versuchte, seine Tränen mit dem stets einwandfrei gebügelten und gestärkten schneeweißen Einstecktuch zu trocknen. Der Vater verließ das Krankenbett seines Sohnes für keinen Augenblick mehr. David Rosenfeld starb nach zwei Tagen, ohne sein Bewusstsein wieder zu erlangen, mit fünfzehn Jahren. Es dauerte Wochen, bis der Bankier die Kraft aufbrachte, Dr. Heimann um Verzeihung zu bitten.

Auf diese Begebenheit, die in der Stadt Aufsehen erregte, bezog sich die Großmutter zu unrecht. Der alte Doktor war kein Pessimist, sondern seines Berufes und seiner langen Lebenserfahrung wegen und aufgrund seines guten Informationsstandes (durch das regelmäßige Abhören des großdeutschen und des Londoner Rundfunks) bestens im Bilde. Er hatte die an Sicherheit grenzende Vorahnung, dass die Nationalsozialisten die physische Vernichtung der jüdischen Bevölkerung Ungarns beschlossen hatten.

Carl und Rend beschrieben die Lage: Die Rote Armee befand sich bereits in Nord-Rumänien. Es gab Gerüchte über die baldige Eröffnung einer Zweiten Front durch Amerikaner und Engländer an der französischen Kanalküste. Eigentlich war es für jeden, der klar denken konnte, offensichtlich, dass Hitler den Krieg nicht gewinnen konnte. In Siebenbürgen würde es sich um paar Monate handeln - und dann wären die Russen da. Rend besaß in den Karpaten eine mehrere Hektar große Privatjagd mit einer geräumigen Blockhütte, wo er mit Carl oft übernachtet hatte. Getarnt als Vorbereitung für eine Jagdgesellschaft, würde man mit Pferden Proviant, Geschirr, Bettzeug und alles Notwendige hinbringen können, um ein relativ sicheres und komfortables Versteck für einige Monate zu schaffen.

Der Großvater und die Großmutter waren sofort der Meinung, lediglich Agi und Peter sollten sich verstecken. Sie, die beiden Alten, würden sich ihrem Schicksal ergeben. Die Begründung für die Abwesenheit der beiden Jungen sollte sein, dass sie nach Budapest zum Einkaufen gefahren waren. Agi stellte jedoch dauernd Fragen, die zeigten, dass sie von dieser Idee nicht begeistert war.

„Woher nehmen wir sauberes Trinkwasser? Was ist, wenn Diebe kommen? Wie heizen und wie kochen wir? Wie melden wir uns im Notfall?"

Agis alles entscheidende Frage war aber: „Was geschieht, wenn einer krank wird?"

Sie dachte an ihre Nierenerkrankung, an ihre strenge Diät und an die sich daraus möglicherweise ergebenden Komplikationen.

„Aber mein Kind, wenn es um Leben und Tod geht, dann stellt man Bedenken, auch wenn sie ernster Natur sind, einfach zurück", meinte Dr. Heimann. Immer aufgeregter gab Agi zu bedenken, dass es ihr unerträglich schien, sich von den Eltern zu trennen und ihre liebsten Menschen dem Schicksal zu überlassen. Sie suchte Argumente und wurde ganz rot im Gesicht:

„Auch wenn die Deutschen uns deportieren sollten, sind sie bei allem Nazitum schließlich Europäer und zivilisierte Menschen. So was wie die von den Rumänen verübten Bestialitäten in Bessarabien würden die Deutschen niemals dulden. Die deportieren Juden sollen angeblich als landwirtschaftliche Hilfsarbeiter eingesetzt werden, was ja gar nicht das Schlimmste ist. In jedem Falle ist in Deutschland die ärztliche Versorgung besser als am Ende der Welt in einer gottverlassenen Blockhütte ohne elektrischen Strom und fließendes Wasser in den tiefsten Wäldern der Karpaten."

Sie steigerte sich so stark in ihre auf Wunschdenken aufgebaute Argumentation, dass sie am Ende Carl und Rend bat, für die ganze Familie Strohhüte gegen die starken Sonnenstrahlen bei der Feldarbeit zu besorgen.

Als sie zwei Monate später mit hunderttausend anderen ihren Weg ohne Rückkehr ging und Peter seine Mutter das allerletzte Mal sah, trug sie einen Strohhut.

Der Großvater versuchte, in seiner ruhigen sachlichen Art zu erklären:

„Die Russen sind ja schon in Rumänien, die ganze deutsche Front auf dem Balkan scheint zusammenzubrechen. Es gibt Nachrichten von deutschen Widerständlern."

Der Londoner Rundfunk berichtete von adligen Offizieren, die gegen Hitler eingestellt waren und den Krieg beenden wollten, um auch dem deutschen Volke das weitere Elend zu ersparen. Er wisse zwar nicht, was wahr sei und was nicht, aber in jedem Fall klängen zwischen den Zeilen der Kommentare von Patrick Gordon Walkers solche Hoffnungen durch. Carl und Rend hörten sehr aufmerksam zu. Agi wurde zusehends nervöser und fixierte sich panikartig auf Befürchtungen, was sich alles in der Jagdhütte negativ auf ihre angegriffene Gesundheit auswirken könnte. Deutschland war für sie, obwohl ihr der rechtslose Status als Jüdin wohl bewusst war, doch noch ein Hort der Sauberkeit, der korrekten Krankenpflege und der Zivilisation. Der Großvater versuchte, mit den Grausamkeiten der Deutschen in Polen und Russland zu argumentieren. Das alles tat Agi als Propaganda ab.

„Wer weiß, was dort Partisanen gegen die Deutschen getan haben. Haben wir nicht alle die Fotos der grausam verstümmelten deutschen Soldaten gesehen?" fragte sie verzweifelt.

„Wir sind doch Europäer, wir sprechen fließend deutsch. Vater, Sie waren doch im ersten Weltkrieg Offizier. Was werden die schon mit uns machen? Arbeiten werden wir müssen. Die deutschen Männer sind an der Front und die Frauen schaffen in den Rüstungsbetrieben. Uns werden sie auf die Felder schicken. Wenn es sich mit dem deutschen Widerstand und der Frontlage so verhält, wie Sie sagen, dann dauert es nur ein paar Monate - und im Winter sind wir wieder zu Hause."

Die Großmutter, die ihre Tochter über alles bewunderte, freute sich über ihre klaren Gedanken und wandte sich an den Großvater:

„ Jozsi, Sie sind ein unverbesserlicher Schwarzseher. Alles nur schwarz in schwarz. Sie erinnern sich an den Fall Rosenfeld."

Der alte Doktor verlor für einen Augenblick die Beherrschung und erhob die Stimme:

„Nach zehn Minuten wusste ich, dass der arme Junge keine Überlebenschancen hatte. Für ein horrendes Honorar haben die großen Professoren meine Diagnose bestätigt und der Junge war nach zwei Tagen tot. Sie sollen hier nicht alles vermischen! Das ist kein Apfelstrudelbacken. Seien Sie vernünftig!"

Die Stimmung kippte um. Agi war es sichtlich peinlich, dass ihre Eltern im Beisein von Carl und Rend so offen ihre Meinungsverschiedenheiten austrugen. Der Großvater war eindeutig für das Versteck im Wald und gegen die von Agi als unabänderlich eingeschätzte Schicksalsfügung.

„Deportation nach wohin eigentlich? Woher bist du so sicher, mein Kind, dass alles nach Deutschland geht? Möglicherweise geht es in die Vernichtungslager. Kennst du diesen Begriff eigentlich?" sprach Dr. Heimann. Es folgte ein langes Schweigen aller Anwesenden. Agi erwiderte, dass in den Zeitungen über die bevorstehende Deportation der Juden zu lesen war. Admiral Horthy, der viele jüdische Freunde hatte, machte es zur Bedingung, dass die ungarische Juden nur zur Arbeit nach Deutschland gebracht werden sollten und die Budapester Juden sogar in ihren Wohnungen bleiben dürften.

„Hier ist nicht Polen, Vater."

Der Vater spürte, dass er seine Tochter nicht umstimmen konnte. Ihre Vorurteile, ihr Wunschdenken und die panische Angst von der Verschlimmerung ihrer Nierenkrankheit hatten Agis Verstand gegenüber vernünftigen Argumenten versperrt. Carl und Rend verabschiedeten sich mit dem Vorschlag, noch einmal alles sorgfältig zu überdenken und noch einmal darüber zu schlafen, um danach einen Entschluss zu fassen.

Als Carl zu Hause ankam, übergab ihm Emma eine Vorladung der Polizei. Er sollte am nächsten Tag beim Kriminalkommissariat erscheinen. Emma war etwas verwundert:

„Carlchen, mein Schatz, was hasst du ausgefressen?" fragte sie ihn halb im Scherz.

„Sicher irgendeine Bagatelle, sicher eine Zeugenanhörung oder so etwas. Mach' dir keine Sorgen. Es lohnt sich nicht, daran zu denken. Mal was ganz anderes: Schwarz, der Sportartikelhändler, will sein Auto verkaufen und auch sein Geschäft „Olympia-sport" aufgeben und nach Budapest ziehen, wo es angeblich sicherer ist."

„Neben Zahnlabor und Bitumen wollen wir jetzt auch noch in das Sportgeschäft einsteigen?" fragte Emma schelmisch.

„Nein, aber sein Auto, ein herrlicher Wanderer von Auto Union, interessiert mich."

Emma stutzte. In der ganzen Stadt konnte man die Privatautos an zwei Händen abzählen. Der Besitzer der Möbelfabrik, der Direktor der Zuckerfabrik, der Chefarzt des Krankenhauses, ein bekannter Schauspieler und Graf Teleky, der größte Grundbesitzer weit und breit, hatten private Autos.

„Carl du bist verrückt geworden."

„Nein, bin ich nicht, aber es geht uns Gott sei dank gut. Die Bitumensache läuft erfreulich und, was du nicht weißt, wir haben Anfragen für noch einen Flughafen!"

Emma sah ihren Mann mit einem bestimmten Blick an, den Carl gut kannte. Sie küsste ihn und zog ihn leicht in Richtung Schlafzimmer. Emma war bereits in ihrer Mädchenzeit sehr temperamentvoll gewesen. Man erzählte Geschichten über eine Abtreibung in Budapest, als sie kaum sechzehn Jahre alt war, mit anschließendem kleinen chirurgischen Eingriff zur Wiederherstellung der Unschuld. Damals war es undenkbar, dass ein Mädchen aus gutem Hause nicht als Jungfrau heiratete.

Sie waren bereits in ihrem Schlafzimmer. Carl hatte Lust auf seine gut geformte, an den Hüften etwas üppiger gewordene kleine Frau mit ihrer herrlichen Pfirsichhaut. Das fahle Licht drang durch die braunweiß gestreiften Stoffrollos in das Zimmer. Carl küsste Emma und er spürte ein starkes Verlangen nach ihr. Emma war ohnehin feucht wie in ihren besten Mädchenjahren. Sie legte sich auf ihren Mann und übernahm die Initiative. Sie liebten sich mit solcher Leidenschaft und Hingabe, dass Emma auf dem Höhepunkt ihre Lustschreie nicht unterdrücken konnte. Verschwitzt fiel sie auf Carl und küsste ihn überall hin: auf den Mund, den Hals und auf die Brust. Carl, etwas erschöpft, fühlte sich glücklich und verstand nicht, warum in den vergangenen Jahren alles bei ihm nicht so geklappt hatte wie soeben. Er dachte, das müsste man täglich machen, um das Versäumte aufzuholen.

„Woran denkst du?" fragte Emma.

„An unser Leben und wie alles in so kurzer Zeit sich geändert hat. Dass uns dieser kleine Wohlstand die Seelen geglättet hat und dass wir uns besser lieben als am Anfang."

Sie blieben noch lange aneinander geschmiegt liegen. Nach einer Stunde drang Carl mit auch für ihn selbst überraschender Leidenschaft wieder in seine Frau. Diesmal war es für beide noch intensiver als vorher, da sie ihre Erregung besser kontrollieren konnten. Sie genossen ihre Lust und kosteten jede Bewegung und jede Berührung aus. Nachdem sie beinah gleichzeitig ihren Höhenpunkt erreicht hatten, schliefen sie völlig erschöpft ein.

Großvaters Abschied

Dr. Heimann hatte ein klar umrissenes Bild von der katastrophalen Lage, in der sie sich befanden. Jeden Tag kamen neue Rassengesetze heraus. Die politische Situation verschlechterte sich zusehends. Fanatische antisemitische Politiker erhielten immer mehr Macht, ausgerechnet der Nationalist Laszlo Endre wurde zum Regierungsbeauftragten zur „Lösung der Judenfrage" ernannt. In den jüdischen Haushalten mussten Inventarlisten erstellt werden, in denen alle Wertgegenstände zu erfassen waren. Die Wohlhabenden trugen ihren Schmuck, ihre kostbaren Gemälde, ihr Meißner Porzellan, ihre Perserteppiche und ihr Silberbesteck in die Listen, die sogenannten kleinen Leute aus der Unterstadt schrieben ihre alten Sabbatsilberleuchter in die Formulare.

Peters Schule wurde wegen angeblicher bolschewistischer Umtriebe geschlossen. Es war für jeden, der sich nicht hinter Wunschträumen verstecken wollte, ganz klar, dass es von Tag zu Tag bedrohlicher und lebensgefährlicher für die Juden wurde. Es gingen Polizisten und auch Mitglieder der Gendarmerie von Haus zu Haus, um die Anzahl der jüdischen Mitbürger zu zählen und nach den Vorschriften der Rassengesetze zu registrieren. Dr. Heimann wusste, dass es nur um Tage, wenn nicht um Stunden ging, bis sie abgeholt werden sollten. Er wusste mit nachtwandlerischer Sicherheit, dass Agis Entscheidung, nicht in den Wald zu gehen, der tragischste Fehler war, der das Leben der ganzen Familie kosten konnte. Er saß wie jeden Morgen vor seinem Schreibtisch. Die Mädchen waren schon vor Wochen nach Hause geschickt worden. Auf dem kleinen Silbertablett servierte die Großmutter ihrem Mann das Frühstück wie gewohnt, eine große Tasse Kaffee, eine Scheibe Toast und ein Glas Wasser. Die Deutsche Medizinische Wochenschrift lag ungelesen auf dem Schreibtisch. Auf der Straße war Ruhe, man hörte keine Kutschen und keinen Verkehr. Dr. Heimann versank in Gedanken und versuchte eine Erklärung dafür zu finden, wieso die jahrhunderte alte Geschichte der Juden in Ungarn in dieser sich ab-zeichnenden Katastrophe enden musste. Er erinnerte sich an all das, was er in langen Nächten hierüber gelesen hatte. Es kam ihm vor, als unternähme er eine Reise in die Vergangenheit. Die Ausgrabungen in Dunapenetele hatten die Existenz von Juden seit der Römerzeit nachgewiesen. Bereits vor dem Ungarischen Königreich des Heiligen Stefan gab es im dakischen und im pannonischen Teil jüdische Gemeinden. Das war durch Grabfunde und alte Grabsteine mit hebräischen Schriftzeichen belegt. Den alten jüdischen Friedhof in Stuhlweißenburg, späterer Sitz des Kardinals von Ungarn, gab es seit dem Jahr 1050. Der alte Doktor wusste aus seinen Geschichts-studien, dass es erst mit der Christianisierung Ungarns zum ausdrücklichen Verbot des Papstes gegenüber dem ungarischen König Ladislaus gekommen war Juden in hohe Stellungen zu berufen. Am Ende der Herrschaft der Könige aus dem ersten Geschlecht der Arpaden erhielten die Juden wieder ihre Gleichberechtigung zurück, während im zwölften Jahrhundert im restlichen Europa blutige Pogrome stattfanden und auf dem Scheiterhaufen der Inquisition die als Hexen verfolgten unglücklichen Frauen am lebendigen Leibe verbrannt wurden. Das alles vergegenwärtigte er sich. Sein Leben - er war 1867 geboren - umfasste die Zeitspanne vom unaufhaltsamen Aufschwung Österreich-Ungarns bis zur Trennung der Ungarischen Monarchie vom Kaiserreich der Habsburger. Er wusste zu gut, dass die Juden einen enormen Beitrag zur wirtschaftlichen und kulturellen Entwicklung Ungarns geleistet hatten. Dann verdunkelten sich seine Erinnerungen. Die verbrecherischen Blutbeschuldigungen und Ritualmordanklagen gegen die Juden und den schändlichen Fall Moritz Scharf- ein jüdischer Junge, der gegen seinen eigenen Vater in einem solchen Prozess falsch ausgesagt hatte - assoziierte Dr. Heimann mit der gegenwärtigen Lage. Dass Baron Eötvös, genau wie in Frankreich später Emile Zola, das Unrecht und die anti-semitischen Verschwörungen entlarvt hatte, tröstete ihn nicht. Er hatte die Werke von Eötvös bereits in seiner Studentenzeit gelesen. Die in Leder gebundenen Bände standen hinter ihm im Bücherschrank. Dr. Heimann blickte zurück auf die jahrhundert, jahrtausend alte wechselvolle Geschichte der Juden in Ungarn. Er hatte das Gefühl, dass er auf dieser Zeitreise selbst ständig dabei war. Er vergegenwärtigte sich Menschen wie Baron von Senyi, aber auch die jüdischen Demagogen Bela Kun und Samuelly, die er für Verbrecher hielt, weil sie wegen der

Mordorgien während der ungarischen Räterepublik 1918 seiner Meinung nach viel zur Wiederbelebung des uralten Judenhasses und Rechtsradikalismus beigetragen hatten. Er musste sich eingestehen, dass er die tieferen Gesetzmäßigkeiten der Geschichte und die Wechsel-wirkungen von Ursache und Ergebnis, je älter er wurde, umso weniger begreifen konnte. Wie genial einfach hatte es Albert Einstein, der das universalgültige Gesetz der Relativitätstheorie entdeckt hatte. Wo war die allgemeine Feldtheorie der Geschichte? Wo waren Ursache und Wurzel des Hasses, fragte er sich.

Er hatte zwar seinem Enkel die Stelle aus der Bibel über das auserwählte Volk vorgelesen, aber wenn er zu sich selbst ganz ehrlich war, glaubte er nicht daran. Dr. Heimann mit seinen siebenundsiebzig Jahren erschrak vor dem Gedanken, dass über ihm der Himmel womöglich eine unendliche Leere war und sonst nichts. Er war mittlerweile zu der Überzeugung gelangt, dass das Böse gesiegt hatte und dass er nichts dagegen unternehmen konnte. Zeitweise verfolgte ihn der Gedanke, dass er das alles nicht mehr mitmachen würde. Wegen seines hohen Alters wäre er ohnehin nicht fähig, auf den Äckern des großdeutschen Reiches die Kartoffeln zu ernten, wie seine naive kranke Tochter sich das unter ihrem Strohhut vorstellte. Er gewann immer mehr die Überzeugung, dass bei einer möglichen Deportation alles für ihn in unwürdige Plagerei und Beschwernis führen und mit einem schlimmen Tod enden würde. Das wollte er nicht tatenlos abwarten.

Er dachte viel an den Baron von Senyi, an dessen Edelmut und wahre Freundschaft. Er fühlte eine unaufhaltsame Sehnsucht nach einem Wiedersehen mit seinem alten Freund, der vor kurzem auch wegen ihm gestorben war.

Dr. Heimann stand auf, holte ein Blatt Papier mit seinen Initialen, schraubte die Schutzkappe seines dicken Montblanc-Füllfederhalters ab, drehte die große goldene Feder heraus und schrieb mit seiner mitunter unleserlichen Handschrift, die nur die Apotheker auf den Rezepten zu entziffern vermochten, einen Abschiedsbrief:

„Meine liebste Rebekka, meine allerliebste Tochter Agi, mein liebster kleiner Peter, der Abschied von Euch fällt mir unendlich schwer, nicht nur weil die ewige

Dunkelheit, die auf mich wartet, und die Reise ohne Wiederkehr, die ich antrete, für Euch Trauer und unsäglichen Schmerz bedeutet. Ich bin Euch eine aufrichtige Erklärung für meinen Entschluss schuldig. Diese Zeilen sollen nicht nur Abschied, sondern Bitte um Vergebung sein. Wie Ihr wohl wisst, hätte ich nächsten Monat mein sechsundsiebzigstes Lebensjahr vollendet. Als Arzt weiß ich zu gut, dass meine physische Kraft, mein Widerstand, meine Lernfähigkeit und Leistungsfähigkeit beschleunigt abnehmen. Ich will es glauben, dass wir alle, wie meine liebe Agi es vermutet, in den nächsten Tagen zur Zwangsarbeit, wohin auch immer, deportiert werden. Dazu benötigen wir Gesundheit und Kraft, die ich nicht mehr habe. Alte Menschen brauchen die skrupellosen Zyniker und Verbrecher, in deren Hände unser Schicksal geraten ist, nicht. Ich weiß wohl, dass ich von Euch, den liebsten Menschen, die ich auf der Welt habe, Unmögliches verlange, aber bitte überlegt es Euch in Ruhe - und Ihr werdet mir zustimmen: In jeder Hinsicht wäre ich für Euer ungewisses Schicksal ein Hindernis, eine Last und eine Sorge.

Grauenhafte, für mich unvorstellbare Kräfte haben sich gegen uns verschworen. Ich flehe Euch an, aus meinem ganzen Herzen, tut alles mögliche, bleibt zusammen, beschützt Euch gegenseitig. Ihr müsst wissen, ich halte meine Hände in Ewigkeit schützend über Euch.

Seit uralten Zeiten schreiben Menschen vor ihrem Tod ihr Testament. Sie werden uns alles wegnehmen, das Haus, den Garten, das Weingut, alles, was wir besitzen und in langen Jahrzehnten hingebungsvoller Arbeit uns geschaffen haben. Mein letzter Wille ist also nur dies:

Meine unendliche Liebe und Dankbarkeit hinterlasse ich Euch dreien. Möge der liebe Gott, der zur Zeit sein Angesicht von uns abgewandt hat, Euch beschützen, segnen und in seiner Obhut behalten. Ich weiß, die Zeit wird kommen und Gott wird sich unser wieder gnädig zeigen. Verzeiht mir, vergebt mir, aber ich habe den einzig richtigen Weg für mich gewählt. Eines Tages werdet Ihr mich verstehen und meine Tat billigen. Eines Tages wird es eine Wiedergutmachung für das unermessliche Leid, das uns angetan wurde, geben. Und dennoch gibt es für uns kein Wiedersehen, kein Glück und keine Freude mehr. Gott beschütze Euch. Euer Jozsi, Vater, Großvater. "

Er schraubte den Füller zu, legte ihn neben das Blatt Papier und trocknete die Schrift, die er diesmal als leserlich befand, mit seinem schweren Löschpapierhalter. Dann nahm er aus seinem Medizinschrank fünf Ampullen mit dem stärksten Schmerzmittel, das er besaß und welches er Krebspatienten im letzten Stadium verabreichte, um sie von ihren höllischen Schmerzen zu befreien. Er brach die Ampullen sorgfältig auf, dann zog er den Inhalt der fünf Ampullen hintereinander in eine Spritze, nahm das Gummiband für intravenöse Injektionen, schnürte seinen linken Arm oberhalb des Ellenbogens ab und verabreichte sich langsam die tödliche Dosis direkt in die Vene. Er legte dann die Spritze in die Nierenschale, das Gummiband ebenso ordentlich daneben. Anschließend legte er sich auf das mit dem Perserteppich bedeckte Sofa und fühlte, dass er immer leichter wurde, zu schweben begann. Dann ging jedes Licht aus. Er versank in einer unendlichen Leere. Er hörte noch aus großer Ferne eine Kutsche, dann schlief er für immer ein.

Als seine Frau ihn fand, rief sie sofort seinen jungen Freund Dr. Hirsch, der in ein paar Minuten zur Stelle war. Er konnte nur den Tod seines väterlichen Freundes feststellen. Als er in der kleinen emaillierten Nierenschale die abgebrochenen Ampullen sah und die daneben liegende Spritze, verstand er sofort, ohne jedoch zu begreifen. Er steckte die Nierenschale, die abgebrochenen Ampullen, deren Spitzen und die Spritze blitzschnell und unbemerkt in seine Arzttasche. Die Großmutter war nicht wegzubewegen von ihrem toten Ehemann. Sie saß neben dem Sofa, auf dem er lag, und hielt seine Hand, wobei sie mit ihrem Gesicht schluchzend auf seinem Oberkörper lag. Agi war vollkommen aufgelöst und weinte still neben ihrer Mutter. Dr. Hirsch stellte den Totenschein mit der Todesursache „Natürlicher Herzstillstand" aus.

Die Bestattungsabteilung der jüdischen Gemeinde hatte ihre Leute, alte bärtige schwarz gekleidete Männer, entsandt. Sie nahmen den Leichnam mit. Nach jüdischem Glauben ist ein Toter vor Sonnenuntergang des nächsten Tages zu begraben. So geschah es. Dr. Heimann wurde nach jüdischem Ritual mit Tonscherben auf den Augen in seinem schneeweißen Totenkittel, den er jedes Jahr zu Jom Kippur in der Synagoge getragen hatte, in einem einfachen Sarg aus ungehobelten Brettern begraben. Eine große Trauergemeinde fand sich an seinem Grab ein. Man sah auch viele Menschen ohne Judenstern, es waren seine Freunde und Patienten aus allen Schichten der Gesellschaft von Neumarkt. Peter hielt die Hand seiner Mutter, die wie verloren den Worten des Rabbiners zuhörte. Es ist indes niemals die wahre Todesursache erwähnt worden. Dr. Hirsch hatte gesetzeswidrig den Behörden gegenüber den Selbstmord verschwiegen. Er wollte der Familie und seinem alten Kollegen und Freund die Scheußlichkeit der polizeilichen Unter-suchung, die Obduktion und alles, was damit zusammenhing an Bürokratie und Würdelosigkeit, ersparen.

Peter wusste nicht, woran der Großvater so plötzlich gestorben war. Er nahm an dem Begräbnis teil und mit seinen dreizehneinhalb Jahren fühlte er sich plötzlich erwachsen. Ein Gefühl der Unwiederbringlichkeit, der Leere und des Verlustes erfasste ihn. Eine tiefe Trauer, Hoffnungslosigkeit und Angst beschlichen seine Seele. Er spürte, dass hier etwas Endgültiges geschehen war, dessen Folgen er nicht einmal ahnen konnte. Das Gefühl, etwas endgültig verloren zu haben, gepaart mit großer Traurigkeit, sollte ihn ein Leben lang begleiten. Eine so tiefe Erschütterung wie an Großvaters Grab, während der Rabbiner das jüdische Totengebet - den Kaddisch –sprach, fühlte er zum ersten Mal in seinem jungen Leben.

Nach jüdischem Glauben darf das Grab einen Monat lang nicht aufgesucht werden. Der Grabstein wird am ersten Todestag gesetzt. Es kam jedoch weder zu dem einem noch zu dem anderen. In den nachfolgenden Tagen gab es keine Rückkehr zur Normalität. Carl war sehr oft zu Besuch und saß stumm bei Agi. Dr. Hirsch kam auch oft. Der noch junge Mitte-Vierziger, blass wie immer mit seinen dichten nach hinten gekämmten dunkelblonden Haaren, schaute noch erschrockener und noch trauriger durch seine Brille mit dunklem Rahmen als sonst. Dr. Hirsch konnte es seinem alten Kollegen nachfühlen, warum er seine Entscheidung so getroffen hatte.

Deportation

Es verdichteten sich immer mehr die Gerüchte, dass die Deportation der Juden in Neumarkt kurz bevor stand. Man redete bereits darüber, wohin die Menschen gebracht werden sollten. Am Stadtrand befand sich eine alte verlassene Ziegelfabrik. Dort wurden Zäune angebracht. „Das soll das Ghetto werden", flüsterte man sich zu. Die ungarische Gendarmerie - und nicht die Polizei - ging von Haus zu Haus, um noch einmal alle Juden zu registrieren. Die Gendarmen, die als brutal und primitiv galten, trugen dunkelgrüne Militäruniformen und einen dickrandigen schwarzen Hut, der dem englischen Bowlerhat ähnelte. Dieser war mit grün schimmernden Hahnenschwanzfedern geschmückt. Bewaffnet waren sie mit einem kurzen Karabiner, an dem ihr Bajonett aufgepflanzt war. An ihrem breiten hellbraunen Ledergürtel trugen sie jeweils vier lederne Patronentaschen. Es waren martialisch aussehende kräftige Bauernburschen von mindestens einem Meter fünfundachtzig und fünfundachtzig Kilo. Nur wer diese Mindestkörpermaße erfüllte, wurde zur Gendarmerie zugelassen. Sie patrouillierten grundsätzlich zu zweit und hatten ein aggressives autoritäres Gehabe. Als Peter mit seiner Großmutter vom Einkaufen kam, mussten sie den Bürgersteig verlassen, um zwei Gendarmen mit knarrendem Schritt Platz zu machen.

Diese Furcht einflößenden staatlichen Organe suchten die Familien, auch Dr. Heimanns Familie auf, um die Namen der Anwesenden mit den Listen zu vergleichen. Sie vermerkten etwas irritiert, dass der Vater nicht zu Hause, sondern auf Geschäftsreise in der Hauptstadt war. In Wirklichkeit bestand kaum mehr Verbindung zu Peters Vater. Er hatte sich seit langem von seiner nichtarischen Familie seelisch und räumlich getrennt. Er war einfach weggeblieben, was Agi am Ende nicht mehr sonderlich bedrückte. Auch das gehörte zu den Unabänderlichkeiten, die ihr Sohn hinzunehmen lernen musste. Er fühlte sich nach Großvaters Tod plötzlich erwachsen und für seine Mutter und Großmutter mitverantwortlich. Er durchlief in kürzester Zeit einen Reifeprozess, den andere junge Männer erst nach dem achtzehnten Lebensjahr oder später durchlaufen. Die schicksalhaften Tage und Stunden sollten ihn bis zu seinem Lebensende prägen.

Carls Katastrophe

Emma schlief noch im Ehebett neben Carl, als um halb sechs Uhr in der Früh ein brutales Klopfen und ungeduldiges Klingeln sie weckte. Sie zog ihren Morgenmantel an und lief zur Eingangstür.

„Aufmachen! Polizei!" vernahm sie von draußen. Sie schloss die Haustür auf und drei Polizisten, davon einer in Zivil, standen im Vorzimmer. Sie zeigten Emma einen Durchsuchungsbefehl und kündigten an, dass sie das ganze Haus durchsuchen würden. Carl erschien ebenfalls im Morgenmantel und war völlig überrascht.

„Sind Sie Carl Gabler?" fragte der Kommissar. Carl war völlig verwirrt. Emma dachte, dass es sich um ein enormes Missverständnis handelte, und sagte:

„Meine Herren, tun Sie, was sie nicht lassen können und was ihre Pflicht ist."

Carl dachte: „Die werden noch was erleben!" Der Polizeipräsident war ein alter Jagdfreund und Skatbruder. Den beabsichtigte er, nach acht Uhr zu verständigen. Ein Polizist und der zivile Beamte durchsuchten sehr gründlich das ganze Haus, alle Schränke, Schubladen, Nachtschränke und drehten jedes Buch im Bücherschrank um. Der zweite uniformierte Polizist postierte sich vor der Haustür. Sehr lange und sehr gründlich und mit sichtbarer Neugier wurde Carls Jagdausrüstung kontrolliert. Die Nummern der Waffen wurden mit den Waffenbesitzkarten penibel verglichen. Auch die Patronen wurden gezählt. Nach zweieinhalb Stunden, die Emma wie eine Ewigkeit vorkamen, verließen die Beamten das Haus, ohne etwas mitzunehmen.

Als Emma und Carl um halb neun in ihrer Firma ankamen, standen auch dort Polizeibeamte und präsentierten ebenfalls einen Durchsuchungsbefehl. Einen von ihnen kannte Emma gut. Seine Frau half manchmal bei ihr im Haushalt aus.

„Herr Nagy, sagen Sie um Gottes Willen, was ist denn los?" fragte sie.

Der Polizist antwortete im Flüsterton: „Es ist etwas mit einem Militärflughafen. Mehr weiß ich auch nicht."

Aus der Firma nahmen die Polizisten alle Akten und Unterlagen in Zusammenhang mit den Bitumenlieferungen für den Militärflughafen mit. Es waren immerhin einige Ordner. Nachdem die Beamten das Büro verlassen hatten, fragte Emma ihren Mann:

„Sag mal, ist hier etwas nicht in Ordnung?"

Carl antwortete ganz ehrlich und offen, er wüsste nicht, was nicht in Ordnung sei, aber er beschloss, umgehend in Budapest General Szombathelyi anzurufen. Das war einfacher gesagt als getan. In Neumarkt gab es noch Handvermittlung und das bedeutete, das Fräulein vom Amt stellte die Verbindung her, ob Orts- oder Ferngespräch, einerlei. Carl nahm den Hörer ab und bat höflich um eine Verbindung mit der ihm bekannten Nummer in Budapest. Nach einer dreiviertel Stunde klingelte der Apparat und Carl bekam Verbindung zum Büro des Generals. Aus großer Ferne klang die Stimme der Vorzimmerdame sehr zurückhaltend und für Carl in überraschender Weise unfreundlich, denn er hatte ihr bei jedem Besuch jeweils eine schöne Pralinenschachtel mitgebracht.

„Nein, Herr Gabler, der Herr General ist nicht zu sprechen und bittet Sie, hier auch **nicht mehr anzurufen."**

Sie legte auf. Das kam Carl sehr merkwürdig vor, was er Emma auch sofort sagte. Nun beschlich sie doch ein Gefühl der Angst und dieses war nicht unbegründet. Er versuchte vergebens, den Jagd- und Skatfreund, den Polizeipräsidenten, mit dem er per du war, anzurufen. Genau wie der General in Budapest, war plötzlich auch der Polizeipräsident für Carl nicht erreichbar.

Carl wurde am nächsten Morgen von zwei Polizisten aus seiner Wohnung abgeholt. Er folgte den zwei Beamten zum Präsidium, wo er in Untersuchungshaft kam. Carl verlangte sofort nach seinem Anwalt, Herrn Dr. Gamentzy. Es wurde ihm gesagt, er möge sich gedulden. Es sei genug Zeit für den Anwalt. Carl ahnte nun, dass die Sache eindeutig mit der Bitumenlieferung zu tun hatte. Wie er sich dabei etwas zu Schulden hatte kommen lassen, war ihm schleierhaft. Ein Kontakt zu Emma wurde ihm verwehrt. Er war von der Außenwelt abgeschnitten, völlig allein in einem kargen Untersuchungsgefängniszimmer, ohne ein Schriftstück, das ihm die leiseste Ahnung vermitteln konnte, was man ihm vorzuwerfen hatte. Nach einer unruhigen Nacht wurde er von der Wache geweckt. Er bekam eine Kanne schwachen bitteren Kaffees, ein Stück Kommissbrot und Marmelade zum Frühstück. Er konnte sich nicht rasieren und die Zähne putzen, da die Polizisten ihm - absichtlich oder einfach aus Fahrlässigkeit - nicht gesagt hatten, dass er seine Toilettenartikel mitbringen sollte.

Deprimiert, verärgert und in tiefer Unruhe saß Carl auf seiner Pritsche, als er zum Verhör gerufen wurde. Man führte ihn in einen größeren Raum, der aussah wie das Büro eines höheren Beamten. An der Stirnseite hing in einem reich verzierten Goldrahmen das Bild des Reichverwesers Horthy in blauer Admiralsuniform. Darunter ein großer schwerer Schreibtisch, rechts davon ein kleinerer Tisch, den Wänden entlang geschlossene graue Metallaktenschränke und ein Bücherregal. Der Parkettfussboden glänzte matt und roch nach frischem Wachs. Ein roter Läufer führte von der Eingangstür bis zum Schreibtisch, vor dem ein Stuhl stand. Das Licht schien durch ein Milchglasfenster fahl in den Raum. Der große Kandelaber war erleuchtet und breitete ein gelbliches elektrisches Licht über die Anwesenden. Am Schreibtisch saß ein höherer Polizeioffizier. Hinter ihm standen zwei Polizeibeamte in Uniform. Am zweiten Tisch saß ein deutscher Offizier, ein Hauptmann, wie Carl feststellen konnte. Carls beherztes „Guten Morgen, meine Herren." wurde nicht beantwortet. Man wies ihn an, auf dem bereit stehenden Stuhl Platz zu nehmen.

„Sie wissen, Herr Gabler, weshalb Sie hier sind?" fragte der Polizeioffizier auf ungarisch. Carl antwortet auf deutsch und schaute dabei den deutschen Hauptmann an: „Nein, ich habe keine Ahnung. Sagen Sie es mir bitte."

Nachdem kurz seine Personalien notiert worden waren, folgte das weitere Verhör auf deutsch. Der Polizeioffizier beherrschte die deutsche Sprache perfekt.

„Sie sind doch Geschäftsmann und besitzen das Zahnlabor in der Großen Straße. Was machen Sie denn eigentlich mit der Luftwaffe für Geschäfte?"

Carl merkte nun sehr wohl, von wo der Wind wehte.

„Ich mache keine Geschäfte mit der Luftwaffe, sondern ich habe an ein ungarisches Bauunternehmen Bitumen, besser gesagt den Rohstoff zur Herstellung von Asphalt geliefert."

„Und was hat Asphalt oder Bitumen mit Zähnen zu tun?"

Ohne Carls Antwort abzuwarten, fuhr er fort: „Ist Ihnen bekannt, dass dieser Flughafen, von dem wir sprechen, auch von der Luftwaffe des Großdeutschen Reiches mitbenutzt wird?"

„Ja, davon habe ich gehört. Ich hatte sogar die Ehre, General Milch vorgestellt zu werden." antwortetet Carl und schaute den deutschen Hauptmann an, der bis zu diesem Zeitpunkt kein einziges Wort gesagt hatte.

„Sind Sie Jude?" unterbrach der deutsche Offizier sein Schweigen. Carl stutzte kurz und antwortete: „Meine Mutter ist Jüdin."

„Aha, nach den gültigen Rassegesetzten also Halbjude."

Und an den ungarischen Beamten gewandt, fragte der deutsche Offizier: „Herr Polizeioberrat, ist das festgehalten worden?"

Carl fragte mit ganz neutralem Ton: „Bitte schön, was hat das mit der Sache zu tun?"

In schneidendem Ton schrie der deutsche Offizier Carl an: „Seien Sie nicht frech, Sie Lump! Hier stelle ich die Fragen."

Der ungarische Polizeioffizier eröffnete Carl, dass sich auf dem Militärflughafen von Papa ein Flugunfall ereignet hatte, und zwar dadurch, dass sich bei der Landung einer Junker 88 das Fahrwerk in den zu weichen Asphalt eingegraben hatte, vor den Rädern eine Wulst aus weichem Asphalt entstanden war, die Räder zu stark abgebremst werden mussten und das gesamte Fahrwerk gebrochen war. Untersuchungen hatten ergeben, dass der elastische Asphalt durch die Schwerkräfte der Flugzeugreifen zur Seite und nach vorne geschoben und hochgedrückt worden war. Das Gutachten besagte, dass ab vierzig Grad Celsius Aufwärmung die Rollbahndecke den Kräften bei der Landung schwerer Flugzeuge nachgab. Dieses sei der unkorrekten Mischung des Asphalts zuzuschreiben. Das Flugzeug hatte mit dem Bug die Landebahn berührt und war in Flammen aufgegangen. Carl spürte, dass ihm kalter Schweiß auf der Stirn ausbrach. Der Polizeioberrat fuhr fort:

„Nur durch beherztes Eingreifen der deutschen Militärflughafenfeuerwehr ist Schlimmeres verhindert worden. Die Besatzung konnte gerettet werden."

Jetzt schaltete sich der deutsche Offizier ein:

„Wissen Sie, Sie jüdischer Wehrkraftzersetzer, dass entscheidend für die Qualität des Asphaltes neben geeignetem und richtig abgestuftem Gesteinsmaterial die Zumischung von geeignetem Bitumen in der richtigen Dosierung bei richtiger Temperatur ist? Verfügen Sie überhaupt über das Wissen durch die DIN-vorgeschriebenen Prüfungen über die Eignung des von Ihnen gelieferten Materials?"

Carl blieb stumm. Er merkte, dass man ihm eine grausame Anklage anhängen wollte. Das furchtbare Wort „Wehrkraftzersetzung" traf ihn wie ein Blitzschlag. Er versuchte, über die Laborergebnisse der chemischen Fakultät der Universität in Budapest zu berichten. Er kam jedoch nicht zu Wort.

Der deutsche Offizier sprang von seinem Stuhl auf, näherte sich Carl und schrie ihn an: „Sie haben mit Ihren Kumpanen für einen Luftwaffenstützpunkt Scheiße geliefert. Mit Ihren Komplizen wollten Sie den Flughafen unnutzbar machen. Wenn jetzt schon die Rollbahn soweit aufgeweicht ist, dass die Flugzeuge nicht landen können, wie flüssig wird dann die verfluchte Rollbahn bei hochsommerlichen Temperaturen?"

In einem Atemzug fuhr der Hauptmann fort, wobei sein Gesicht rot anlief: „Teeren in Ihrem eigenen Zeug, anschließend federn und aufhängen sollte man Sie, wie die Nigger in Amerika."

Der ungarische Polizeioffizier bestand darauf, dass Carl vermutete Komplizen für die ihn unterstellte absichtliche Sabotage benennen sollte. Das Verhör dauerte bis spät in die Nacht und er erwähnte nur wahrheitsgemäß, dass er auf die Bitumenabsatzbecken von zwei Jungen, die dort Fußball gespielt hatten, aufmerksam gemacht worden war. Sie drohten ihm mit Folter. Die Versuche, sich als gesetzestreuen Bürger darzustellen und darauf hinzuweisen, dass er unter anderem Mitglied der besten Jagdgesellschaften in Ungarn war, halfen ihm nicht. Wie er später erfuhr, legten weder Dr. Halltrich noch der Polizeipräsident noch sein Generalfreund in Budapest noch Graf Teleky ein gutes Wort für ihn ein. Für alle diese Herrschaften, bei denen er stets ein gern gesehener und respektierter Jagdkamerad war, spielte er nunmehr die Rolle eines flüchtigen Bekannten, von dem man nicht ahnen konnte, dass er sogar Halbjude war.

Carl wurde nach wochenlangen quälenden Verhören, die als Ziel hatten, ihm Sabotage und Wehrkraftzersetzung anzulasten, vor die Alternative gestellt, entweder gestehe er, mit judokommunistischen Komplizen vorsätzlich Sabotage getrieben zu haben oder er melde sich „freiwillig" sofort an die Front in ein Strafbataillon. Carl wusste, dass die erste Alternative den sicheren Tod bedeutet hätte, und so entschied er sich für den Fronteinsatz.

Carl wurde vom Polizeipräsidium mit einem Mannschaftswagen und noch sechs anderen Schicksalsgenossen direkt nach Sächsisch-Regen gefahren, wo die Garnison des Strafbataillons war. Nach dem Einkleiden und Ausrüsten wurden sie am nächsten Morgen in einem Güterwagen, der an einen Militärzug angehängt wurde, in Richtung Ukraine gefahren. Dort hielt bei Woronesch die ungarische Armee einen Frontabschnitt besetzt. Carl hatte keine Gelegenheit, Emma eine Nachricht oder ein Lebenszeichen zukommen zu lassen.

In der Zwischenzeit wurden in Neumarkt die Konten des kleinen Labors gesperrt, die Wohnung der Gablers mehrfach durchwühlt, Carls geliebte Jagdwaffen beschlagnahmt. Emma musste wegen der abenteuerlich hohen Schadenersatzforderungen Konkurs anmelden. Sie sollte den neuen Belag für die Rollbahn zahlen. Für das beschädigte deutsche Flugzeug sollte sie ebenfalls aufkommen und eine hohe Geldbuße entrichten. Das alles summierte sich in Millionenhöhe und bedeutete für den kleinen Betrieb das Todesurteil. Sie verlor alles. Nach der

Zwangsversteigerung blieb ihr außer ihren persönlichen Sachen gar nichts. Sie kam bei einer Schwägerin unter und nahm eine Stellung als Laborantin an der Zahnklinik der Universität an. Von Carl hatte sie keinerlei Nachricht erhalten. Ein gemeinsamer Bekannter erzählte, man habe ihn im Zug in Richtung Front gesehen.

Carl war mit den anderen Soldaten in einem russischen Bauernhaus untergebracht. Das Schlimmste war nicht das vollständige Fehlen von jedem Komfort, sondern die Invasion der Flöhe. Es war nicht möglich, einen Augenblick zu schlafen, denn die Flöhe bissen aggressiv zu. Carl beschloss, draußen zu schlafen, obwohl das untersagt war. Bei Mondschein holte er einen Bleistift und eine Feldpostkarte aus seiner Uniformtasche und versuchte, ein paar Zeilen an Emma zu schreiben. Er schloss die Postkarte mit den Worten:

„Ich hoffe, der liebe Gott ist uns gnädig und wir werden uns bald wiedersehen und umarmen. Ich liebe Dich, Dein Carl."

Diese Postkarte kam niemals bei Emma an, sie sahen sich auch niemals wieder. Carl trat am nächsten Tage, dem ersten Tag des Fronteinsatzes, beim Fußmarsch in Richtung Frontlinie auf eine Tellermine. Außer ein paar Uniformfetzen, seinem Gewehr und einem Stiefel blieb kaum etwas von ihm übrig. Die Explosion riss noch drei Kameraden von ihm mit in den Tod.

Emma erreichte über Rechtsanwalt Dr. Gamentzy und mit Hilfe des Ehemannes ihrer besten Freundin, dem Parlamentsabgeordneten von Biro, dass nach langem bürokratischen Hin und Her eine gründliche Untersuchung der Vorfälle auf dem Militärflughafen von Papa erfolgte. Ein unabhängiges Gutachten der Materialprüfanstalt ergab, dass der Fehler bei der Asphaltherstellung durch eine ungenügende Beimischung von Sand und Gesteinsmaterial sowie eine falsche Dosierung der Temperatur durch den Bauunternehmer aus Budapest entstanden war. Die optimale Mischrezeptur wurde nicht eingehalten und dadurch wurde die erforderliche Elastizität des Asphalts nicht erreicht, was schlussendlich zur Aufweichung des Belages führte. Als Unfallursache wurde eindeutig der weiche Asphalt ausgemacht. Das Problem war, dass der betreffende Bauunternehmer, der von Rechts wegen als Hauptschuldiger im Zusammenhang mit diesem Unfall hätte belangt werden müssen, ein führendes Mitglied der Nationalsozialistischen Pfeilkreuzler Partei war. Diese Partei war zwar in der Opposition, genoss aber nach der Besetzung Ungarns durch die deutschen Truppen das volle Vertauen der deutschen Reichsregierung. Adolf Hitler übte persönlich Druck auf Admiral Horthy aus, damit der Führer der Pfeilkreuzlerpartei, Szalassy, zum ungarischen Ministerpräsident ernannt wurde. Dass in dieser Konstellation ein kleiner siebenbürgischer Halbjude der genau passende Sündenbock war, lag auf der Hand. Carl verlor deswegen völlig unschuldig sein Leben und Emma ihre gesamte bürgerliche Existenz.

Die Ziegelei

Es war ein schöner klarer Morgen, wie er nur im Monat Mai in Siebenbürgen zu erleben war. Aus der Ferne klang klar der Glockenschlag der Turmuhr des Rathauses. Vögel zwitscherten in der schon grünen Krone des Nussbaumes im Garten. Obwohl der Nussbaum erst zu Peters Geburt vom Großvater gepflanzt worden war, hatte er bereits eine stattliche Höhe erreicht. Seine Krone reichte bis zur Terrasse der Familie Metz im Obergeschoss. Peter dachte mehrmals insgeheim darüber nach, dass er, falls er auf den Baum klettern würde, eine noch bessere Perspektive hätte, um Frau Metz' kräftige Oberschenkel und ihre prallen Rundungen zu betrachten. Er traute sich aber nicht, obwohl der Körper der jungen kräftigen Frau auf ihn faszinierend wirkte, und nicht selten musste er vor dem Einschlafen daran denken.

Die Straße in der frühen Morgenstunde war leer. Es war kurz vor fünf Uhr früh. Ein Wagen der Spedition Kallman, von zwei schweren Mecklenburger Pferden gezogen, hielt vor dem Haus des Dr. Heimann. Zwei Gendarmen mit geschultertem Karabiner und aufgepflanztem Bajonett gingen auf das Haus zu. Die Großmutter öffnete die Tür, ein Gendarm im Rang eines Feldwebels sagte völlig ungewöhnlich menschlich und für einen ungarischen Gendarmen untypisch:

„Bitte haben Sie keine Angst vor uns. Wir führen nur unsere Befehle aus."

Agi stand bereits neben ihre Mutter, zusammen mit Peter, der sie umarmte und fest hielt. Der Gendarm nahm sein Gewehr von der Schulter, hielt es schräg zum Fußboden und sprach:

„Bitte haben Sie jetzt keine Angst. Ich muss Ihnen etwas dienstliches sagen, das Sie so nicht wortwörtlich nehmen sollten."

Die Großmutter erwiderte: „Nun machen Sie nicht so ein Aufhebens und sprechen Sie. Wir wissen zu gut, dass wir mitgehen müssen."

Der Gendarm, etwas verstört, sprach gradewegs den offiziell vorgeschrieben Satz:

„Im Namen des Gesetzes folgen Sie mir."

Danach schien er erleichtert.

Drei Mitglieder der Jüdischen Gemeinde, die im Dienste des Judenrates standen, holten die Koffer aus dem Vorzimmer, an der Zahl fünf Stück mit jeweils fünfzig Kilogramm pro Person, und luden sie auf den Wagen.

„Sie können sich ruhig auf den Wagen setzen," meinte der eine zur Großmutter gewandt. Sie lehnte in ihrer resoluten Art ab. Agi und sie warfen noch einen letzten Blick in die Wohnung. Die Großmutter hatte hier seit über vierzig Jahren gelebt, Agi wurde in dem Hause geboren, ebenso Peter.

„Die Inventarlisten liegen auf dem Tisch. Hier sind die Schlüssel. Nun gehen wir..." harschte die Großmutter den Gendarmen an. Drei Generationen verließen mit Tränen in den Augen ihr Zuhause, den einzigen Ort, wo sie sich geborgen, sicher und behaglich gefühlt hatten. Es war ein Abschied auf Nimmerwiedersehen, ein Abschied von der lieb gewordenen Umgebung, von den damit verbundenen Erinnerungen, von dem Gefühl, dass dieser kleine Fleck ihnen Schutz, Unterkunft und Zuhause geboten hatte. In zehn Minuten war alles zerstoben. Sie wurden Heimatlose, Obdachlose, ausgestoßene Figuren, mit fünf Koffern unterwegs in ein unbekanntes Schicksal.

„Wohin bringen Sie uns?" fragte die Großmutter.

„Ich darf es Ihnen eigentlich nicht sagen, aber das Ghetto ist in der alten Ziegelfabrik eingerichtet."

Agi bat einen Beamten, zurück gehen zu dürfen, um noch ein paar Decken zu holen. Es wurde ihr gestattet. Peter hörte zu ersten Mal das Wort Ghetto. Es war für ihn eine völlig unbekannte Vokabel mit einem unheimlichen Klang und in einer Sprache, die er nicht kannte. Er fragte seine Mutter, was dieses Wort bedeutete. Sie antwortete ihm:

„Ghetto, das ist der Platz, wo man Juden zusammengepfercht wohnen lässt, um sie ständig beobachten und bedrohen zu können. In den mittelalterlichen Städten hießen die abgeschlossenen Wohngegenden der Juden ‚Ghetto'."

„Die Ziegelfabrik ist aber keine Wohngegend," erwiderte der Junge.

„Siehst du mein Sohn, sie sind nicht einmal in der Lage, ein ordentliches Ghetto zu schaffen."

Der Wagen setzte sich in Bewegung. Ihm folgten die Großmutter, ihre Tochter und ihr Enkel, gefolgt von den Gendarmen. Der Wagen hielt noch an vielen Häusern. Er war am Ende voll beladen mit Koffern, Decken, Körben und Taschen. Hinter ihm liefen die deportierten Familien, Frauen, Männer, Junge, Alte, Kinder. Es erinnerte an eine Begräbnisprozession, statt dem Leichenwagen fuhr der Speditionswagen und die zusammengewürfelte „Trauergemeinde" trottete hinterher. Der Eindruck war durchaus zutreffend. Viele gingen zu ihrem eigenen Begräbnis, ohne es zu ahnen. Agi dachte unterwegs daran, dass in einer verlassenen Ziegelfabrik für längere Zeit keine Familien untergebracht werden konnten. Sie vermutete, es sei der Sammlungs-punkt für die eigentliche Deportation. Dann versuchte sie sich vorzustellen, wie das Schicksal sich weiter entwickeln würde und was sie in Deutschland erwartete.

Die Nachbarn und die Bewohner der Häuser entlang der langen Strecke zur Ziegelfabrik - es war ein Fußmarsch von über einer dreiviertel Stunde - standen versteckt hinter ihren Gardinen und schauten stumm auf den Wagen und den ihm folgenden Menschenzug. Der Weg führte auch am Haus von Agis Schwager vorbei. Auch er stand hinter der Gardine. Dann öffnete er das Fenster, winkte sehr ängstlich und verhalten, aber brachte immerhin den Mut dazu auf. Sonst sah man in dieser frühen Maimorgenstunde keine einzige menschliche Regung, geschweige denn Sympathie oder sogar Zeichen von Mitleid.

Die Ziegelfabrik von Neumarkt, die den Namen „Alte Ziegelei" trug, lag mit ihrem hohen roten Schornstein in einer Mulde unterhalb eines grünen Hügels. Das Fabrikgelände zog sich im Halbkreis am Fuße des Hügels entlang bis zur Lagerstätte, wo die Tonerde für die Ziegelproduktion gewonnen worden war. Das zweiflügelige Tor und die hohen Stacheldrahtzäune wirkten neu. Hinter dem Haupttor auf der rechten Seite befand sich das ehemalige Verwaltungsgebäude. Die

Inschrift „Verwaltung" war noch gut lesbar. Dahinter lagen die verlassenen Fabrikhallen mit den großen Trocken- und Brennöfen. Die Hallen waren, wie in jeder Ziegelfabrik, durchzogen von Gleisen, auf denen Loren mit Ziegeln in die langen tunnelförmigen Öfen gefahren waren. Die gesamte Fabrik war seit langem außer Betrieb. Die Anlagen zum Mahlen, Pressen, Formenschneiden und Trocknen der Ziegel waren nutzlos geworden und verrottet.

Am großen Eingangstor standen Gendarmen mit aufgepflanzten Bajonetten an ihren Karabinern. Hinter dem Tor empfingen einige Männer des Judenrates die Neu-ankömmlinge. Die Männer des Judenrates trugen weiße Armbinden mit einem schwarzen Davidstern. Einige von ihnen kannten die Frau von Dr. Heimann und hatten vom Tod ihres Mannes gehört; sie waren langjährige Patienten des alten Doktors. An die Drei gewandt, sagte einer der Männer: „Für Sie haben wir versucht, ein besseres Plätzchen zu finden."

Agi hoffte, dass es sich möglicherweise um eine Unterkunft im Verwaltungsgebäude handelte. Davon konnte aber keine Rede sein. Sie wurden in eine riesige zugige und staubige Fabrikhalle mit eingeschlagenen Fenstern geführt, die vermutlich der Trocknungsraum für die Ziegel auf dem Weg in die Verbrennungsöfen war. Neben dem gusseisernen Tor zu dem beinah fünfzig Meter langen Ofen gab es eine kleine von drei Seiten geschützte Nische. Diese wurde der Familie zugewiesen.

In der Halle kampierten bereits Menschen, die aus nebeneinander geschobenen Loren, an denen Bettlaken und Decken befestigt waren, jämmerliche Zelte improvisiert hatten. Der Boden war staubig, voll mit rötlichem Ziegelstaub und trockenen Lehmbrocken. Rostige Nägel und Schrauben lagen herum. Ein Mann vom Judenrat sagte, er könne einen Reisigbesen besorgen. Damit säuberten sie einigermaßen die ihnen zugewiesene Fläche. Auf dem harten Boden breiteten sie ihre Decken aus und setzen sich wortlos. Sie waren fassungslos und es schien unglaublich, dass sie innerhalb einer dreiviertel Stunde aus der zivilisierten Welt des urbanen Wohnens auf den Boden einer verlassenen Fabrik gestürzt waren. Nur ein Vogel, der aus dem Nest gefallen war, konnte sich ähnlich fühlen. Schmerzlich begannen sie, jegliche persönliche Intimität zu vermissen, denn sie mussten mit Hunderten anderer Menschen im selben Raum zusammen sein. Ihre Privatheit und - damit verbunden - ihre Menschenwürde waren unwiderruflich aufgehoben.

Ein Mann vom Judenrat, Herr Herschkowitsch, ein ehemaliger Patient von Dr. Heimann, redete Großmutter und Agi mit „Gnädige Frau" an, was - wäre in dieser Umgebung alles nicht so unendlich traurig gewesen - mehr als komisch wirkte. Er zeigte ihnen, wo sie Trinkwasser holen konnten: aus einer langen Leitung, an der mehrere Wasserhähne befestigt waren. Dann ging er mit den Frauen zu den sanitären Anlagen, die aus einer mehrere Meter langen rechteckigen tiefen Grube bestanden, über der eine Holzbalkenkonstruktion angebracht war. Männer und Frauen waren durch eine kleine Bretterwand getrennt. In dieser dramatischen, nach normalem menschlichen Ermessen unerträglichen Lage entdeckte Peter mehr oder weniger unbewusst eine Eigenschaft an sich, die ihm zum Überleben verhelfen sollte. Anstelle von Panik, Unruhe oder gar Angst entwickelte er die Fähigkeit, große innere Ruhe zu bewahren und sich vollständig den gegebenen Umständen anzupassen. Er durchwanderte das mehrere Hektar große Fabrikgelände und traf Schulkameraden, mit denen er in Richtung Lehmgrube ging. Dort versuchten sie, die Loren in Bewegung zu setzen. Bei dieser Gelegenheit sahen sie, dass oberhalb der Lehmgrube auf dem Hügel außerhalb des Zaunes Gendarmen mit Maschinengewehren postiert waren. Diese Entdeckung beunruhigte die Jungen und ließ sie fühlen, dass sie eigentlich verhaftet waren. Bei weiteren Streifzügen entdeckten sie, dass unweit des Bürogebäudes mehrere Badewannen in die Erde eingelassen waren und in den Wannen herrlich duftender Kartoffelgulasch gekocht wurde, den die Männer vom Judenrat mit großen Stangen umrührten. Unterhalb der Wannen brannte ein Feuer. Das ganze wirkte derart irreal, dass die Jungs nur noch lachen konnten. Es war aber die Verpflegung für bis zu viertausend Menschen, die das Ghetto beherbergte. Sie wurden aus dem ganzen Kommitat Miresch in die Ziegelei gebracht. Täglich kamen Wagen, Karren und Lastkraftwagen mit Menschen in das Ghetto. Die Lagerverwaltung war durch den Judenrat verhältnismäßig gut organisiert. Aus den jüdischen Bäckereien kam das Brot, die Möbelhändler lieferten Matratzen und Kinderbetten, Metzger und Lebensmittelhändler sicherten die sonstige Verpflegung. Die sprichwörtliche jüdische Geschäftstüchtigkeit bewies hier ihre volle Effizienz. Es gab kein reich und kein arm mehr, erforderliches Geld wurde von der Rosenfeld-Bank zur Verfügung gestellt. (Der alte Bankier aber war längst in einem sicheren Haus in Budapest untergekommen, mit schwedischem Pass, den damals Konsul Wallenberg unzähligen Juden, die von der Deportation bedroht waren, besorgt hatte.) Auch der ärztliche Dienst funktionierte. Es gab Herzanfälle, Depressionen und vor allem Kinderkrankheiten. Da es aber an Ärzten in der jüdischen Gemeinde nicht mangelte, konnten mit Hilfe von Medikamentenspenden der Apotheker die Kranken, so gut es ging, versorgt werden. Sogar Insulin für die Zuckerkranken wurde herbeigeschafft. Dr. Hirsch meldete sich kurz nach dem Eintreffen bei der Familie Heimann. Sein Kommentar war:

„Gut, dass Jozsi dies alles nicht erleben muss!"

Agi fragte ihn, ob er nicht etwas über die weitere Entwicklung sagen könne. Er berichtete von Gerüchten, wonach ein hoher SS-Mann erwartet wurde, um in den nächsten Tagen das Lager und die Selbstverwaltung zu besichtigen, die Transportkapazitäten festzulegen und den Abtransport der Leute zu organisieren.

„Wohin, nach Deutschland?" fragte Agi erschrocken.

„Das kann niemand sagen," war die Antwort von Dr. Hirsch. Agi klammerte sich daran, dass der Aufenthalt in der Ziegelfabrik nur ein Provisorium sein würde.

Peter machte in der trostlosen und traurigen Welt der Ziegelfabrik eine für ihn schicksalhafte Entdeckung. In derselben großen düsteren Fabrikhalle, in der auch die Heimanns untergebracht waren, traf er die Familie Goldstein mit Tochter Vera, die er heimlich anbetete.

Die Hallen hatten kein elektrisches Licht. Nur entlang der Umzäunung brannten einige Lampen. Da es im Mai spät dunkel wurde, suchte Peter im grauen

Halbdunkel die Goldsteins auf. Als er das Mädchen sah, verflüchtigte sich die Hoffnungslosigkeit aus seiner Seele. Die furchtbare Fabrik, das vollständige Fehlen jeglichen Komforts und jeglicher Zivilisation trat in den Hintergrund, ebenso wie die undefinierbare Zukunftsangst. Er strahlte das Mädchen an und war überglücklich, ihr die Hand zu geben und mit ihr ein paar Worte zu wechseln. Sie war ganz anders als in der Schule, freundlich und gar nicht abweisend. Peter wollte ihr das riesige Gelände zeigen, das er bereits mit seinen Kumpeln in jeder Einzelheit ausgekundschaftet hatte. Sie gingen auf den grünen Hügel und setzten sich unweit des Zauns ins Gras. Vor ihnen lag in der Abenddämmerung die alte Fabrik mit ihren dunklen Hallen und dem hohen Schornstein. Aus dieser Entfernung konnte man nicht vermuten, welches Leid, Angst und Verzweifelung sich in den Hallen ausgebreitet hatte.

Das Mädchen war tief verzweifelt und konnte nicht verstehen, in welche Lage sie geraten waren. Zusätzlich machte sie sich wegen ihrer kranken Großmutter Sorgen, die mit der Familie zusammen hierher gekommen war und für die es unmöglich war, auf dem harten Betonboden der Fabrik zu liegen. Vera fing an, still zu weinen, und legte ihren Kopf auf die Schulter von Peter. Es war ein Augenblick, mit dem er nicht mal in seinen kühnsten Träumen gerechnet hatte. Er fühlte sich ein wenig wie Toldi Miklos, der seine Ildiko beschützt. Er versuchte, sie in seiner noch kindlichen Art zu trösten, und erzählte ihr die Theorie seiner Mutter von der Feldarbeit im sauberen Deutschland, wo es richtige Brunnen, Toiletten, Betten und Essen gab. Während er die erhofften Segnungen, die auf die Menschen im fernen Deutschland warteten, schilderte, ertappte er sich dabei, dass er selbst das alles gar nicht glauben konnte. Hier in der Ziegelfabrik allein waren es über viertausend Menschen, darunter viele Alte, Kranke, Kleinkinder und sogar Babys. Er vermutete, dass in anderen Städten auch Tausende interniert worden waren. Die können doch nicht alle auf den Feldern arbeiten, wo gibt es schon so viele Wohnungen, die für diese Menschen zur Verfügung gestellt werden, überlegte er sich. Dem Mädchen sagte er aber nichts von seinen Zweifeln, sondern versuchte etwas ungeschickt, ihr frisch duftendes Haar zu streicheln. Vera wehrte sich nicht, sondern schmiegte sich noch näher an ihn und schien nicht mehr zu weinen. Sie wollte gern daran glauben, was Peter über die Feldarbeit und die Reise nach Deutschland sagte. Sie sprachen darüber, dass es in der Landwirtschaft sicherlich auch Tiere geben würde. Sie träumte davon, sich für die Arbeit mit Tieren zu melden. Sie liebte Tiere über alles, insbesondere Pferde. Die kindliche Naivität, die Ahnungslosigkeit und der unverwüstlicher Lebenswille ließen die beiden sich ihre Hoffnungen in den schönsten Farben ausmalen. Sie erinnerten an ein Flugzeug, das steuerungsunfähig auf einen Berg zurast, während die Passagiere an Bord Briefe an ihre Lieben schreiben, obwohl sie wissen, dass bei der nahenden Kollision mit dem Berg ihre Überlebenschancen gleich Null sind. Bei Einbruch der Dämmerung gingen sie Hand in Hand zu den Lagern ihrer Familien zurück, um die erste Nacht auf dem harten Boden der Ziegelfabrik zu verbringen.

Nach und nach zog in die Ziegelfabrik der Alltag ein. Das unwahrscheinliche Anpassungsvermögen der Menschen brachte es mit sich, dass das Leben irgendwie weiterging. Diejenigen, die schlimmeres vorausgeahnt hatten, wie Dr. Heimann, hatten ihr Leben selbst beendet. Dabei waren es hauptsächlich ältere Menschen, die den Freitod gewählt hatten. Auch diese traurigen Nachrichten wurden von den Behörden instrumentalisiert. Es hieß, die Juden entzögen sich ihrem wohlverdienten Schicksal und, feige wie sie nun mal seien, flüchteten sie in den Tod.

In der Ziegelfabrik wurden die Büroräume der Verwaltung instandgesetzt. Handwerker aus dem Ghetto mussten alle Arbeiten ohne jegliche Bezahlung, aber unter Bereitstellung sämtlicher Materialien wie Farben, Tapeten, Fußbodenbeläge, Fenster, Türen und elektrische Anlagen durchführen. Einige Büroräume wurden mit geraubten Möbeln aus den Häusern der jüdischen Bürger möbliert. Die Geheimpolizei, die eine besondere Abteilung in den ehemaligen Büroräumen der Ziegelei einrichten wollte, ließ sich nur hochwertige Möbelstücke anliefern. Es wurden sogar Perserteppiche für das Chefzimmer herangeholt. Angetrieben von Polizisten in Zivil, arbeiteten die Handwerker zwei Tage und zwei Nächte ohne

Unterbrechung. Dann wurde noch ein Raum mit vollkommen kahlen Wänden und großen starken Haken in den Wänden hergerichtet. Der Fußboden wurde gefliest und mit einem Abfluss in der Mitte versehen. Eine Wasserleitung wurde installiert, die Fenster erhielten Milchglas. Der Raum hatte auch eine besondere Elektroeinrichtung: in Brusthöhe wurden mehrere Steckdosen verlegt. Die Leute rätselten über die etwas ungewöhnliche Ausstattung des Raumes. Moritz Mayer, der Elektriker, witzelte während der Arbeit: „Das ist der Folterraum."

Die anderen empfanden seinen Humor als makaber. Die Spezialabteilung der Geheimpolizei bezog nach zwei Tagen die noch nach frischer Farbe riechenden Räume. Der Chef der Abteilung war Oberpolizeirat Kiss, derselbe Mann, der Carl vor einigen Wochen verhört hatte. Er leitete die Außenstelle der Geheimpolizei im Ghetto, um die Verhöre zur Aufdeckung der „Edelmetall- und Devisenvergehen der jüdischen Spekulanten", wie es offiziell hieß, durchzuführen. Die ungarische Finanzverwaltung hatte alle Informationen der Geheimpolizei zur Verfügung gestellt. Somit war die Polizei über Vermögen, Einkommen und finanzielle Lage der jüdischen Bürger bestens unterrichtet. Insbesondere Kaufleute, Unternehmer, Handwerker und Ladenbesitzer fanden das besondere Interesse der speziellen Ermittlungsabteilung. Die Mitarbeiter des Judenrates erhielten die Listen der Unglücklichen, die im wahrsten Sinn des Wortes „dran" waren. Die Verhöre liefen immer nach demselben Muster ab.

„Sag mal, du Dreckschwein," - er duzte jeden, ob jung, alt, Mann oder Frau - „wo sind deine illegalen Devisen versteckt?" begann das Verhör durch den Oberpolizeirat. Der zum Verhör geführte verängstigte Mensch konnte kaum antworten, da brüllte der Polizist schon los: „Wo sind die Napoleon-Münzen, die Du versteckt hast?"

Die französischen Napoleon d' Or genannten Münzen aus 24 Karat Massivgold waren im Land in illegalem Umlaut.

Der Polizeirat war ein psychologisch außerordentlich gut geschulter Beamter. Er nutze bis zum Letzten die Seelenlage seines Gegenübers aus. Die Menschen, die er verhörte, waren wegen ihrer Deportation von Zukunftsängsten geplagt und in größter Sorge wegen ihrer Familien. Außerdem hatten sie pure Überlebensangst. Die unmenschlichen Verhältnisse, in denen sie lebten, nahmen ihnen jede Hoffnung. Die meisten waren in tiefe Depression verfallen.

Seine Bedrohungen waren vulgärster Art: „Ich lasse dir deine Eier zu Brei schlagen." oder „Du wirst hier deine Nieren auspissen, so viele Schläge kriegst du!" Die verängstigten Opfer fühlten sich gezwungen, ihre recht naiven Verstecke für die Vermögensgegenstände, die sie für schlechte Zeiten gehortet hatten, preiszugeben. Es waren Plätze vielfältigster Art, wie Lücken unter Fußbodenplanken, kleine übertapezierte Wandnischen oder Erdverstecke im Garten. Sie mussten mit den Polizisten in ihre ehemaligen Häuser und Wohnungen fahren und dort die Fundstücke aushändigen. Das Perfide war, dass die Opfer nach dieser Prozedur, in der sie sich um ihre letzten Ersparnisse brachten, noch einmal fürchterlich gefoltert wurden, um auch den Rest preiszugeben. Der Handwerker hatte mit seinem makabren Scherz recht gehabt. Es wurde tatsächlich eine Folterkammer eingerichtet. Die mildeste Form der Folter war das Nach-hinten-Verrenken der Oberarme und das anschließende Aufhängen an den Wandhaken mit gefesselten Handgelenken. Die Schmerzen waren durch das Zerren der Bänder und Ausrenken der Schultergelenke beinahe unerträglich. Falls einer während dieser Quälerei das Bewusstsein verlor, wurde er mit einem Guss aus dem Kaltwasserschlauch wieder aufgeweckt. Ohne Unterbrechung prasselten die Fragen wie Peitschenhiebe auf die Opfer ein. Sie sollten sofort weitere Verstecke oder solche von Verwandten und Freunden preisgeben. Völlig unabhängig davon, ob sie noch etwas besaßen oder nicht, wurden sie dann noch weiter mit entsprechender Steigerung gefoltert. Schläge mit dem Gummiknüppel auf die nassen Fußsohlen und auf die Nieren verursachten unerträgliche Schmerzen. Meistens dauerte solch ein Verhör mehrere Stunden. Es gab Menschen, die nicht mehr in der Lage waren, das Gebäude auf eigenen Füssen zu verlassen. Sie mussten von Freunden oder Diensthabenden des

Judenrates gestützt oder getragen werden. Zerschunden lagen sie dann neben ihren Familien auf dem harten Fabrikfußboden. Die Ärzte versuchten, so gut es ging, die Schmerzen zu lindern und die Verletzten zu beruhigen. Wie ein Lauffeuer verbreitete sich die Nachricht von den bestialischen Verhören. Sie waren ein zusätzlicher Grund für Angst und Panik.

Peter und Vera

Als Peter und Vera wieder einmal ihre Runden auf dem Fabrikgelände drehten, kamen sie auch am Verwaltungsgebäude vorbei. Aus dem Gebäude drangen furchterregende Schreie. Es war, als hätte man ein Tier gequält. Die unartikulierten Laute waren beinahe über das ganze Gelände zu hören. Peter und noch mehr das Mädchen zuckten zusammen. Es war fürchterlich. Nachher stellte sich heraus, dass sie Georg Reti, den Inhaber der gleichnamigen Möbelfabrik, mit Elektroschocks gefoltert hatten. Zu diesem Mittel hatten sie gegriffen, weil sie mit den anderen üblichen Foltermethoden wegen der sportlichen Kondition von Reti nicht weiter kamen und von ihm keine Angaben erpressen konnten. Georg Reti war mehrfacher ungarischer Meister im Eisschnelllauf und ein sehr erfolgreicher Geschäftsmann. Die Stilmöbel und Radios seiner Firma waren in ganz Europa, aber auch in Australien gefragt. Die Geheimpolizei hoffte, bei Reti fündig zu werden, doch sie unterschätzte die gewaltige Willenskraft des Mittvierzigers. Sie machten ihn schließlich zum Invaliden, aber sie bekamen nichts Verwertbares aus ihm heraus. Seine Abwehrtechnik bestand aus fürchterlich lautem Brüllen, das letztendlich Oberpolizeirat Kiss derart belastete, dass er Reti laufen ließ. Georg Reti, dessen Vater ein alter Patient von Dr. Heimann war und der sich rechtzeitig nach Budapest abgesetzt hatte, schwor fürchterliche Rache. Dass Oberpolizeirat Kiss nach dem Krieg am Galgen endete, war hauptsächlich ihm zu verdanken. Als Georg Reti aus dem Gebäude der Verwaltung gewankt kam, lief Peter zu ihm hin und umarmte ihn. Er stellte Vera vor. Reti kannte ihre Eltern.

„Georg, was haben diese Gangster mit dir gemacht?" fragte Peter entsetzt. Reti stützte sich auf den Jungen und sie entfernten sich zu dritt vom Bürogebäude.

„Sie glauben, dass sie mich fertig machen können. Das wird diesen korrupten Verbrechern nicht gelingen. Merkt euch eins gut. Ihr beiden seid noch jung. Ihr dürft niemals, versteht ihr, niemals aufgeben. In dem Augenblick, in dem ihr innerlich aufgebt oder die Angst sich eurer Seele bemächtigt, haben die anderen gesiegt und das darf nicht sein. Diese gottlosen Verbrecher dürfen niemals als Sieger hervorgehen. Ihr müsst euch das für alle Ewigkeit ins Gedächtnis einbrennen. Es darf niemals in Vergessenheit geraten. Wenn ich hier lebendig herauskomme, werde ich mein Leben lang diese ungarischen Diebe und Verbrecher verfolgen," sagte er völlig außer sich, aber mit kontrollierter und leiser Stimme. Dann ging er zu seiner Familie. Er hatte vier Jahre alte Zwillingstöchter und eine Frau, die auch Agi hieß.

Peter hielt Veras Hand und sie kehrten in Richtung Eingangstor zurück. Unbewusst liefen sie jeden Tag mehrmals zum Eingangstor, wohl weil sie sich beide davon eine Chance zur Freiheit erhofften. Aber durch das Tor gab es kein Durchkommen. Die Gendarmenposten standen Tag und Nacht Wache. Es wäre eventuell möglich gewesen, nachts über den nicht besonders gut gesicherten Zaun zu entkommen, weil weder die Wachtürme dicht beieinander standen noch die Zaunbeleuchtung besonders professionell war. Aber es floh niemand. Der Judenrat hatte bekannt gegeben, dass im Falle einer Flucht ein anderer erschossen würde. Außerdem wollte niemand seine Familie allein ihrem Schicksal überlassen.

Am Sabbat gab es auch Gottesdienste in der Fabrik. Die religiösen Juden hatten ihre schwarzweiß gestreiften Gebetstücher mitgebracht und auch ihre Gebetsbücher. Eine Thorarolle allerdings hatten sie nicht. Alle Rollen, auch die ganz alten Thorarollen der beiden Synagogen aus dem XVII. Jahrhundert waren verschwunden oder entweiht. Nach dem Krieg fand sich erstaunlicherweise die älteste Thora wieder. Sie war dadurch gerettet worden, dass der katholische Pfarrer Domokos, Skatbruder von Baron Senyi und Dr. Heimann, sie in der Sakristei der katholischen Kirche versteckt hatte.

Peter und Vera nahmen am Gottesdienst teil. Der alte Rabbiner Löw hielt an diesem ersten Sabbat in Unfreiheit eine bewegende Predigt. Viele weinten. Selten beteten die Menschen mit so viel Inbrunst zu ihrem Gott wie an diesem Junitag. In Peter wuchs der Zweifel, ob Gott sein auserwähltes Volk nicht zu stark auf die Probe stellte. Welche Schuld hatten die Babys, die Kinder und die noch gar nicht Geborenen, fragte er sich. Dann erschrak er über seine eigenen Gedanken, versuchte diese abzuwehren, aber es gelang ihm nicht. Er war nicht gottesgläubig im strengeren Sinne. Er vertraute jedoch auf eine ewige Gerechtigkeit, auf die Allmacht Gottes und darauf, dass das Böse sich letztendlich nicht durchsetzen würde. Im Gegensatz zu vielen, die in der zur Synagoge improvisierten Lagerhalle der Ziegelei ihre Gebete auf Hebräisch murmelten, glaubte er nicht, dass Gott sich um jedes einzelne Menschenschicksal kümmerte.

Rabbiner Löw war für seine manchmal komisch klingenden sprachlichen Fehlleistungen bekannt. Zum Beispiel **sagte er statt ‚Protestdemonstration' zur Belustigung seiner Zuhörer ‚Prostitution'. Berühmt war auch ein Ausspruch von** ihm, wonach alle Menschen gleich seien, nur der eine so und der andere anders. Die Zeiten, die eine spaßige Kommentierung seiner harmlosen Fehler erlaubten, waren aber endgültig vorbei. Niemand lachte mehr in der Ziegelfabrik, weder über Rabbi Löws sprachliche Entgleisungen noch über etwas anderes.

Nach dem Gottesdienst ergriff der Vorsitzende des Judenrates das Wort. Es war Dr. Czitrom, ein bekannter Rechtsanwalt von ca. 65 Jahren. Er verkündete die neuesten Vorschriften, Anordnungen, alles Nützliche und Wissenswerte im Lager. Zum Beispiel wurden von der Eisenwarenhandlung Otto Kohn mehrere kleine Benzingeneratoren gestiftet, so dass in jeder Halle eine karge Beleuchtung zwischen halb neun und zehn Uhr abends möglich war. Dies wurde mit Applaus belohnt. Es gab aber auch Nachrichten, die sehr bedenklich stimmten. Dr. Czitrom teilte mit, dass am nächstem Montag, es war der vierte Juni, einige SS-Leute mit einem hohen Offizier die Fabrik besichtigen würden, um sich über das, so sagte er wörtlich, **„vorhandene Menschenmaterial" einen Eindruck zu verschaffen.**

Sie alle hatten Glück im Unglück. Das Wetter war ihnen gnädig, strahlend blauer Himmel mit einigen Schäfchenwolken bei angenehmen frühsommerlichen Temperaturen. Es war nicht auszudenken, wie das verlassene Fabrikgelände und die mit Tonresten übersäten Fabrikhallen bei Regenwetter ausgesehen hätten. Ob die Dächer überhaupt dicht gewesen wären, war eher unwahrscheinlich. Nun war das Wetter aber schön, es war nicht zu warm und in den Hallen wehte ein ständiger leichter Luftzug, dank der offenen Tore und der zerbrochenen Fenster. In die dunklen Brennöfen, die um die fünfzig Meter und länger waren und aus denen ein kalter Luftstrom kam, wagte sich niemand hinein. Es hieß, drinnen vermutete man Fledermäuse und sonstiges Getier. Peter erwog, mit seinen Freunden die Öfen von innen zu erkunden. Veras Besonnenheit brachte die Jungs aber davon ab. Das war gut so, denn eines nachts fiel ein Stück Decke oder Schamott mit Getöse herab. Wären die Kinder darin gewesen, hätten sie sich möglicherweise tödlich verletzt. Peter fiel die Episode in der Petroleumfabrik und die Gefahr des Versinkens in der Bitumengrube ein. Dies veranlasste ihn, über die individuelle Schutzfunktion Gottes doch etwas gründlicher nachzudenken.

Wie in den vorherigen Tagen, ging Peter mit Vera, die allmählich eine echte Zuneigung zu ihm fand und ihm auch einmal einen richtigen Kuss auf den Mund gab, wieder zum Eingangstor. Weshalb und auf wen sie warteten, was sie dort überhaupt suchten, war beiden nicht bewusst. Es war die Sehnsucht nach Freiheit und nach Weggehen aus dem Elend der Ziegelfabrik. Plötzlich beobachteten sie im Gegenlicht auf der staubigen, nicht befestigten Zufahrtsstraße eine kleine Fußgängergruppe. Neugierig wie sie waren, schauten sie hin. Es waren drei Personen, zwei große und in der Mitte eine kleine. Als sie sich näherten, bot sich Peter und Vera ein unglaubliches Bild. Zwei Gendarmen mit aufgepflanzten im Sonnenlicht blitzenden Bajonetten eskortierten mit martialischer Miene ein kleines zierliches blondes Mädchen, kaum älter als fünf oder sechs Jahre, bekleidet mit einem knielangen weißen Kleidchen mit offenem Kragen. Das Mädchen lief barfuss und trug um den Hals eine kleine Tasche. Dieser Anblick wirkte auf die beiden Jugendlichen niederschmetternd. Sie konnten nicht in Worte fassen, was sie bei dem Anblick fühlten. Vera drehte sich um, versteckte ihr Gesicht an Peters Schulter und fing still an zu weinen. Peter schaute mit aufgerissenen Augen wie versteinert auf diese unglaubliche Szene: die beiden bewaffneten Gendarmen, die mit ihren hahnenfedergeschmückten harten schwarzen Hüten noch gewaltiger erschienen als sonst, und dazwischen die winzige Gefangene, das zierliche barfüßige Mädchen in ihrem weißen Kleid. Es war ein Symbol der Macht und der brutalen Zeit. Dieses Bild grub sich für ewig in Peters Gedächtnis ein. Der blaue Himmel, die hellgrünen Bäume am Straßenrand, die staubige Straße und dann dieses Bild. Er konnte sich nicht vorstellen, dass so etwas in der Wirklichkeit überhaupt vorkommen konnte. Peter ließ Vera stehen und lief zum Tor. Die drei waren bereits an der Wache angekommen. Einer der Gendarmen meldete:

„Ich bringe eine Jüdin aus dem Waisenhaus St. Katharinen in Neumarkt."

Also war das Mädchen als jüdisches Waisenkind von einem wachsamen arischen Mitbürger „entlarvt" worden und zur Deportation freigegeben. Es musste schließlich jemand den Behörden gemeldet haben, dass das kleine Mädchen jüdisch war. Das sechsjährige Kind hatte sich sicher nicht freiwillig selbst als Jüdin gemeldet. Möglicherweise wusste es gar nicht, dass es jüdisch war. War es überhaupt sicher, dass das Mädchen jüdisch war? Wer konnte das bei einem Waisenkind mit Sicherheit sagen? Es lebte aber in einer Welt, in der der leiseste Verdacht bereits ausreichte, um Dämme des Hasses zu öffnen.

Der zuständige Mann vom Judenrat nahm das Mädchen in Empfang, nahm es in die Arme und fragte nach seinem Namen. Sara, antwortete sie mit dünner Stimme. Peter bat den Mann, er möge ihm das Kind anvertrauen, seine Großmutter und Mutter würden sich gern des Kindes annehmen. Peter und Vera begleiteten den Mann zur Lagerstätte der Heimanns in die Halle. Agi und die Großmutter nahmen das kleine Mädchen liebevoll auf. Sie gaben ihr ein Plätzchen neben sich und fragten sie, wo sie herkäme. Sie antwortete:

„Ich bin Sara und das ist jüdisch. Darum bin ich jetzt hier. Im Waisenhaus war es nicht schön. Wer seit ihr und was macht ihr hier?"

Dann schlief das Mädchen auf einem der Kissen der Heimanns ein. Sie war vom Fußmarsch von der Stadt bis zur Ziegelei völlig erschöpft. Agi deckte die kleine Sara liebevoll zu.

Peter saß abends noch lange mit Vera draußen. Sie hielten sich an den Händen. Peter hätte mit Sicherheit von ihr einen richtigen Kuss bekommen, aber seine Gedanken waren woanders. Er fragte sich, wo Gott war, als die beiden Gendarmen das fünf-jährige Waisenkind mit ihrem aufgepflanzten Bajonett verhaftet hatten? Peter schaute zum klaren Sommerabendhimmel in die funkelnde Unendlichkeit der Sterne und Galaxien. Er fürchtete sich vor dem Gedanken, dass da oben in der Unendlichkeit nur unermessliche und unendliche Leere war und sonst nichts.

Am nächsten Tag war Appell. Dieses Wort würden sie alle in Zukunft noch oft hören. Auf dem Hauptzufahrtsplatz der Ziegelfabrik mussten ausnahmslos alle antreten, ob jung, ob alt, krank, gesund oder behindert. Sie mussten sich in Fünferreihen aufstellen. Die Leute vom Judenrat sorgten dafür, dass alle ordentlich in Reih und Glied standen. Kranke, die nicht stehen konnten, wurden gesondert ebenfalls in Fünfergruppen platziert. Dann begann das Zählen. Oberpolizeirat Kiss, diesmal in Uniform, begleitet von zwei anderen Polizisten und Dr. Czitrom, zählten die Reihen ab. Es waren genau 4022 Menschen, d.h. mit dem kleinen Mädchen Sara, das sich am Rockzipfel von Agi fest hielt, waren es 4023. Die Zählprozedur nahm Stunden in Anspruch, da man sich zunächst ständig verzählte. Die Menschen standen nicht militärisch genau in Fünferreihen, einige Frauen hatten Kleinkinder auf dem Arm, Ältere mussten sich hinsetzen. Schlussendlich war die Zählung und der Appell abgeschlossen. Es wurde gestattet, dass man sich auf den Boden setzte. Dr. Czitrom verkündete mit sonorer Stimme:

„Liebe Freunde, wir sind hier versammelt, um uns für die Deportation bereit zu halten. Ein hoher Offizier wird uns besuchen, um unsere Arbeitsfähigkeit zu beurteilen. Ich bitte Euch, im eigenen Interesse möglichst in einer korrekten Haltung zu stehen und Euch so dem deutschen Offizier zu präsentieren. Auch wenn uns gar nicht so zu Mute ist, müssen wir einen guten, gesunden Eindruck machen. Wenn der deutsche Offizier kommt, haben alle ihre Kopfbedeckung abzunehmen."

Damit schloss er. Oberpolizeirat Kiss in seiner mit goldenen Rangabzeichen geschmückten Uniform rief den Menschen zu:

„Juden! Ich erwarte hier eine würdige Veranstaltung. Wenn einer von Euch es wagen sollte, sich daneben zu benehmen oder unangenehm aufzufallen, verlässt er diesen Appellplatz nicht lebendig. Wenn unser Gast aus Deutschland hier eintrifft, heißt es auf das Kommando „Stillgestanden" aufstehen, Rücken gerade und Augen nach vorne. Habe ich mich klar ausgedrückt?"

Nachdem er ein schwaches „Ja" aus den Reihen der Angetretenen vernommen hatte, brüllte er sie an: „Ich habe gefragt, habt Ihr das verstanden?"

Jetzt schallte es laut über das Fabrikgelände „Jaaa".

Peter biss seine Lippen zusammen und sagte kein Wort.

Der angekündigte hohe SS-Offizier hieß Adolf Eichmann.

Die Reise in die Hölle

Die Lagerleitung des Judenrates wurde zum ungarischen Kommandanten zitiert. In dem Verhörbüro erinnerte nichts mehr an die Folter und Quälereien des vorherigen Tages. Im Büro stand ein Tisch mit mehreren Stühlen. Am Kopf des Tisches saßen Polizeihauptmann Bedö Geza, der Lagerkommandant und sein Stellvertreter Liptai Dezsö. Die Mitglieder des Judenrates, alles angesehene Bürger der Stadt, jetzt zu rechtlosen Parias degradiert, saßen in ihren verschlissenen Anzügen, unrasiert und mit fahlem Gesichtsausdruck rechts und links davon.

„Ich werde Euch eine gute Nachricht übermitteln. Die zuständige deutsche Kommission wird morgen früh um acht Uhr dreißig das Lager besichtigen, Euer Menschenmaterial in Augenschein nehmen und dann bald über die Organisation Eures Abtransportes - er sagte nicht Deportation – im einzelnen entscheiden. Die Transportkapazitäten sind bereits organisiert. Sagt den Leuten, dass sie ihr Zeug oder was auch immer sie mitgebracht haben, vollständig mitnehmen können. Das ist bei der Einwaggonierung berücksichtigt."

Damit beendete er seine kurze Ansprache. Die Mitglieder des Rates blieben stumm.

„Fragen?" raunzte er sie an.

Mano von Lederer, der vorher den größten Getreidegroßhandel in der ganzen Gegend besaß, hatte das Adelprädikat von seinen Vorfahren geerbt, denen es im vorigen Jahrhundert verliehen worden war. Er fragte mit blasser farbloser Stimme. „Bitte sagen Sie uns, falls Ihnen das möglich ist, wohin werden wir gebracht?"

„Zur Zwangsarbeit in das deutsche Reich. Wohin denn sonst? Ihr werdet endlich arbeiten und nicht mehr am gesunden Volkskörper herumschmarotzen, wie Ihr Juden das Jahrhunderte lang gemacht habt. Das war's, abtreten."

Der Lagerkommandant erhob sich von seinem Platz. Als die Mitglieder des Rates Anstalten machten, den Raum zu verlassen, zischte der Polizist sie noch einmal an:

„Merkt Euch gut: Sollten irgendwelche Insubordinationserscheinungen oder gar Panik provoziert werden, wird ohne Warnung von der Schusswaffe Gebrauch gemacht. Das ist keine leere Drohung. Verstanden?"

Von Seiten des Judenrates kam keine Antwort. Mit tiefster Sorge, in Angst und großer Unsicherheit verließen die Männer den Raum. Sie gingen in Richtung Fabrikhalle und blieben dort noch eine Weile zusammen. Der orthodoxe Rabbi Sofer, der ebenfalls Mitglied des Judenrates war, murmelte mehr für sich in seinen langen schlohweißen Bart:

„Damit ist, meine Brüder, die Geschichte des Judentums hier beendet. Wisst ihr eigentlich, seit wann wir überhaupt in dieser Gegend leben?" fragte er die anderen Ratsmitglieder. Ohne deren Antwort abzuwarten, sprach er weiter:

„Die ersten Juden kamen im Jahre 1650 aus den umliegenden Dörfern Naznanfalva und Marosszentkiraly nach Neumarkt."

„Das wusste ich wirklich nicht. Dort hatte ich Verwandte," warf Menachem Goldstein ein. „Fahre fort." Der Rabbi erzählte weiter:

„Die neologische Gemeinde wurde bereits 1879 und die orthodoxe 1871 gegründet."

„Na klar. Ihr seid uralter Adel," scherzte Dr. Gall.

„Immerhin zählten unsere Glaubensgemeinden in Neumarkt und den umliegenden Dörfern 5963 Seelen. Die haben wir heute alle hier."

Darvas Mohr, ein anderes angesehenes Ratsmitglied, äußerte sich mit nicht zu überbietender Traurigkeit in seiner Stimme:

„Ich sage Euch jetzt etwas fürchterliches: Ich glaube nicht, was dieser Hurensohn von Bedö gesagt hat. Deportieren werden sie uns in den nächsten Tagen, aber er lügt, wie sie uns schon immer angelogen haben. Sie werden keine Säuglinge, Kinder, Alte und Kranke nach Deutschland zur Zwangsarbeit schicken, um neben einem Arbeitsfähigen drei weitere hungrige Mäuler zu ernähren."

„Ja, was meinst Du? Wir sind hier unter erwachsenen Männern", fragte Menachem Goldstein.

Darvas Mohr fuhr fort: „Sie wollen uns ermorden. Ich habe grauenhafte Sachen aus Polen und Galizien gehört."

Alle schwiegen betreten. Sie hatten alle denselben Gedanken, aber trauten sich nicht, ihn zu Ende zu denken oder gar laut auszusprechen.

„Kommt, bewegen wir uns etwas, damit die uns nicht unterstellen, wir würden hier irgendetwas beschließen."

Ein anderes Ratsmitglied, Ernö Singer, meinte: „Wusstet Ihr, dass wir hier im Getto in unseren Reihen einen Verräter haben?" Ohne die Antwort der anderen abzuwarten, sprach er weiter: „Lax, der Juwelier, war und ist Polizeispitzel. Von ihm gibt es rückwirkend über Jahre hinweg Informationen darüber, wer was für Juwelen gekauft hat. Danach haben sie die Unglücklichen für die Folter ausgewählt."

Menachem Goldstein warf ein: „Trotz allem darf man ohne Beweise niemanden verdächtigen, auch diese Ratte von Lax nicht. Woher können wir so etwas wissen?"

Daraufhin erwiderte Dr. Abraham: „Frau Dr. Heimann kannte über die Frau eines Polizisten einen Polizeiobermeister. Der hat über die Frau ausrichten lassen, dass sie sich vor dem Juwelier Lax hüten solle. Außerdem sagte Georg Reti, dass sie, während sie ihn gefoltert haben, ihn dauernd über den Verbleib eines wertvollen Brilliantenkolliers ausgefragt haben. Später hat er sich daran erinnert, dass er das teure Stück vor Jahren bei Lax gekauft hatte. Wenn ihr zwei und zwei zusammen zählen könnt, dann brauchen wir keine weiteren Beweise."

„Der gehört in aller Stille erledigt," empörte sich von Lederer.

„Wir machen uns doch die Hände nicht schmutzig. Gott wird ihm seine gerechte Strafe zuteilen, da bin ich mir ganz sicher." sagte der Rabbi.

Herr Csengeri wandte sich mit großem Ernst an die anderen Ratsmitglieder:

„Sollen wir in Erwägung ziehen, eine Massenflucht zu organisieren? Es sind doch nur ein paar bewaffnete Hanseln um uns herum, oben auf dem Hügel und entlang des Zaunes."

Es herrschte Stille. Dr. Abraham meinte schließlich: „Die da oben auf dem Hügel haben ein Maschinengewehr. Ich war im Krieg an der italienischen Front. Was ein Maschinengewehr anrichten kann, übersteigt Euer Vorstellungsvermögen. Ein Massaker dürfen wir nicht riskieren. Sie würden uns alle abschlachten."

Nach langem Nachdenken sagte der Rabbi: „Wenn nur ein Einziger eine Überlebenschance hat dort, wohin sie uns verfrachten werden, dürfen wir in Gottes Namen kein Risiko eingehen. Der Krieg ist bald zu Ende und wir haben meines Erachtens eine Chance zu überleben. In den letzten Jahrtausenden hat der Herrgott unser Volk schwer geprüft. Wir durften aber Dank seiner Gnade überleben. Diesmal wird es genauso geschehen. Das ist mein fester Glaube."

Er machte eine lange Pause und fuhr fort: „Es bleibt dabei. Wir sprechen nicht mehr darüber, ob und wie ein Aufstand organisiert wird."

Alle waren einverstanden. Mano von Lederer wandte sich zu den anderen:

„Wir gehen jetzt auseinander und sagen den Leuten, die ja wissen, dass wir bei dem Banditen Bedö waren, wir würden zur Zwangsarbeit deportiert und verließen bald diese elendige Fabrik, wo in hygienischer und sonstiger Sicht ein Überleben gar nicht möglich ist."

Jeder ging danach zum Lager seiner Familie.

Nachdem an dem sonnigen, klaren, schönen sechsten Juni 1944 die Mitglieder des Judenrates Samu Abraham, Maye Csengeri, Darvas Mohr, Ernö Goldstein - der Vater von Vera -, Jozsef Helmer, Mano von Lederer, Ernö Schwimmer, Ernö Singer und Rabbi Sofer nach ihrer schicksalhaften Beratung im Freien zu ihren Familien zurückgekehrt waren, trafen sich Peter und Vera hinter dem großen Backsteinsockelbau des Fabrikschornsteins. Sie gingen zusammen den Hügel hinauf, wo einige wild wuchernde Haselnussbüsche standen, deren Blätter schon zart grün waren. Das helle Grün der sprießenden Blätter kontrastierte mit dem Grau in Grau der staubigen Fabrik und der hoffnungslosen Stimmung im Ghetto. Die beiden waren jung, Vera hatte nichts von ihrer blühenden Schönheit und Frische verloren, und Peter sah man auch nicht unbedingt an, in welcher hoffnungslosen Lage sie sich befanden. Das Mädchen trug einen weiten geblümten Rock und eine helle Bluse, die zwar zerknittert war, aber sauber. Peter hatte kurze Hosen an und ein grünes Polohemd. Dieses Hemd hatte eine besondere Geschichte. Ein einziges Kaufhaus in Budapest, das Corvin-Sportkaufhaus, hatte solche Hemden und an jedem Hemd befand sich eine kleine Zelluloidtrompete. Deshalb war es das Lieblingshemd von Peter und zu jeder Gelegenheit wünschte er sich ein weiteres dieser Hemden. Sie setzten sich in den Schatten des dichtesten Haselnussstrauches. So konnten sie von den Maschinengewehrschützen nicht gesehen werden.

„Peter, was glaubst Du, was haben die mit uns vor?" fragte Vera.

Peter legte seine Hand um ihre Hüfte, spürte die Wärme ihres Körpers, zog sie an sich und antwortete: „Ich weiß es nicht, ich will es jetzt auch nicht wissen, aber ich werde Dich beschützen Vera, was auch immer mit uns geschehen mag."

Das Mädchen schmiegte sich an ihn und küsste seine Wange. Peter sammelte seinen ganzen Mut, fasste mit seinen beiden Händen ihr Gesicht, zog sie an sich und küsste sie auf den Mund. Er war dabei ziemlich ungeschickt. Sie erwiderte seinen langen etwas feucht geratenen Kuss, und ihm passierte dabei etwas, was er so noch nicht erlebt hatte. Er bekam eine starke schmerzhafte Erektion. Er war deswegen sehr verlegen und wollte nicht, dass Vera etwas davon merkte. Veras Brüste waren auch härter geworden und ihre kleinen Knospen zeichneten sich gegen ihre Bluse ab. Sie küssten sich wieder und wieder. Dann legte sich Vera ins Gras. Peter küsste ihren Hals, ihre Ohren und – instinktiv machte er das Richtige – streichelte liebevoll durch die Bluse ihre kleinen festen Brüste. Sie atmete tief, errötete leicht und Peter konnte kaum seine Erektion beherrschen, die ihm Schmerzen verursachte. Er streichelte auch ihre glatten warmen Oberschenkel. Weiter traute er sich nicht zu gehen.

Der Lebenserhaltungstrieb, der tief im Unterbewusstsein schlummernde Instinkt, bewirkte, dass die Angst, die Ungewissheit , die unbekannte Zukunft, vielleicht auch die latente Lebensbedrohung auf die beiden Jugendlichen stark erotisierend wirkte. Beide waren sexuell völlig unerfahren und hatten soeben zum ersten Mal in ihrem Leben eine richtige Erregung durch das andere Geschlecht erfahren.

„Ich liebe Dich, Vera!" flüsterte Peter in ihr kleines, schön geformtes Ohr. Sie drehte sich zu ihm, stützte ihr Kinn auf die Hände und antwortete leise, jedoch sehr deutlich: „Jetzt liebe ich Dich auch."

„Das war aber nicht immer so," erwiderte Peter und fuhr fort: „Ich habe Dich schon in der Schule geliebt und wollte Akkordeon spielen lernen, damit ich im Schulorchester in Deiner Nähe sein konnte."

„Das wusste ich nicht," sagte Vera.

„Ich habe mich nicht einmal getraut, einen Liebesbrief zu schreiben."

Sie lächelte ihn an, ohne etwas zu sagen. Peter nahm ihre Hand in die seine und sagte: „Wenn wir hier herauskommen, dann werden wir uns richtig lieben. Ich möchte mich für Dich aufbewahren und Du sollst meine erste Geliebte sein."

Mittlerweile war seine Erektion abgeklungen und der Schmer hatte nachgelassen.

„Ich auch," sagte Vera, während sie sich die Bluse zurechtrückte.

Nachher sprachen sie lange darüber, was sie alles verloren hatten. Vera vermisste ihr Akkordeon und ihre Lieblingspuppe. Peter hatte in der Wohnung seinen Märklinautomobilbaukasten stehen lassen. Dazu gehörte ein rotes Feuerwehrauto mit einem Anhänger, einem richtig aufgerollten Gummischlauch und einer kleinen Holzleiter auf dem Dach. Man konnte sogar die Scheinwerfer einschalten. Aber am meisten vermisste er seine Knopffußballmannschaft, mit der er alle Schulkameraden geschlagen hatte.

Erstaunlicherweise empfanden die beiden Jugendlichen die aktuelle Lage in der Ziegelei nicht als so katastrophal, wie sie sich in Wirklichkeit darstellte. Die kindliche Abenteuerlust, das Ungewöhnliche, das völlig Neue und das Noch-nie-Erlebte hatte in ihrem Bewusstsein die Dramatik ihrer tatsächlichen Situation stark gemildert. Es war die sprießende Liebe, ein erstes zartes Gefühl füreinander, das die Angst überlagerte. Ihr starkes Verlangen füreinander wirkte wie ein Katalysator gegen die Bedrohung, die um sie herum war. Was sie gar nicht empfanden, war Angst. Das war aber völlig unbegründet, denn ihre sichere Fahrt in die Hölle wurde schon an vielen Behördenschreibtischen und in den Schreibstuben der Bahnhöfe durch gewissenslose Bürokraten bestens vorbereitet.

Am nächsten Morgen um halb sechs wurden alle geweckt, sofern sie überhaupt auf dem harten unebenen Fabrikboden während der Nacht ein Auge zugetan hatten. Kräftige Schläge einer Metallstange auf ein kurzes Stück Eisenbahnschiene, die an einem Drahtseil hing, war die Alarmglocke, die sie mit ihrem metallischen Klang aus dem Schlaf riss.

Sie krochen aus ihren Lagern und stellten sich in Fünferreihen zum Appell auf. Um halb acht Uhr in der Früh waren sie alle mit ihren Habseligkeiten versammelt. Man sprach nicht viel. Außer dem Weinen der kleinen Kinder war Stille. Genau wie vor einigen Tagen hatten sich die Mitglieder des Judenrates vor den zum Appell angetretenen verängstigten Menschen in einer Reihe aufgestellt. Plötzlich, wie aus dem Nichts, eine Staubwolke aufwirbelnd, näherte sich ein offener Militärwagen. Aus dem Auto sprangen drei deutsche Offiziere. Der ungarische Lagerkommandant Bedö empfing sie mit zackigem Gruß, wozu er seinen rechten Arm ausstreckte. Es war ungewöhnlich, dass sich ein ungarischer Beamter mit dem sogenannten deutschen Gruß hervortat. Nach kurzer Unterhaltung mit dem Ungarn winkte der deutsche Offizier mit der ledernen Reitgerte die Mitglieder des Judenrates zu sich. Mano von Lederer schaute ihm in die Augen und sagte in akzentfreien Deutsch:

„Melde gehorsam, 4022 Seelen sind zum Appell angetreten."

Eichmann stutzte kurz und sagte: „Gut, wegtreten!"

Dann schritten die drei deutschen und der ungarische Polizeioffizier mit seinem Stellvertreter die Fünferreihen ab. Da es über fünftausend Menschen waren, ergab sich eine lange Strecke von über tausend Reihen, die sich über den gesamten Lagerplatz der verlassenen Ziegelei zogen.

Peter stand hinter seiner Mutter an zweiter Stelle in der Reihe. Vera mit ihrer Familie stand in der nächsten Reihe. Peter sah sich sehr genau und sehr aufmerksam die deutschen Offiziere an. Sie sahen aus, als wären sie Angehörige einer anderen Armee, die nichts mit den deutschen Soldaten gemeinsam hatte, die er im Panzer vor Großvaters Haus kannengelernt hatte, oder mit den vielen anderen Soldaten, die er am Hauptplatz beim Einzug der Kommandantur in den Apollopalast beobachtet hatte. Diese drei Offiziere hatten etwas Unwirkliches. Sie trugen an ihren Mützen einen silberfarbenen Totenkopf über zwei gekreuzten Knochen. An ihrem Kragenspiegel leuchteten zwei Buchstaben, „SS", die wie zwei Blitze aussahen. Die Koppel, die Lederpistolenhalfter und die Stiefel glänzten, als ob sie aus Lack wären. Die Uniformen waren tadellos gebügelt, mit messerscharfen Falten an den Reithosen. Überhaupt sahen diese Offiziere wie Menschen aus einer anderen Welt aus. Peter dachte plötzlich, dass es schade sei, mit solch glänzenden Stiefeln im Staub herum zu laufen. Der Offizier mit dem höchsten Rang, es war Adolf Eichmann, ging vorne weg, hinter ihm, mit einigem Abstand, die anderen zwei, danach der ungarische Polizist, der unterwürfig um den hohen Gast herumschwänzelte. Peter fiel auf, dass Adolf Eichmann wie ein in SS-Uniform gekleideter Jude aussah: lange Nase, schmales Gesicht, etwas dicke Unterlippe, dunkle traurige Augen. Er hielt seinen Kopf leicht zur Seite geneigt, schlug ab und zu mit seiner ledernen Reitgerte auf seinen Stiefelschaft und blickte sehr aufmerksam die aufgereihten Menschen an. Er sprach kein einziges Wort und schritt die ganze Ghettobesatzung ab. Was sich in seinem Kopf abspielte, ahnte niemand. Viel später, während seines Strafprozesses in Jerusalem, berichtete er von seiner angeblich rein technischen Aufgabe, Transporte zu organisieren. Sicherlich wusste er an diesem Junitag in Neumarkt, dass er eigentlich der Spediteur des

Todes war. Die Märchen über die Zwangsarbeit in Deutschland hatte er selbst erfunden, um, so gut es ging, die Menschen zu be-ruhigen, damit keine Panik entstand. Die versammelten Ghettoinsassen konnten nicht wissen, dass die einzig wirklich ernsthafte Sorge der SS war, keine Panik aufkommen zu lassen. Der Abtransport musste unkompliziert, geräuschlos und unauffällig abgewickelt werden.

Der gute Kamerad von Eichmann, SS-Obersturmbandführer Höß, Kommandant des Konzentrationslagers Auschwitz, war rechtzeitig von Eichmann unterrichtet worden, dass in einigen Tagen das gesamte ungarische Judentum aus Nordsiebenbürgen nach Auschwitz abtransportiert würde. Es war täglich mit fünfundzwanzig- bis dreißig-tausend Menschen zu rechnen.

Die technischen und organisatorischen Voraussetzungen im Lager Auschwitz zur Ermordung so vieler Menschen in so kurzer Zeit und die Beseitigung ihrer leblosen Körper stellten Rudolf Franz Ferdinand Höß vor besondere Aufgaben. Eichmann kannte und schätzte Höß. Später schrieb er:

„Ich lebte mit Höß in einer sehr guten kameradschaftlichen Freundschaft. Er konnte es nur nicht verstehen, dass ich auf ihn so gar keine Rücksicht nahm, aber wie sollte ich, ich war ein genauso kleiner Sachbearbeiter auf meinem Sektor wie er es auf seinem Sektor war. Das Tempo bestimmte nicht ich; ich konnte nur eins machen, ich konnte es in so eleganten Bahnen wie nur möglich fließen lassen."

Die Organisation des Abtransportes war alles andere als elegant. Die Gepäckstücke, Beutel und Taschen wurden auf Pferdefuhrwerke geladen und die Fußmärsche zum Güterbahnhof starteten in Begleitung ungarischer Gendarmen mit aufgepflanztem Bajonett. Das Wetter war noch immer gnädig, die Wärme in der Früh erträglich und der Himmel von einem herrlichen Blau, das sich über die Stadt wölbte. Die Ziegelfabrik lag um die fünf Kilometer vom Güterbahnhof entfernt. Wegen der vielen Alten und Gebrechlichen wälzte sich die Kolonne nur langsam voran.

Am Bahnhof standen endlose Züge von Güterwagen, die von den Erwachsenen Viehwaggons genannt wurden. Vor den Waggons lagen primitive Stufen aus ungehobelten Brettern. Zwischen siebzig und achtzig Personen mussten in je einen Waggon steigen. Auf der verwitterten rostroten Außenfläche der Eisenbahnwaggons unterhalb des Emblems der ungarischen Staatsbahn MAV stand mit weißen Buch-staben: „10 Tonnen oder 14 Pferde oder 24 Personen". Peter las mit Unverständnis und dachte, die Ungarn könnten nicht organisieren, da sie statt vierundzwanzig Personen über siebzig in die Wagen pferchten. Deutsche würden solche Fehler nicht machen, überlegte er.

Er hatte nur eines im Sinn: Er wollte alles tun, damit er mit Vera in denselben Waggon kam. Glücklicherweise wurde der Familie Goldstein derselbe Wagen zugeteilt wie Peter, Agi und der Großmutter. Als sie über die Stufen stiegen, sagte die Großmutter zu ihrer Tochter Agi: „Nachträglich verzeihe ich ihm. Er hatte wie immer recht. Stell' Dir vor, er hätte das hier erleben müssen."

Agi stiegen die Tränen in die Augen und sie musste ihrer Mutter zustimmen. Im Waggon war kaum Platz, um sich auf den Boden zu setzen. Diejenigen, die etwas Glück hatten, saßen an den Wänden und konnten sich anlehnen. In cirka zwei Meter Höhe gab es an allen vier Ecken Lüftungsklappen, die geöffnet waren. Die mitgebrachten Mäntel wurden auf einen Haken an eine der offenen Lüftungsklappen gehängt. Links und rechts von der großen Schiebetür stand je ein emaillierter Kübel, der eine mit Trinkwasser, der andere für die Notdurft der Menschen. Letzterer hatte einen runden Holzdeckel. Obwohl Peter ein dreizehn jähriger Junge war, merkte er sofort, dass beide Kübel völlig unausreichend waren. Es war sehr warm im Waggon. Die Körperwärme der siebzig Menschen tat das Übrige. Die meisten zogen sich bis auf die Unterwäsche aus und benutzten ihre Oberbekleidung als Sitzkissen. Peter robbte sich in die Nähe von Vera, die in Unterhemd und Höschen völlig verstört und in sich versunken da saß. Peter trug nur seine gerippten weißen Unterhosen.

Die Waggontür wurde von außen zugeschoben und verriegelt. Auf die Tür schrieb ein Gendarm die Zahl „73". Es herrschte absolute Stille, niemand sprach, nur das

Wimmern eines kleinen Mädchen war aus einer Ecke zu hören. Nachdem die Tür verschlossen war, versank alles im Halbdunkel. Die Sonnenstrahlen drangen nur durch die Lüftungsluken in das Wageninnere. Peter kroch ganz nahe an Vera heran. Sie legte ihren Kopf auf seinen Schoß. Er spürte, wie ihre heißen Tränen seine Oberschenkel benetzten. Es war ihm furchtbar peinlich und er schämte sich, aber seine sexuelle Erregung war völlig ungewollt und unerwünscht wieder da. Er hätte seine ständig sich verstärkende Schwellung zum Teufel wünschen können. Es wurde ihm bewusst, was er in seinem späteren Leben immer wieder erfahren musste, dass seine sexuelle Erregung zur Unzeit kam und in dramatischem Widerspruch zu seiner konkreten Lebenssituation stand. Vera bemerkte diesmal seinen Zustand, sie streichelte ihn leicht an seinem empfindlichsten Körperteil, drückte ihn an sich, küsste ihn auf die Wange und flüsterte ihm zu: „Ich liebe Dich. Du musst Dich jetzt aber etwas beruhigen."

Nachdem die vielen Schiebetüren mit einem metallischen Krachen zugeknallt worden waren, setzte sich der Zug in Bewegung. Agi und die Großmutter gehörten zu den Glücklichen, die sich an eine der Außenwände lehnen konnten. Agi hatte ihren Strohhut dabei, aber der Glaube, dass die Reise nach Deutschland zur Zwangsarbeit ging, schwand mit jedem Kilometer, den die Bahn zurücklegte. Die Hitze stieg an, die ersten mussten sich auf den Kübel setzen und Wasser lassen. Es war unvermeidlich, dass ein übler Geruch sich ausbreitete. Die kleinen Öffnungen den vier Ecken waren nicht ausreichend, um die Ausdünstungen von dreiundsiebzig Menschen an dem warmen Sommertag zu entlüften.

Veras Vater versuchte, durch den Spalt der Waggontür zu erspähen, wohin die Reise ging. Er entdeckte das Bahnhofsschild des kleinen nordungarischen Städtchens Munkacs.

„Es geht nach Norden," verkündete er.

Die Reaktion der apathischen Reisegesellschaft war Schweigen. Die Menschen hatten sich bereits nach einigen Stunden ihrem Schicksal ergeben. Peter konnte nicht verstehen, wie es möglich war, so viele erwachsene Menschen ohne jeden Widerstand wie Vieh zu verfrachten.

Veras warmer Körper, der Duft ihres Schweißes betörten Peters Sinne. Wenn die Begleitumstände nicht so grausam gewesen wären, hätte er die schönste Zeit seines Lebens erlebt. Das Mädchen lag ganz nah an ihn gepresst und scheinbar störte sie es nicht, dass sie seine Erregung auf ihrem Bauch fühlte. Dann küssten sie sich. Sie griff ihm in die Hose und fasste ihn an. Er konnte sich nicht mehr beherrschen und erlebte einen Höhepunkt von einer solchen Intensität, wie er sie niemals gespürt hatte, wenn er sich selbst befriedigte. Vera lächelte ihn verlegen an. Sie mussten beide höllisch aufpassen. Ringsherum lagen die anderen Schicksalsgenossen, die allesamt andere Sorgen als die beiden Jugendlichen hatten. Peter schaffte es irgendwie, seinen Kopf auf Veras Schoß zu legen, und als Nasenmensch, der er nun einmal war, spürte er außer dem wunderbaren Körperduft des Mädchens noch einen weiteren zarten Duft, den ihrer Weiblichkeit. Dieser Duft war für ihn neu. Er kannte ihn nicht, aber er hatte das Gefühl, davon könnte er süchtig werden. Nach sehr vielen Jahren, als er bereits ein erwachsener Mann war, hatte er noch immer Veras Duft in der Nase.

In der Enge des Viehwagens, dessen von der Sonne erhitztes Blechdach vom Fahrtwind des Zuges kaum gekühlt werden konnte, wurde die Luft immer stickiger. Der volle Sanitärkübel und der Schweiß der Menschen waren kaum erträglich.

Plötzlich zog jemand von außen die in der Ecke neben der Entlüftungsklappe aufgehängten Mäntel und Jacken durch die schmale Öffnung nach draußen. Alle schreckten auf. Peter war zunächst war der Meinung, der Fahrtwind habe die gesamte Garderobe herausgeschleudert. Ganz schnell wurde den meisten aber klar, dass jemand vom Wachpersonal noch vor der Grenze eine zusätzliche Beute machen wollte. Veras Vater stand auf und bewegte sich vorsichtig zwischen den liegenden, hockenden und kauernden Leuten hindurch zu der offenen

Fensterklappe, wo die Mäntel vorher gehangen hatten, und schrie: „ Wieso klaust unsere Sachen, Du verdammter Dieb?"

Die Antwort war kurz und eindeutig: „Wohin Ihr fahrt, braucht Ihr keine Mäntel!"

Und um seinen Worten Nachdruck zu verleihen, schob er ein Gewehr in die Luke und gab einen Schuss in das Waggoninnere ab. Alle zuckten zusammen, die Dösenden wurden hellwach und schreckten auf. Zum Glück wurde niemand getroffen.

Die Fahrt dauerte schon über vierzehn Stunden. Mit quietschenden Bremsen hielt der Zug. Die Türen wurden aufgeschoben. Sie befanden sich in dem kleinen Bahnhof der slowakischen Stadt Mihalovce. Auch hier standen Gendarmen mit aufge-pflanztem Bajonett entlang der Gleise. Die ungarische Mannschaft zog ab und die Wache wurde von Angehörigen der SS übernommen.

Auch der siebte Juni war ein herrlicher Sommertag mit strahlend blauem wolkenlosem Himmel. In der frühen Morgenstunde lag noch Dunst in der Luft. Aus der Ferne konnte man die kleinen Häuser mit den roten Ziegeldächern und den spitzen Kirchturm sehen. Es klang Vogelgezwitscher aus den blühenden Kastanienbäumen, die neben dem Bahnhofgebäude standen. Peter fühlte die Unwirklichkeit, in der er sich befand. Draußen, außerhalb des Waggons, der Enge und dem Gestank, lag zum Greifen nahe die normale Welt. Es hätte nur eines Sprunges aus der weit offenen Waggontür bedurft, dachte er, und er wäre in das normale Leben zurückgekehrt. Der vor dem offenen Eisenbahnwagen auf und ab schreitenden SS-Mann mit der umgehängten Maschinenpistole und die slowakischen Gendarmen hätten ihn jedoch ohne Warnung erschossen.

Abgemagerte russische Kriegsgefangene mit traurigen grauen Gesichtern holten die übervollen Sanitärkübel ab und brachten frisches Trinkwasser. Als einer von ihnen den überlaufenden stinkenden Kübel aus dem Waggon hob, flüsterte er in gebrochenem Jiddisch: „Die Amerikaner seien gelandet in Frankreich."

Wie ein Lauffeuer verbreitete sich die Nachricht über die Eröffnung der zweiten Front. Man wusste zwar nicht, wo sich das alles vollzog, aber die Freude war unendlich groß. Es keimte Hoffnung. Agi sagte zu ihrer Mutter, dass ihrer Meinung nach der Krieg nun bald zu Ende gehe. Außerdem fühlte sie sich, als sie die SS-Wachen erblickte, in ihrer Hoffnung bestätigt, die Reise ginge nach Deutschland. Sonst würden ja keine deutsche Wachsoldaten den Zug ab jetzt begleiten.

Die kühle Morgenluft, die durch die breite Schiebetür eindrang, welche gut ein Drittel des Waggons offen ließ, das frische Wasser, das Verschwinden des ekelhaften Kübels und die gute Nachricht über die zweite Front wirkten aufmunternd auf die übermüdeten, teilweise apathischen Menschen. Einige standen nach der mehr-stündigen Fahrt auf und machten ein paar Streckübungen. Während der Fahrt hatten sie keinen Schlaf gefunden und gegeneinander gelehnt vor sich hin gedöst. Vera lehnte sich an Peter, der im Schneidersitz eingeklemmt zwischen Veras Vater und einem anderen Schicksalsgenossen saß. Als er aufstehen wollte, gehorchten seine Beine nicht, derart verklemmt waren sie durch die unbequeme Sitzposition. Plötzlich klangen schrille Pfiffe vom Bahnsteig. Die schwere Tür wurde von außen zugeschoben, verriegelt und abgesperrt. Der Zug setzte sich in Bewegung.

So paradox es klingen mag, der Leidensdruck, der alle beherrschte, wurde für Peter dadurch erträglicher, dass er mit Vera engen Körperkontakt hatte. Er fühlte sich allerdings furchtbar von dem Gestank gestört. Er war ohnehin sehr geruchsempfindlich und musste sich nun Stunden lang in der stickigen Luft beherrschen, um sich nicht zu übergeben.

Es dauerte noch einen ganzen Tag und eine halbe Nacht, bis der Zug, diesmal an seinem endgültigen Bestimmungsort, hielt.

Im Vernichtungslager

Es war vier Uhr dreißig in der Früh. Durch die Türritze schaute Peter nach draußen. Ein unwirkliches Bild bot sich ihm. Die Luft war diesig, beinahe neblig. Ein merkwürdiger rauchiger Geruch zog durch die Morgenstunde. Der Zug hielt neben hellgrauen Gebäuden mit flachen Giebeln, die hinter unendlich lang scheinenden Stacheldrahtzäunen standen. Die Zaunpfosten waren aus grauem Beton, oben nach innen gebogen und trugen Porzellanisolatoren. Der Stacheldraht war an diesen Isolatoren befestigt und an jedem zweiten Pfosten war oben eine Lampe angebracht. Sie waren alle absolut gleich, hatten einen hellen Blechschirm und eine starke Glühbirne. Der Lichtkegel wurde nach unten gelenkt. Der Zaun war so in seiner vollen Länge beleuchtet. Ein fahles weißes Licht breitete sich aus. Es war kein Lebewesen und keine Bewegung zu sehen. Es herrschte eine unheimliche Stille. An der Giebelseite der grauen Baracken gab es keine Fenster. Es war eine gespenstische Landschaft. So etwas hatten Peter und die anderen, die durch den Spalt der Schiebetür zu schauen versuchten, noch nie gesehen. Angst, Ungewissheit und Verzweiflung ergriff die Menschen. Manche hockten still und völlig apathisch auf dem Boden, nicht nur wegen der Angst, sondern auch wegen der strapaziösen Reise von zwei Tagen und zwei Nächten. Einige ältere Männer beteten auf Hebräisch, andere wurden furchtbar nervös, unruhig, beinahe hysterisch. Am schlimmsten war der Fall von Dr. Czitrom, einem vormals angesehenen Rechtsanwalt aus Neumarkt. Rücksichtslos stampfte er im Dunkeln über die anderen hinweg und schrie mit schriller, sich überschlagender Stimme:

„So geht das nicht. Ich will sofort mit Adolf Hitler sprechen!!! So geht das nicht !!! Wo ist Adolf Hitler?"

Ein mitreisender Arzt kannte das Leiden des Dr. Czitrom, konnte ihm aber nicht helfen. Dr. Czitrom war schwer krank und benötigte mehrmals am Tag eine Katheterisierung zum Wasserlassen. Dies war unter den gegebenen Umständen unmöglich und so stieg die Harnsäure in seinem Blut auf Werte, die ihn wahnsinnig machten.

Von außen hörte man grobes Geschrei auf Polnisch und Jiddisch. Die Waggontüren wurden von den Mitgliedern des sogenannten Kanada-Kommandos aufgerissen und zurückgeschlagen. Die vielen Türen des langen Zuges knallten metallisch. Das Geschrei wurde noch lauter und artete in Gebrüll aus.

„Raus, alles raus, schnell, schnell raus," schrien kurz geschorene Männer, die in weiß-blaue längs gestreifte Häftlingsanzüge gekleidet waren. Alte, Kranke, Schwache, die nicht gehen konnten - auch Dr. Czitrom - wurden auf einen entlang des Zuges fahrenden Lastwagen geworfen. Wenn jemand versuchte, Gegenstände wie Koffer oder Handtaschen mitzunehmen, rissen die Häftlinge diese sofort an sich und schleuderten sie in den Waggon zurück. Eine Kolonne fing an, die Gepäckstücke und Habseligkeiten aus den leeren Waggons auf Lastwagen zu laden. Die nachfolgende Kolonne säuberte die Waggons mit einem kräftigen Wasserstrahl aus einem Zisternenwagen. Alles war perfekt organisiert und lief schnell, laut und unaufhaltsam ab.

Agi, die Großmutter und Peter stiegen zusammen mit den anderen aus. Auf der linken Seite des Bahngleises standen in kurzen Abständen die SS-Leute, die seit der slowakischen Grenze ihre Begleitung bildeten. Alle hatten Maschinenpistolen umhängen, einige rauchten. Die Fahrt schien auch an ihnen nicht spurlos vorüber gegangen zu sein. Die gestreiften Häftlinge trieben die Menschen an: „Schnell, schnell, los, los."

Plötzlich ging ein brüllender Häftling blitzschnell in die Mitte der Ankommenden und flüsterte auf Jiddisch: „Sägt ja nischt, dass Ihr krank seid. Sägt ja nischt, dass Ihr krank seid."

Dann erhob er seine Stimme und brüllte weiter: „Los, los, schneller, schneller."

Die lange Reihe der Männer, Frauen, Mütter mit kleinen Kindern auf dem Arm – es waren um die dreitausendfünfhundert Seelen - mussten im Laufschritt auf jeweils den Vorderen aufschließen. Vorn, vor der Lokomotive, stand eine Gruppe von SS-Offizieren, die Peter an die erinnerten, die vor einigen Tagen die Ziegelfabrik in Neumarkt inspiziert hatten. In der Mitte, in einem langen dunkelgrünen

Ledermantel mit Handschuhen an den Händen und einer Reitgerte , stand ein sehr gut aussehender SS-Offizier, der alle anderen überragte. Die Menschen traten einzeln vor ihn und er zeigte mit seiner rechten Hand, mit kaum wahrnehmbarer Geste, in welche der beiden Menschenkolonnen, die sich ab dieser Stelle bildeten, man zu gehen hatte. Als Peter vor ihm stand, fragte er: Wie alt?"

Peter log instinktiv: „Sechzehn."

Es folgte ein Wink nach links. Hinter ihm folgten Agi und die Großmutter. Der Offizier winkte Agi nach links und die Großmutter nach rechts. Agi stutzte für einen Augenblick: „Darf ich mit bitte bei meiner Mutter bleiben?"

Der Offizier antwortete mit höflichem Tonfall: „Aber selbstverständlich. Bitte gehen sie mit Ihrer Frau Mutter."

Die Großmutter war sichtbar gerührt, dass ihre Tochter sich gewagt hat, den unnahbar scheinenden Offizier anzusprechen, um sich ihr anzuschließen. Sie war froh darüber und hoffte, dass sie in ihrer großen Ungewissheit und Angst mit ihrer Tochter zusammen bleiben durfte. Während sich die endlos scheinende stumme Kolonne von ermüdeten Kindern, Müttern, alten Frauen und Männern nach vorn wälzte, sagte sie zu ihrer Tochter:

„Agilein, mein Kind, ich wollte Dir unbedingt noch etwas wichtiges anvertrauen. Wer weiß, wer von uns beiden als erste zu Hause ankommen wird. Du kannst Dich vielleicht erinnern, wohin ich 1918 auf dem Dachboden unter dem vierten Querbalken die ungarische Flagge versteckt habe."

„Ja, Mutter und was ist damit?" Fragte Agi. „Genau an der Stelle habe ich den Abschiedsbrief Deines lieben Vaters, meines seligen Jozsi, versteckt. Solltest Du vor mir ankommen, suche ihn." „Gut, Mutter, aber wir werden beide zusammen bald heimkehren." antwortete Agi in einem nicht besonders überzeugendem Ton. Sie schwiegen beide. Die Kolonne bewegte sich lautlos weiter nach vorn.

Agi hakte sich bei ihrer Mutter unter, setzte ihren Strohhut auf und reihte sich in die endlose Kolonne von älteren Frauen und Männern und Frauen mit kleinen Kindern ein. Die Kolonne entfernte sich langsam. Peter hielt noch Ausschau nach ihnen, aber die zwei Kolonnen entfernten sich immer mehr von einander. Seine Kolonne bog nach links ab. Peter winkte noch. Er sah den Strohhut seiner Mutter. Angetrieben von den Häftlingen, musste er im Laufschritt links abbiegen. Sie liefen an einem dunkelroten Bachsteingebäude vorbei, aus dem Aluminiumbehälter auf Wagen verladen wurden. Es duftete angenehm nach Suppe. Er dachte, dass das die Küche für die Lagerinsassen sei. Er konnte nicht wissen, dass sie an der Küche für die SS-Wachmannschaft vorbeiliefen.

Peter hatte auch Vera aus dem Blickfeld verloren. In der Hektik und dem Durcheinander bei der Ankunft hatten sie sich nur einen flüchtigen Kuss geben können. Sie waren gar nicht in der Lage gewesen, richtig voneinander Abschied zu nehmen. Vera war mit ihrer Großmutter und ihrer Mutter in derselben Kolonne verschwunden wie Agi und ihre Mutter. Veras Vater lief stumm und mit Tränen in den Augen neben Peter her. Herr Goldstein fühlte seine fürchterlichsten Vorahnungen bestätigt. Während ihres Marsches unter dem ständigem „los, los"-Gebrüll erblickte Peter in der Ferne zwei ungewöhnlich große ziegelrote Schornsteine. Aus den Schornsteinen quoll dunkler Rauch und unmittelbar an der Öffnung gelb-rot loderndes Feuer. Die Bedeutung von dem, was er sah, ahnte er nicht.

„Herr Goldstein, sehen Sie die Kamine dort? Was könnte das sein?" fragte er.

„Sicher verbrennen sie Unrat und unsere Gepäckstücke. Du hast gemerkt, dass niemand etwas mitnehmen durfte."

Sehr beruhigend war diese Antwort nicht. Was mit Agi geschehen war, die sich ihrer Mutter gegenüber noch anerkennend über die Höflichkeit des hohen SS-Offiziers geäußert hatte, von dem sie nicht wissen konnte, dass es Dr. Mengele war, war nach menschlichen Maßstäben unvorstellbar. Ein Augenzeuge, der Pathologe Dr. Miklos Nyiszli aus Neumarkt, der als Häftling Assistenzarzt von Dr. Mengele war, gab Peter nach vielen Jahren in Oradia (zu deutsch „Großwardein") folgenden Bericht:

"Die Häftlinge gehen etwa hundert Meter weit über den mit schwarzer Schlacke bestreuten Weg zwischen den Grasflächen. Dann kommen sie zu einem grau gestrichenen Eisengitter und gelangen über zehn oder fünfzehn Betonstufen in eine unterirdische Halle, die bis zu dreitausend Menschen fasst. ..."

„Die Menge drängt in den nächsten Raum, der ebenfalls hell erleuchtet ist. Die Türen werden verschlossen, das Licht gelöscht. ..."

„Ein SS-Offizier und ein SDG-Scharführer betreten die Rasenfläche über der Halle, auf der im Abstand von dreißig Metern Betonsockel stehen. Sie legen Gasmasken an, brechen den Patentverschluss der mitgebrachten Blechdosen auf und schütten den Inhalt, eine violette, bröckelnde Masse, in die Öffnung der Betonsockel: Zyklon. Das Zyklon entwickelt sich zu einem Gas, sobald es mit Luft in Berührung kommt. ... Dieses Gas tötet innerhalb von fünf Minuten. ... Nach zwanzig Minuten werden elektrische Entlüftungsapparate eingeschaltet. ... Die modernen Saugventilatoren pumpen das Gas schnell aus dem Raum. Die Leichen liegen nicht im Raum verstreut, sondern türmten sich übereinander. Das ist leicht zu erklären: das von draußen eingeworfene Zyklon entwickelt seine tödlichen Gase zunächst in Bodenhöhe. Die oberen Luftschichten erfasst es erst nach und nach. Deshalb trampeln die Unglücklichen sich gegenseitig nieder, einer klettert über den anderen. Je höher sie kommen, desto später erreicht sie das Gas. Welch furchtbarer Kampf um zwei Minuten Lebensverlängerung.

Wenn sie in ihrer verzweifelten Todesangst noch einen Gedanken fassen könnten, würden sie erkennen, dass sie vergebens auf ihre Eltern, Gatten und Kindern treten. Aber sie können nicht denken. Ihr Verhalten wird nur noch vom instinktiven Selbsterhaltungstrieb jeder Kreatur bestimmt. Säuglinge, Kinder und Greise liegen ganz unten - und darüber die kräftigen Männer."

Peter hoffte insgeheim, dass seine Mutter in den unteren Schichten geblieben war, tief das Gas eingeatmet und keinen blutigen Todeskampf durchlitten hatte. Von einem aber war er bis ins hohe Alter tief überzeugt: Bevor seine Mutter endgültig in die Bewusstlosigkeit des Todes abgesunken war, hatte sie mit einer gewaltigen seelischen Kraft an ihn gedacht und ihm für seinen Lebensweg Gottes Segen erfleht. Peter meinte, dass er aus vielen lebensbedrohlichen Situationen dank des Segens seiner sterbenden Mutter gerettet worden war.

Es gab aber noch eine weitere grausame Rechnung des Todes: Es wurden annähernd vierhundertdreiundsiebzigtausend ungarische Juden zwischen Ende Mai und Anfang Juni 1944 in Auschwitz getötet, das bedeutet im Durchschnitt über fünfundzwanzigtausend Tote täglich. Wenn alle Zahlen, auch die von Nyiszli, stimmen, gab es in Auschwitz vier Krematorien mit fünfzehn Verbrennungsöfen, das heißt insgesamt sechzig Öfen. Wenn zur Einäscherung eines Leichnams zwanzig Minuten erforderlich waren, ergab das bei voller Verbrennungskapazität aller sechzig Öfen bei vierundzwanzig Stunden Betrieb viertausenddreihundertzwanzig Einäscherungen pro Tag. Wo blieb der Rest der vergasten Toten? Die erschreckende Wahrheit lautet, dass hier der perfekte Organisator und Lagerkommandant, Obersturmbandführer Höß, vorgesorgt hatte. Obwohl Eichmann ihm die Transporte „elegant" zuzuführen wusste, hatte er mit einem ungewöhnlich großen Zustrom von Transporten ungarischer Juden zu rechnen. So wurden riesige Verbrennungsgräben ausgehoben, in denen die Leichen der Vergasten mit Brennholz aufeinander geschichtet und unter Zugabe eines Brandbeschleunigers unter freiem Himmel verbrannt wurden. Ein besonderes erfindungsreicher SS-Mann machte den Vorschlag, das bei der Verbrennung der Leichen austretende flüssige Fett als zusätzlichen Brennstoff in das Feuer zurückzuleiten.

So endete das Leben von Agi mit achtunddreißig Jahren, das der Großmutter mit vierundsechzig und das der schönen kleinen Vera mit vierzehn Jahren in den lodernden Flammen von Auschwitz.

Dr. Nyiszli beendete seinen Bericht wie folgt: „Der Abfall war gering; ein Haufen Asche im Hof der Krematorien. Die Asche wurde mit Lastautos zu der zwei Kilometer entfernten Weichsel gefahren und dem Wasser übergeben."

Währenddessen wurden die Männer aus der anderen Kolonne, auch Peter, in einen Saal geführt mit dem Hinweis, sich zu entkleiden, die Kleider sorgsam auf Haken zu hängen und sich die Nummer des jeweiligen Hakens gut zu merken. Danach wurden sie in einen riesigen Dusch- bzw. Baderaum geführt. Sie wurden am Kopf und am gesamten Körper von hierzu eingeteilten Häftlingen geschoren. SS-Männer in Begleitung von Schäferhunden bewachten alles. Die frisch Geschorenen wurden von anderen diensthabenden Häftlingen mit in Desinfektionsmittel getränkten Stofffäustlingen an Kopf, Achselhöhlen und Genitalien behandelt. Manchen floss das Mittel in die Augen und erzeugte schwere Entzündungen, es brannte überall. Peter war noch nicht allzu sehr behaart, so dass er diese Prozedur glimpflich überstand. Manche erwachsenen Männer bluteten allerdings nach der brutalen Behandlung. Für sie war die Desinfektionsprozedur eine Qual.

Dann wurde eine große Eisentür mit umlaufender Gummidichtung hinter ihnen geschlossen und von außen verriegelt. Peter hielt sich an Herrn Goldstein. Es waren über tausend Mann, alle schauten zu den Brauseköpfen an der Decke. Nach kurzer Zeit zischte warmes Wasser aus den Brausen. Ein Raunen der Erleichterung ging durch den Saal. Offenbar wussten manche von ihnen, dass sich in ähnlichen Räumen auch ganz andere Substanzen als Wasser auf die Menschen ergießen konnte. Nach der tagelangen Reise und dem schrecklichen Auswaggonieren wirkte die warme Dusche beruhigend und entspannend. Einige löschten ihren Durst, indem sie das warme Wasser tranken.

Nach einigen Minuten wurde das Wasser abgestellt, die Tür öffnete sich und das Gebrüll ging los: „Schneller, schneller, los, los.“

Diesmal waren die diensthabenden Häftlinge mit dicken Gummikabelstücken bewaffnet. Wer sich ihrer Meinung nach nicht schnell genug bewegte, bekam einen fürchterlichen Schlag mit dem Kabel, der auf der nackten nassen Haut besonders schmerzte. Dann standen sie alle vor langen Holztischen und jeder erhielt eine Unterhose, die zwar gewaschen, aber doch befleckt und schmutzig war, eine gestreifte Häftlingshose mit dazu passender Jacke und eine Häftlingsmütze. Die wahllos verteilten Sachen passten den meisten gar nicht. Peter tauschte später seine viel zu weite Kluft mit einem erwachsenen Mann, der einen beachtlichen Bauch hatte.

Danach kam die Einweisung in die riesigen Baracken. Alles ging schnell vonstatten. Tausend Mann je Baracke. Dann hieß es, antreten zum Appell. Das Aufstellen in Fünferreihen kannte Peter schon aus der Ziegelei von Neumarkt. Jeweils zwischen zwei Baracken war Platz, um sich aufzustellen. Der Tag verging überwiegend mit Stehen am Appellplatz. Sich hinsetzen, war verboten. Auch von hier sah Peter den Feuerschein, der mit dunklem Rauch aus den rechteckigen Kaminen zum Himmel stieg. Der beißende Geruch nach Verbranntem war hier noch stärker spürbar.

Soweit das Auge reichte, sah Peter ein abgetrenntes Lagerteil nach dem anderen. Die großen grauen garagenartigen Baracken mit Oberlichtband waren alle gleich. Später erfuhr er, dass es ursprünglich Pferdestallungen für die Kavallerieeinheiten der polnischen Armee waren.

Irgendwann am späten Nachmittag zogen Häftlinge einen zweirädrigen Wagen, der vollgepackt war mit allerlei Geschirr, von Waschschüsseln über Kochtöpfe bis hin zu Nachttöpfen, vor die versammelten Häftlinge.

In jeder fünften Reihe wurde ein Geschirrstück dem Vordermann in die Hand gedrückt. Der nachfolgende Wagen hatte Kübel mit Essen geladen. Der zuständige Häftling klatschte mit der Kelle einen graubraunen Brei in das Geschirr, das der Vordermann ihm hinhalten musste. Danach aß oder trank dieser aus dem Geschirr, ohne Löffel oder sonstige Hilfe, und gab den Topf an den hinter ihm stehenden weiter. So gingen die Schüsseln und Töpfe reihum bis zum hintersten Mann. War noch nicht alles aufgegessen, begann die Prozedur von vorn. Peter nahm die Schüssel, ein ziemlich großes Gefäß aus emailliertem Blech, außen blau, innen weiß, mit vielen abgeplatzten Emaillestellen. Dann trank er den Brei aus der Schüssel von einer Seite, von der er dachte, dass die anderen sie mit dem Mund noch nicht berührt hatten. Er nahm zunächst einen Mund voll. Es schmeckte ekelhaft. Der Brei bestand aus Grütze, Kartoffeln mit Schale, Reis und noch weiterem Undefinierbaren wie trockenem Gemüse oder ähnlichem. Der Steckrüben- und Graupengeschmack überwog. Er war aber warm und füllte den Magen. Die erwachsenen Männer sagten zu ihm: „Mach keine Faxen und iss, sonst klappst Du zusammen."

Peter würgte das Essen herunter und gab die Schüssel weiter.

Als die Häftlinge vorbei kamen, um die leeren Schüsseln einzusammeln, hörte Peter etwas Seltsames. Der polnische Häftling, der den Zweiradwagen mit den leeren Schüsseln zog, sagte ganz leise: „Wenn ihr nicht durch den Kamin wollt, fresst das Zeug, auch wenn es wie Scheiße schmeckt."

Die Erwachsenen hatten sofort verstanden. Sie schauten sich gegenseitig entsetzt an.

Der Zweite in der Reihe war Arzt und versuchte, den Nährwert der Nahrung zu schätzen. Er meinte, dass es höchstens sechshundert Kilokalorien pro Tag seien. Ein Erwachsener benötige das Doppelte, auch wenn er nur herumstehe. Die Chance, an Unterernährung zu sterben, liege bei dieser „Ernährung" bei drei Monaten. Peter merkte sich das sehr gut und beschloss, alles zu unternehmen, um dieser Hölle zu entkommen.

In der Ferne, im dritten oder vierten abgetrennten Lagerteil, sah man Frauengestalten. Es war ein Frauenlager. Manche versuchten, auf Pappstücke oder auf Fetzen von Zementpapiersäcken kurze Botschaften zu kritzeln: "Wer hat ...gesehen?" Peter durfte auf ein kleines Stück Pappe, das Veras Vater gefunden hatte, den Namen von Agi schreiben. Er konnte nicht wissen, dass zu der Zeit nicht einmal ihre Asche übrig geblieben war.

Zum Abendappell erschien ein besser ernährter Häftling mit einer schwarzen Armbinde, auf der mit weißer Frakturschrift stand: „Blockältester". Mit ihm zusammen kam ein SS-Mann. Es folgte die Einweisung. Der Häftling sprach zuerst in gebrochenem Deutsch mit starkem polnischen Akzent: „Ihr seid hier im Konzentra-tionslager Auschwitz Birkenau. Von hier aus werdet ihr auf Arbeitslager verteilt. Tagesprogramm: Appell fünf Uhr morgens bis zehn Uhr, dann Mittagessen, Appell bis achtzehn Uhr, dann wegtreten in die Baracke, Morgenkaffee um vier Uhr dreißig. Keiner geht tagsüber in die Baracke. Sitzen tagsüber auf dem Appellplatz nur auf Befehl. Austreten drei mal am Tag auf Befehl. Mein Name ist Wladimir. Ich bin euer Blockältester."

Danach sprach der SS-Mann. Er verlangte strengste Disziplin. Wenn ein SS-Mann einen Häftling ansprach, hatte dieser sofort die Mütze abzunehmen. Die Antwort auf jede Frage eines SS-Mannes musste mit den Worten „Ich melde gehorsam" beginnen. Dann fuhr er in einem drohenden Ton fort: „Wir haben hier die modernsten Durchleuchtungsapparate. Wer Brillanten im After, Gold oder Perlen im Mund oder gar Goldmünzen in den Schuhabsätzen versteckt, den finden wir sofort heraus. Ihr habt heute Abend die Gelegenheit, freiwillig die versteckten Wertgegenstände abzuliefern. Wird dann immer noch bei jemandem etwas gefunden, geht der ab durch den Kamin."

„Das ist einer der üblichen SS-Bluffs," sagte Goldstein zu seinem Nebenmann. Nicht alle dachten so. Mehrere meldeten sich und trennten mit der auf einem grünen Tuch liegenden Zange die Schuhabsätze ab, um einige Goldmünzen hervorzuholen. Der SS-Mann sammelte sie mit einem breiten Lächeln ein und verstaute sie in seiner Uniformtasche.

Kaufering

Ständig wurden Freiwillige für Arbeitslager gesucht. Angeblich gab es in den Arbeitslagern besseres Essen. Man bekam dort auch einen Löffel. Im Lager Birkenau meldeten sich daher viele für den Arbeitsdienst, für Straßenbau und Ausbesserungsarbeiten. Von diesen Menschen, die außerhalb des Lagers in Straßenbaukommandos tätig waren, hörte man, dass die riesigen Feuerschwaden aus den Kaminen von Krematorien kamen. Es hieß, es würden dort Tag und Nacht Menschen verbrannt. Peter erschauerte, als er das hörte, und dachte, es würden dort Menschen verbrannt, die eines natürlichen Todes starben. Die Wahrheit wollte niemand glauben, obwohl sich alles keine fünf Kilometer entfernt abspielte.

Gegen Ende Juni 1944, es waren um die zwei Wochen seit der Ankunft in Auschwitz, rief der Blockälteste nach Freiwilligen für ein Arbeitslager. Dort würde es richtiges Essen geben, bessere Unterkünfte, und man müsste nicht den ganzen Tag auf dem Appellplatz stehen. Es würden aber nur junge und kräftige Leute angenommen.

Obwohl es reichlich Gerüchte gab, wonach mit solchen Tricks Menschen ausgesucht wurden, die man anschließend alle tötete, beschloss Peter, sich zu melden. Es kam eine Gruppe von um die hundert Mann zusammen. Sie mussten sich in Fünferreihen aufstellen und wurden von SS-Männern abgeführt. Vorher verabschiedete sich Peter von Veras Vater, den er nie wieder sah. Sie marschierten in Richtung Lagertor. Die Wachen öffneten die Tore, und mehrere offene mit Kohlegas betriebene Citroen-Lastkraftwagen standen bereit. Sie bestiegen die Wagen. Die Fahrt ging zum Bahnhof. Am selben Gleis, auf sie angekommen waren, standen einige Güterwaggons. Die Waggontüren standen offen, auf dem Boden lag duftende frische Holzwolle. Es wurden zwanzig Mann je Waggon eingeteilt. Die Grundfläche des Waggons war mit Holzbohlen in drei Bereiche aufgeteilt. Rechts und links von der in der Mitte abgetrennten Fläche wurden je zehn Häftlinge untergebracht. In der Mitte saßen zwei SS-Leute mit Maschinenpistolen. Im

Vergleich zur Deportation aus Neumarkt erschien diese Transportanordnung für Peter geradezu paradiesisch.

Vor dem Einsteigen gab es für jeden ein ganzes Kommissbrot und ein gutes Stück aus Sojabohnen hergestellten Leberkäse, eine Tüte Flieger-Vitaminbonbons und eine große Flasche Wasser. Die beiden SS-Leute stiegen ohne zu grüßen ein, legten ihre Waffen griffbereit und stellten ihre Tornister an der Stirnseite ab. Dann wurde eine Art Bretterwand in die Öffnung der Waggontüre geschoben und der Zug setzte sich in Bewegung.

Die beiden SS-Männer waren noch verhältnismäßig jung, um die fünfundzwanzig bis dreißig Jahre alt. Sie waren nicht vergleichbar mit den brutalen Schergen von Auschwitz.

„Na ihr seid wohl der Hölle entkommen, wa?" fragte der eine mit unüberhörbaren Akzent.

Peter antwortete: "Wir haben uns zur Arbeit gemeldet."

„Daran habt ihr gut getan." erwiderte der andere SS-Mann.

Einer der Häftlinge fragte: „Ich melde gehorsam, wohin fahren wir denn?"

„Lass dieses blöde ‚Melde gehorsam', wir wissen es auch nicht genau, aber ich nehme an nach Süddeutschland. Der Zug fährt Richtung Wien," sagte der SS-Mann.

Der Berliner gab einige Verhaltensmaßregeln zum Besten. Die wichtigste Regel war, dass bei Fluchtversuch ohne Vorwarnung von der Schusswaffe Gebrauch gemacht würde. Dann fragte er Peter: „Du bist ja noch jung. Was zum Teufel hast Du ausgefressen, dass sie Dich in Deinem Alter ins Lager gesteckt haben?"

Peter dachte, der SS-Mann verspottete ihn. „Sie belieben zu scherzen," antwortete er zaghaft und war verunsichert, ob er den richtigen Ton angeschlagen hatte.

„Ich frage Dich, warum sie Dich ins KZ gesteckt haben? Antworte!"

„Weil ich eine jüdische Mutter habe. Wir sind alle Juden hier und wir haben uns nichts zu Schulden kommen lassen."

Ein anderer Häftling mischte sich ein.

„Wir sind alle ehrliche Bürger aus Ungarn, Herr Offizier."

„Ich bin kein Offizier. Rede mich in Zukunft mit Sturmmann an."

„Jawohl, ich habe verstanden," kam die zackige Antwort.

Danach war Stille im Waggon. Die jungen SS-Leute schwiegen, sie blickten auf die vorbeiziehende Landschaft hinaus. Viel später fragte der andere Soldat:

„Und von wo aus Ungarn?"

„Aus Nordsiebenbürgen, falls Sie das kennen," beantwortete Peter die Frage.

„Klar, kenne ich das, aber von wo genau?" fragte der SS-Mann weiter.

Peter nannte den deutschen Namen seiner Geburtsstadt: „Neumarkt am Miresch."

„Das kenne ich gut. Wir sind Volksdeutsche und meine Familie stammt aus Sächsisch-Regen. Das ist nicht weit von Neumarkt," erwiderte der Soldat in beinahe vertraulichem Ton.

Peter fasste Mut und führte das Gespräch fort.

„Das sind dreißig Kilometer, und dort in Sächsisch-Regen lebt – dann korrigierte er sich – lebte die Verwandtschaft meines Großvaters."

„Wie hießen die?" fragte der SS-Mann, und Peter antwortete:

„Der Bruder meines Großvaters hieß Heimann und hatte am Marktplatz ein Textilgeschäft."

Der SS-Mann lachte. Sein fleischiges rötliches Gesicht hellte sich auf. Er legte seine Mütze mit dem Totenkopf ab und fuhr fort: „Meine Eltern sind aus Sächsisch-Regen und meine Mutter hat bei Heimann eingekauft."

Jetzt schaltete sich der andere SS-Mann ins Gespräch ein:

„Icke als Berliner hab keene Ahnung, wo Euer verstaubtes Kaff liegt. Ihr seid vom Balkan, wa?"

Es war das erste Mal seit Wochen, dass von der offiziellen deutschen Seite jemand in menschlichem Ton mit Peter und seinen Mitgefangenen sprach. Die direkte, beinahe freundliche Art und Weise, wie die beiden SS-Leute sich mit den Häftlingen unterhielten, passte kaum zu den Totenköpfen auf ihren Mützen.

Nachdem die Häftlinge um Erlaubnis gebeten hatten, begannen sie, von ihrem Brot und dem Leberkäse zu essen. Sie aßen in Stille.

Als der Zug im grell beleuchteten Güterbahnhof von Wien einlief und auf ein Nebengleis geschoben wurde - es war schon Mitternacht – , wachten sie durch schrilles Sirenengeheul auf. Kaum hatten sie Zeit sich aufzurichten, hörte man bereits Bombeneinschläge. Die Einschläge kamen immer näher, so dass die Gleise unter den Waggons erzitterten. In diesem Augenblick nahmen die zwei SS-Männer ihre Maschinenpistolen, verließen den Waggon, schoben von außen die Tür zu, verriegelten sie und überließen die Häftlinge ihrem Schicksal.

In dieser Juninacht 1944 fand der erste und schwerste Bombenangriff der Royal Airforce auf Wien statt. Da der Bahnhof hoch über der Stadt lag, konnte man aus dem Waggon die Bombeneinschläge, die ausbrechenden Brände, die Mündungsfeuer der Flak und die grellen Lichtstrahlen der Suchscheinwerfer sehen. Es war ein majestätischer Anblick und gleichzeitig furchterregend.

Offensichtlich wurde auch der Güterbahnhof angegriffen. Die Einschläge hörten sich sehr nahe an. Der Waggon erzitterte. Einige Lagerhallen am Güterbahnhof standen in Flammen. Peter ertappte sich dabei, dass er keine Angst spürte. Einige Gefangene beteten halblaut auf Hebräisch. Peter schaute wie verzaubert durch die offene Fensterklappe hinab auf die Stadt und dachte, es wäre eine Ironie des Schicksals, aus Auschwitz lebendig zu entkommen und durch eine englische Fliegerbombe zu sterben. Er hatte den festen Glauben, dass Gott oder das Schicksal dies nicht zulassen würde.

Nachdem die Sirenen mit langen Tönen Entwarnung gegeben hatten, erschienen die beiden Wachen. Sie schoben die Waggontür auf und kletterten ohne ein Wort zu sagen auf ihre Plätze zurück. Der Zug setzte sich in Bewegung.

Das metallische Knirschen der Bremsen weckte sie aus dem Schlaf. Seit der Deportation aus Neumarkt hatte Peter zum ersten Mal ausgestreckt und einigermaßen entspannt in der frischen Holzwolle ein paar Stunden Schlaf finden können. Durch die offene Tür drang Vogelgezwitscher in den Waggon.

„Hopp, hopp, auf geht's. Aussteigen!" riefen die SS-Leute.

Alle sprangen aus dem Eisenbahnwagen und stellten sich auf dem Bahnsteig in Fünferreihen auf. Das hell verputzte zweigeschossige Bahnhofsgebäude mit dem roten Ziegeldach erinnerte an eine Schule. Die grünen Fensterläden und die am Dachvorsprung hängenden Blumenschalen mit Begonien verliehen dem Bahnhof einen optimistischen Anblick. Auf diesem Bahnhof im malerischen Voralpenland im kleinen Kaufering schien der auf der Ost- und Westfront tobende Weltkrieg in unendlicher Ferne.

Die Kolonne der Häftlinge bog hinter dem Bahnhof ab und marschierte auf der Landstraße in Richtung der angrenzenden Felder. Einige Passanten blieben stehen und schauten lange den vorbeiziehenden in weißblau gestreifte Häftlingskluft gekleideten Männern nach. Ein sechs bis acht Jahre altes Mädchen mit zwei dicken blonden Zöpfen warf plötzlich einen Apfel in die Häftlingskolonne. Peter hatte Glück und fing den Apfel. Im selben Augenblick erschrak er, weil der Berliner SS-Mann recht zornig zu ihm schaute. Sie marschierten weiter, und es geschah nichts. Peter teilte den Apfel mit seinem Nebenmann, dem ungefähr gleichaltrigen Bernhard, der aus Nordungarn, aus Kaschau, stammte.

Nach einem ermüdenden Fußmarsch kamen sie zu einem eingezäunten Feld hinter einer leichten Linkskurve des Bahndammes. Auch hier standen entlang des Zaunes aus ungehobelten Baumstämmen gebaute Wachtürme mit Scheinwerfern. Die SS-Wachen öffneten das Lagertor. Die Kolonne marschierte in das neue Lager. Später erfuhr Peter, dass sie in das Arbeitslager Kaufering III, ein Außenlager des berüchtigten KZ Dachau, gekommen waren. Das Lager war überschaubar. Links vom Tor, außerhalb des Zaunes, befanden sich zwei Holzbaracken, die in der im gesamten Reichsgebiet üblichen Fertigbauweise errichtet worden waren. Sie hatten ein flaches Satteldach und Teerpappenabdeckung. Weiter weg befand sich die Mannschaftsküche, die der Duft der üblichen Wehrmachtsuppe verriet. Im Innern des Lagers, entgegengesetzt zum Tor, standen drei große hangarförmige Zelte aus grobem dunkelbraunen Tuch. Die Küchenbaracke befand sich links vom Lagereingang parallel zum Zaun. Sonst war die gesamte Fläche des eingezäunten Lagers mit kniehohem wild wachsendem Gras überwuchert, dazwischen blühten gelbe Butterblumen und weiße Margaritten.

Ein älterer Oberscharführer wandte sich laut, aber nicht schroff an die Neuankömmlinge: „So, Leute, rein in die Zelte, und zwar sechzig Mann in jedes Zelt."

Also marschierten jeweils zwölf Reihen Häftlinge in jedes Zelt. Drinnen roch alles neu. Auf beiden Seiten des Mittelganges standen Doppelstockpritschen aus frisch gehobeltem hellen Holz. Auf den Pritschen lag Holzwolle. Peter freute sich, dass alles neu war und nichts den schrecklichen KZ-Geruch hatte, den er bis dahin überall ertragen musste. Der Boden war einfach das grasbedeckte Feld, das ebenfalls frisch nach Erde und Grün roch.

Ganz schnell ergatterte er sich eine obere Pritsche. Er dachte, dass es oben unter Umständen wärmer sei und man dort auch ungestörter liegen könne. Es herrschte Stille in der Zeltunterkunft. Sie versuchten, so gut es ging, die Marschverpflegung oder was davon übrig geblieben war, Stücke von Kommissbrot und die angebrochenen Wehrmachtsvitaminbonbontüten zu verstauen. Die meisten legten sich auf ihre neuen Schlafplätze. Auch Peter streckte sich aus, nahm ein süßsaures Bonbon in den Mund und lutschte es langsam. Seine Gedanken flogen weit zurück, nach Auschwitz, wo er seine Mutter und Großmutter in der langen Menschenkolonne auf der Rampe zum letzten Mal gesehen hatte. Er sah vor seinen Augen Agis Strohhut langsam in der sich im Schritttempo bewegenden endlosen Menschenreihe verschwinden. Dann dachte er an Vera und hoffte, dass sie in ein ähnliches Lager gelangt war wie er selbst. Er fühlte, ja hoffte, dass sie sich behaupten und dass sich ein Wiedersehen nach all den Schrecken irgendwo ergeben würde. Er döste vor sich hin und wusste nicht mehr, wie viel Zeit vergangen war, als er von einem schrillen Pfeifenton aufgeschreckt wurde.

„Antreten zum Appell, los, los, schnell, schnell!" klang von außen die Stimme des Oberscharführers.

Sie liefen alle nach draußen, und auf dem zentralen Platz bildeten sie die üblichen Fünferreihen.

„Stillgestanden, Mützen ab. Alle Mann herhören!" lautete der Befehl des Oberscharführers.

Neben ihm stand noch ein anderer SS-Mann und ein gut ernährter Häftling, dessen gestreifte Hose sogar eine Bügelfalte hatte.

„Ihr seid hier im Arbeitslager III Kaufering. Das ist hier euer Kapo, Herr van der Maas. Disziplin, Arbeit, Sauberkeit sind strikt zu beachten. Wenn ihr auf unsere Befehle hört, wird alles halb so schlimm," beendete der Oberscharführer seine kurze Ansprache.

Dann trat der Kapo einige Schritte nach vorn und sprach in zackigem Ton mit starkem holländischen Akzent: „Ihr seid hier nicht zur Sommerfrische. Euch Juden wird hier beigebracht, was richtiges Arbeiten heißt. Wer nicht spurt oder mir in die Quere kommt, wird mich kennen lernen." Dann schwang er einen baseballähnlichen Knüppel und fuhr fort: „Der ist härter als eure Judendickschädel. Alles verstanden?"

Die angetretenen Häftlinge wussten, dass jetzt ein lautes „Jawohl" folgen musste, also brüllten sie entsprechend.

„Mützen ab zum Essen fassen!" lautete der Befehl des Kapos.

In Fünferreihen marschierten sie von dem Platz weg in Richtung Küchenbaracke. Dort am offenen Fenster stand der zuständige Häftling für die Essensausgabe. Jeder erhielt ein kleines Gefäß mit Henkel, nagelneu aus Aluminium, und einen Aluminiumlöffel. In diesen Topf wurde mit einer großen Kelle ein undefinierbarer

Brei geklatscht. Dazu gab es einige Pellkartoffeln in die Mütze. Die Häftlinge durften wieder in die großen Zelte zurückkehren und aßen zum ersten Mal nach der Deportation mit dem Löffel eine halbwegs erträgliche Mahlzeit. Sie roch zwar auch nach Dörrgemüse und Graupen, aber hier und da schien sich in den Brei ein Stückchen Fleisch verirrt zu haben. Die warmen Pellkartoffeln dazu bildeten einen richtigen Festschmaus. Kaum war das Essen beendet, hieß es: „Austreten."

Die sanitären Anlagen waren äußerst spartanisch und bestanden aus den üblichen „Donnerbalken" und der langen Wasserleitung mit den vielen Wasserhähnen und einem langen Holztrog darunter. Jeder spülte sein Geschirr ab und verstaute es im Zelt. Der Löffel wurde mitgenommen und sorgfältig in die einzige Tasche der Häftlingsjacke gesteckt.

Später schliff Peter an einem Stein den Löffelstiel auf einer Seite nach derselben Methode ab, wie er zu Hause für seine Knopffußballmannschaft die Knöpfe abgeschliffen hatte. So entstand ein improvisiertes Messer, das ihm in Zukunft noch gute Dienste erweisen sollte.

Schon wieder erklang das schrille Pfeifen. „Antreten zum Appell."

Es folgte das Abzählen der Häftlinge durch den Rapportführer. Die Zahl wurde festgehalten und es wurde zum zweiten Mal gezählt. Bei der geringen Zahl der Häftlinge ging es ohne weiteres Nachzählen und stundenlanges Herumstehen auf dem Appellplatz. Danach hieß es: „Wegtreten!"

Sie konnten sich jetzt frei umsehen und das ganze Lager in Augenschein nehmen. Manche legten sich ins Gras und schauten verloren in den wolkenlosen Himmel. Aus der Ferne hörte man die Eisenbahn und Pfiffe der Lokomotive.

Peter unterhielt sich mit Bernhard darüber, was wohl die Zukunft bringen würde. Dass man sie nicht zum Ausruhen hergebracht hatte, davon waren sie fest überzeugt. Peter hatte noch Agis Tagträumereien im Gedächtnis, die dachte, dass sie in Deutschland in der Landwirtschaft eingesetzt würden. Er musste zugeben, dass sich zum Teil die Vermutung seiner Mutter bewahrheitet hatte: Sie waren in

Deutschland! Wo geografisch genau das kleine Städtchen Kaufering lag, konnten sie noch nicht wissen. Die beiden sahen sich bereits auf einem Bauernhof, die Tiere auf der Weide hütend oder den Stall ausmistend. Es machte ihnen keine Sorgen, an solche Arbeiten zu denken. Obwohl Peter in der Stadt aufgewachsen war, hatte er an den praktischen Übungen im Garten der Schule im Rahmen des Botanikunterrichts teilgenommen.

Während sie so im Gras lagen und Peter diesen idyllischen Gedanken nachgehangen hatte, stand plötzlich der holländische Kapo vor ihnen. Van der Maas hatte ein rosafleischiges Gesicht, kleine Schweinsäugelein mit hellblonden Wimpern, einen gewölbten roten Mund und schneeweiße kräftige Zähne. Sein Hals war kräftig und muskulös wie ein Stiernacken. Seine maßgefertigte Häftlingskleidung stand ihm wie angegossen. Auf der Brust trug er das rote Dreieck der politischen Häftlinge. Er gehörte zum sogenannten „Adel" der Konzentrationslager. Es waren diejenigen, die seit der Machtergreifung der Nationalsozialisten interniert wurden. Nach der SS hatten diese Häftlinge im Lager Macht über Leben und Tod. Manche missbrauchten ihre Macht bis zum Exzess.

„Du da, steh auf!" schnauzte er Peter an, der mit der Mütze in der Hand erschrocken aufsprang. „Komm mit," befahl der Holländer.

Peter folgte ihm. Er führte ihn bis zum Lagertor. Die Wache öffnete das Fußgängertor und winkte Peter durch. Vor dem Tor stand einer der SS-Männer, der den Transport bewacht hatte. Es war der mit der Siebenbürgerabstammung aus Sächsisch-Regen.

„Du bist doch der aus dem Transport aus Neumarkt?" fragte der SS-Mann.

„Ich melde gehorsam, jawohl!" antwortete Peter mit der Mütze in der Hand.

„Setz' die Mütze auf und folge mir," wandte sich der Soldat an den Jungen. Peter folgte ihm. Es klang alles nicht so gefährlich wie andere Kommandos im Lager. Der Weg führte entlang der Mannschaftsküche an der Schreibstube vorbei. Auch die Unterkunftsbaracken der Wachen ließen sie hinter sich und gelangten über einen mit feinem hellen Kies bestreuten Fußweg zu einer grünlichen etwas kürzeren Baracke, die aus den gleichen Holzfertigteilen gebaut war, wie die anderen Mannschafts-baracken, aber an den Fenstern sah man helle Gardinen. Am flachen Spitzgiebel stand eine Tafel mit der Inschrift „Lagerkommandant". Dies jagte Peter einen leichten Schrecken ein, aber er folgte dem Soldaten wie ein kleiner Hund, der seinem Herrchen folgte. Der Soldat schloss auf die Tür auf. Sie gelangten in einen Flur, von dem aus nach rechts und links Türen in die verschiedenen Räume führten. Hinter der vorletzten Tür auf der linken Seite befand sich der Raum, in den der SS-Mann mit Peter eintrat. Er ähnelte einem Hauswirtschaftsraum, wie Peter das von Zuhause kannte. Ein großer Holztisch, zwei Schemel ohne Rückenlehne, Wäscheschrank, Bügelbrett, Regale mit rotkarierten Haushaltstüchern, eine emaillierte Spüle aus Gusseisen und darunter zwei Eimer bildeten die Einrichtung. An der Wand neben der Tür hing ein roter Feuerlöscher der Marke Gloria. Die weißen Gardinen an den Fenstern waren beiseite geschoben. Alles strahlte Ruhe und Sauberkeit aus. Es roch nach Waschmittel und Seife.

„Setz Dich!" befahl der Soldat, der auf einem der Holzschemel Platz nahm.

„Hör' genau zu, was ich dir sage: Wenn du alles genau befolgst, wird es dir bei mir nicht schlecht gehen."

Peter war ganz Ohr.

Der Soldat fuhr fort: „Ich heiße Lehmann. Du sprichst mich in Zukunft mit „Herr Lehmann" an. Das mit dem Scharführer kannst du lassen. Ich bin die Ordonnanz des Lagerkommandanten, des Herr Sturmbannführers Dr. Ludwig Schwarz. Und du bist mein Gehilfe. Hasst Du das verstanden?"

„Jawohl, ich habe es verstanden" antwortete Peter und fügte hinzu: „Darf ich etwas fragen?"

„Frag nur," sagte Lehmann.

„Ich bitte Sie, sagen Sie mir: Was habe ich zu tun?"

„Du hast all das zu tun, was ich Dir sage: Saubermachen, Wäsche waschen, Wäsche aufhängen, Fenster putzen, bügeln, aufräumen, Stiefel putzen, Essen holen, außen kehren, Rasen mähen, mit einem Wort alles."

Peter war leicht erschrocken. Er kannte die gesamten Hausarbeiten aus dem Heimann'schen Haushalt nur als Zuschauer. Insbesondere hatte er den jungen Mägden gern zugesehen. Selbst musste er niemals einen Besen in die Hand nehmen.

"Ich bin aber nicht sehr erfahren in Hausarbeiten," antwortete er leise.

Daraufhin herrschte Lehmann ihn an: „Lektion Nummer eins: Merke Dir, beim Barras und auch im KZ darfst Du niemals sagen: „Das kann ich nicht." Sonst kann es Dir passieren, dass Du verschwindest und ein anderer deinen Platz einnimmt . Präge dir das gut ein!"

Peter merkte sich das gründlich, und zwar für sein gesamtes zukünftiges Leben.

Er sah sich jetzt etwas gründlicher um. Im Raum stand noch ein grüner Metallwaffenschrank, außerdem ein Herrendiener mit einer SS-Offiziersuniform. Daneben zwei paar schwarze Offizierstiefel. An der Wand hing ein Bild, wahrscheinlich aus der Zeitschrift „Signal", in Farbe, schön eingerahmt und verglast. Eine stellte eine wunderbare Alpenlandschaft mit schneebedeckten Berggipfeln dar. Sonst war das Zimmer schmucklos.

„Und jetzt kommt Lektion Nummer zwei, mein Junge: Wenn Du versuchen solltest, krumme Dinger zu drehen, abzuhauen oder etwas zu klauen, bist du des Todes. Wir fackeln da nicht lange. Das kennst Du oder?"

Der Junge antwortete: „Jawohl, das habe ich verstanden." Er verstand tatsächlich die Drohung so, wie sie gemeint war: ernst.

„Wir gehen essen fassen," sagte Lehmann, machte den Schrank auf, holte zwei Steingutteller und zwei große Schalen heraus und drückte diese Peter in die Hand. Er folgte ihm in die Mannschaftsküche. Am offenen Fenster stand in weißer Uniform der Koch und verteilte das Essen an die draußen anstehenden SS-Leute. In jede Schüssel gab es eine Kelle Kartoffelsalat und obendrauf zwei Buletten. Alles duftete himmlisch. Peter hatte kein normales Essen mehr gesehen und gerochen seit der Internierung in der Ziegelei. Das furchtbare Essen in Auschwitz aus Dörrgemüse und Graupen war ein Fraß, den er aus reinem Lebenserhaltungstrieb herunter gewürgt hatte. Die Buletten dagegen dufteten nach feinem gebratenen Fleisch. Der mit Zwiebeln und Gurken angerichtete Kartoffelsalat schimmerte goldgelb in der Schüssel. Das Wasser lief Peter im wahrsten Sinne des Wortes im Munde zusammen.

Nachdem sie wieder in die Kommandantenbaracke zurückgekehrt waren, setzten sie sich an den Tisch, Lehmann legte Messer und Gabel ab und sagte: „Mahlzeit, iss!"

Peter kamen Tränen in die Augen. Nach so vielen Erniedrigungen, Angst und bitterem Hunger saß er seit Wochen zum ersten Mal an einem Tisch mit ordentlichem Essen und Besteck vor sich. Das war für ihn zu viel auf einmal. Er wischte sich die Tränen mit dem Ärmel seiner Jacke ab und begann, ganz langsam andachtsvoll zu essen. Die eine Bulette und die Hälfte vom Kartoffelsalat wollte er dem kleinem Bernhardt mitnehmen, was Lehmann ihm gestattete.

Nach dem Essen ging es an die Arbeit. Die Stiefel des Kommandanten mussten geputzt, gewienert und poliert werden. Peter machte es, so gut er konnte, und polierte sogar mit einem weichen Tuch nach. Danach stellte er die Stiefel an ihren Platz zurück. Lehmann kontrollierte die Arbeit sehr sorgfältig, gab ihm die Stiefel zurück und sagte: „ Du bist noch nicht fertig, mein Junge."

Peter stutzte. Er verstand nicht, was er falsch gemacht hatte. Lehmann sah ihm das an und klärte ihn auf: „Schau, bei uns musst Du auch die Fläche zwischen Sohle und Absatz putzen und polieren."

Peter wusste das nicht und holte es nach. Dabei dachte er, dass diese deutschen Militärs komische Menschen waren. Sie polierten sogar die Unterseite ihrer Stiefel. Eine Logik konnte er dabei nicht entdecken.

Es folgten alle anderen Arbeiten, und er wunderte sich selber, wie gut er sie alle verrichtete. Die Tage vergingen im Fluge. Abends wurde er jeweils von Lehmann zum Tor begleitet. In seiner Aluminiumessensschale brachte er immer etwas von seinem Essen für Bernhardt mit.

Das Projekt Ringeltaube

Das Lager Kaufering III sah inzwischen nicht mehr so aus wie bei der Ankunft von Peters Gruppe. Die großen braunen Zelte waren nur provisorisch für die Vorauskommandos aufgestellt worden. Jetzt bestanden die Unterkünfte, die ein spezielles Häftlingskommando aufbaute, aus Erdbaracken. Diese waren an beiden Seiten der Lagerstraße in die Erde eingegraben. Drei Treppen führten zu dem einen Meter breiten und einen Meter tiefen Mittelgraben. Darüber war ein Spitzdach aus Holz und Teerpappe angebracht und mit begrünter Erde bedeckt worden. Unter der Dachschräge rechts und links vom Graben, der als Flur diente, waren die Lagerplätze der Häftlinge. Sie bestanden aus einer Bretterschalung, die mit Holzwolle verkleidet war. Die Unterkünfte waren so niedrig, dass ein Erwachsener nicht aufrecht stehen konnte. Eine schwache Glühbirne diente als Beleuchtung. In solch einer erdbunkerähnlichen Unterkunft waren bis zu vierzig Menschen untergebracht. Peter lag neben einer Gruppe von tschechischen Häftlingen, die zufällig die Eltern von Bernhardt kannten. Es waren die Herren Dr. Jonap, Dr. Neuwirth und Dr. Miklosy. Es waren Ärzte aus der Universitätsklinik von Kaschau, auf Tschechisch ‚Koschitce'.

Die Ärzte waren mit dem ersten Transport am achtzehnten Juni 1944, aus Auschwitz kommend, genau wie Peter, in Kaufering eingetroffen. Sie sollten im Rüstungsprojekt „Ringeltaube" gigantische unterirdische Bunker für die Flugzeugproduktion des ersten einsatztauglichen militärischen Düsenkampfflugzeuges, der Messerschmidt 262, bauen. Diese Projekt hatte pharaonische Ausmaße. Die hügelförmigen zur Tarnung bewaldeten Bauten waren einen viertel Kilometer lang, achtzig Meter breit und neun Stockwerke hoch. Die Mauern waren fünf bis zwölf Meter dick.

Die Bauten wurden von den Firmen Leonhardt Moll aus München und Held & Franke ausgeführt. Die Häftlinge wurden von der SS für sechzig Reichspfennige pro Tag den Baufirmen und der Organisation Todd zur Verfügung gestellt.

Der Arbeitstag im Lager begann mit dem Appell um vier Uhr dreißig. Nach dem Strammstehen, bei jedem Wetter, ging es zur Baustelle. Dort arbeiteten auch die anderen Häftlinge aus den weiteren zehn Konzentrationslagern im Raum Landsberg am Lech. Jedes Kommando war mit einem großen zweirädrigen Karren bestückt, mit dem abends auf dem Rückweg die Toten und Verletzten in das Lager zurück- gebracht wurden.

Die drei tschechischen Ärzte - sportliche, gut trainierte Männer um die vierzig Jahre - taten alles menschenmögliche, um dem vierzehnjährigen Bernhardt von den schwersten Arbeiten, wie Fünfzig-Kilogramm-Zementsäcke entladen, zu verschonen.

Kommandant Schwarz

Der Lagerkommandant, Obersturmbannführer Ludwig Schwarz, sah aus wie ein Wissenschaftler. Er war hochgewachsen, schlank, beinahe schlaksig, mit einem blassen schmalen Gesicht. Seine dünnen hellblonden Haare waren seitlich gescheitelt. Er trug eine ziemlich starke Brille mit Goldrand. Die SS-Uniform entsprach nicht seiner Erscheinung. Er trug die Uniform, die Mütze mit dem Totenkopf, die Stiefel und auch die Koppel mit der Inschrift „Meine Ehre heißt Treue" auf dem Verschluss und dem schwarzen Pistolenhalfter mit Luger-Pistole wie ein Zivilist. Alles zusammen wirkte unpassend. Der Lagerkommandant hatte eine angenehme ruhige Stimme und sprach Hochdeutsch ohne Akzent. Ludwig Schwarz war Erbe einer kleinen Brauerei in Dingolfing, die seit Generationen im Besitz der Familie war. Über verschlungene Verbindungen hatte er es erreicht, dass er nicht an die Front kam. Dazu hatte auch sein angegriffener Gesundheitszustand beigetragen. Mit seinen siebenundvierzig Jahren sah er mindestens zehn Jahre älter aus. Die Abkommandierung zum Lagerkommandanten von Kaufering III war für ihn und seine Familie ein Glücksfall. Er hatte für die an dem Projekt Ringeltaube beteiligte Organisation TODT und die Baufirmen Leonhard Moll, Held & Franke die Arbeitskräfte zu liefern. Die dreitausendfünfhundert Häftlinge des Lagers waren seine Lebensversicherung und Existenzgrundlage in den letzten Kriegsjahren. Schwarz war kein überzeugter Nationalsozialist. Diese Zeiten waren längst vorbei.

An der Universität Regensburg war Schwarz von der neuen Bewegung begeistert gewesen und zu einem eifrigen Mitglied des nationalsozialistischen Studentenbundes geworden. Später war er in die NSDAP eingetreten und auch in das SS-Kraftfahrzeugkorps. Er war ein leidenschaftlicher Autofahrer. Das kleine Vierzylinder Mercedes-Benz-Cabrio Typ 170 V war sein Ein und Alles. Jede freie Minute verbrachte er in der Garage und schraubte, putzte, pflegte sein dunkelblaues Cabrio mit dem elfenbeinfarbenen Lenkrad und den dunkelblauen Ledersitzen. Das Auto wurde im Krieg abgemeldet und sorgfältig konserviert. Er blieb weiterhin Mitglied im SS-Kraftfahrzeugkorps. So erhielt er seinen SS-Dienstgrad und die Kommandantur über das Lager. Er wusste ganz genau, wer seine Häftlinge waren und woher sie kamen. Er hatte ausführliche Informationen, auch darüber, was sich in Auschwitz abspielte, von einem Kameraden, der als Rapportführer bei ihm Dienst tat. Dieser hatte sich in Auschwitz wegen angeblicher nervlicher Überbeanspruchung vom Dienst befreien lassen können.

Die ganze Schutzmannschaft von Kaufering III bestand aus „Fußkranken", wie Ludwig Schwarz sich auszudrücken pflegte. Es waren ältere Soldaten, einige aus dem Elsaß, die sich freiwillig gemeldet hatten, nur um nicht an der Front eingesetzt zu werden. Es war mit wenigen Ausnahmen eine müde Truppe, die auf das Ende des Krieges wartete. Kommandant Schwarz war wie alle Diener einer Diktatur schizoid veranlagt. Einerseits wollte er seine Ruhe haben, Bücher über Mercedes-Benz-Automobile wälzen und Pfeife rauchen, anderseits ließ er regelmäßig im Lager Selektionen durchführen und mit einer Handbewegung über Leben und Tod entscheiden.

Diese grausamen Veranstaltungen trafen Peter tief. Meistens am Sonntag, dem arbeitsfreien Tag, hieß es „Antreten zum Appell". Dies war an sich nichts besonderes. Das stundenlange Appellstehen kannten alle, aber wenn das Kommando kam „Alles ablegen!", erschauderten die Männer. Sie mussten sich vollständig entkleiden und standen in der Kälte des frühen Morgens splitternackt in Fünferreihen. Vorn am Platz des Lagerschreibers saßen an einem Holztisch der Lagerkommandant, Obersturmbannführer Schwarz, ein SS-Arzt aus dem Lager Dachau und der Rapportführer, Scharführer Weiß. Einzeln musste jeder Häftling am Tisch vorbei gehen, vor der Kommission stehen bleiben und die Arme ausbreiten. Der SS-Arzt gab jedem ein leichtes Handzeichen. Nach rechts bedeutete wieder zurück auf den Appellplatz und anziehen, nach links, die mitgebrachten Sachen schnell anziehen und ab in die Krankenbaracke. Die dorthin Beförderten wussten genau, dass sie abgeholt würden und in einem der Vernichtungslager die Gaskammer und der sichere Tod auf sie warteten.

Die ausgemergelten Männer, die sich mit ihren geschwollenen Beinen kaum bewegen konnten und die wegen der schweren Arbeit und vor Hunger eher tot als lebendig waren, wurden „Muselmänner" genannt. Peter kam an die Reihe. Er wusste, dass er in verhältnismäßig guter körperlicher Kondition war, trotzdem spürte er ein würgendes Gefühl im Hals, und es war ihm vollständig bewusst, dass eine Handbewegung des SS-Offiziers über Leben und Tod entscheiden würde. Diesen Zustand Stress zu nennen, wäre eine unzulässige Verharmlosung. Es ergriff ihn eine innere Panik, die ihn beinahe lähmte, als er splitternackt mit seinen Habseligkeiten vor die Kommission trat. Wie im Zeitlupentempo sah er die Handbewegung des Offiziers nach rechts. Ihm wurde schwindlig, aber er dankte Gott, dass er diesmal davon gekommen war.

Ein Mithäftling, den er kannte, ein sympathischer Musiker aus Budapest, wurde nach links gewunken. Er fing laut an zu flehen: „Aber ich kann arbeiten, ich bin stark, Herr Kommandant."

Der holländische Kapo schlug ihm mit einem Kabelstück auf seinen nackten Körper, der wie ein Skelett aussah. Er fiel zu Boden. Der Holländer wollte nachsetzen, aber der Kommandant herrschte ihn an: „Lassen Sie das!"

Peter wurde bis ins hohe Alter an Wendepunkten des Lebens oder in Stresssituationen immer wieder von dieser von ihm Selektionsangst genannten würgenden und erdrückenden Panik erfasst. Alternativen von einiger Bedeutung, vor die er im Leben gestellt wurde, widerspiegelten sich früher oder später in seinen Träumen als Selektionspanik. Deshalb vermied er Situationen, soweit er dies beeinflussen konnte, bei denen er schnell, eindeutig und klar zwischen zwei Möglichkeiten entscheiden musste.

Kommandant Schwarz war nach solchen Selektionstagen noch verschlossener als sonst. Als er eines Tages in seine Unterkunft zurückkehrte, war Peter schon da. Lehmann brauchte ihn für den Großputz. Der Kommandant ging direkt auf sein Zimmer und rief Peter zu: „Du da, komm mit."

Der Junge fragte sich erschrocken, was er falsch gemacht habe und bekam Angst. Er folgte dem Offizier auf die Stube. Schwarz setzte sich in seinen Ohrensessel, den er von zu Hause mitgebracht hatte, um sein kargen Raum etwas gemütlicher zu gestalten, und streckte dem erschrockenen Jungen sein bestiefeltes Bein entgegen.

„Zieh mir die Stiefel aus," befahl er ihm. Peter wusste, wie das ging. Mit der linken Hand fasste er das obere Fußteil an, und mit der rechten zog er kräftig an der Ferse. Der Stiefel kam ihm ganz allmählich entgegen.

„Woher kannst Du das?" fragte Schwarz.

„Mein Onkel trug auch Stiefel wie Herr Obersturmbannführer," antwortet Peter.

„Wieso?"

„Mein Onkel Carl war Jäger und trug sehr oft Stiefel."

„Du kannst gehen."

Peter drehte sich um und verließ den Raum. Er merkte dabei nicht, dass die leichte Barackeninnentür nicht richtig ins Schloss gefallen war und bei jeder Luftbewegung unangenehm klapperte.

Ein schneidender Schrei des Kommandanten in einer Tonlage, die er bis dahin nicht kannte, drang zu ihm.

„Komm zurück, Du blöder Hund. Ich erschieße Dich auf der Stelle!" brüllte der Obersturmbannführer.

Peter hatte die Selektion hinter sich, und jetzt drohte ihm der Kommandant mit dem Tode. Das war zu viel, er war sich keiner Schuld bewusst. Innerlich zitternd kehrte er zurück und nahm vor der Tür Haltung an. Der Sturmbannführer fuchtelte mit seiner Pistole, lud sie durch, Peter vernahm das metallische Klacken und erschrak fürchterlich. Schwarz brüllte mit hoher, beinahe hysterischer Stimme:

„Ich erschieße Dich auf der Stelle, wenn du noch einmal die verdammte Tür offen lässt und sie zu klappern anfängt. Hast Du das verstanden, Du elendiger Himmelhund?"

Peter antwortete mit zitternder Stimme: „Jawohl, ich habe das verstanden. Ich bitte gehorsam um Entschuldigung, es wird nie wieder vorkommen."

Er verlies rückwärts gehend den Raum, schloss die Tür sorgfältig und prüfte, ob sie richtig zu war.

Als er in das Dienstzimmer kam, fragte ihn Lehmann: „Was hast du angestellt, dass der Alte so brüllt?"

Peter konnte seine Tränen nicht mehr zurückhalten. Die grausame Selektion und dann dies, das war einfach zu viel. Der Junge war zwar seelisch stabil, aber zwei solcher Extremsituationen überstiegen seine Kraft. Es kam ihm plötzlich alles hoch: der Tod des Großvaters, die Deportation der Familie, der Verlust seiner gesamten früheren Existenz und die unbeschreibbaren Tage in Auschwitz. Er dachte an seine Mutter, die er über alles geliebt hatte, und er betete zu ihr, von der er nicht wissen konnte, was mit ihr in Wirklichkeit geschehen war. Er betete ohne Worte, es waren nur Ströme von Gefühlen, ein tiefes Flehen, ein Betteln um Hilfe und Beistand. Peter war am Ende. Er konnte sein Schluchzen nicht mehr zurückhalten und weinte bitterlich.

Lehmann ahnte, was vorgekommen war und tröstete den Jungen, indem er mit seinen großen starken Zimmermannshänden seine dichten kurzen Haare streichelte. Es war ein ungewöhnliches Bild: ein SS-Oberscharführer streichelte einen KZ-Häftling, um ihn zu trösten.

„Hör zu, Peter. Lektion drei lautet: Halte dich vom Alten fern. Der leidet unter dieser Selektionsgeschichte wie ein Hund und reagiert sich so ab, wie es gerade geschehen ist. Hast du das verstanden?"

„Jawohl, Herr Lehmann, ich verstehe das schon, aber ich bin einfach fertig. Ich kann nicht mehr. Den einen, den sie vor mir in den Tod geschickt haben, kenne ich gut. Ich sehe seine flehenden Augen, seine geschwollenen Füße, seinen ausgemergelten Körper, ich sehe das alles vor mir. Ich kann nicht mehr..."

Lehmann schwieg lange. Er schloss seine langen kräftigen Finger wie zum Gebet zusammen und beugte sich zu Peter mit den Worten: „Dieser Wahnsinn wird bald aufhören. Die Amerikaner und die Engländer sind schon in den Ardennen. Die Russen haben bereits Budapest genommen. Ich bin SS-Mann, aber das kann so nicht weitergehen. Verstehst du das?"

Peter antwortete leise: „Es ist liebenswürdig, was sie mir sagen, aber vorher machen sie uns alle kalt."

Er wischte sich die Tränen ab und ging seiner Arbeit nach. Das Saubermachen lenkte ihn ab. Abends aßen sie zusammen. Es gab Milchsuppe, was Peter nicht gerade begeisterte, aber bei dem Gedanken an die ausgemergelten Mithäftlinge aß er jeden Löffel, als ob er Leben spenden würde.

Die Frau des Lagerkommandanten

Es musste alles besonders schön hergerichtet werden. Lehmann besorgte ein paar Töpfe Begonien, die er in die Fenster der Kommandantenbaracke stellte. Die Gardinen wurden gewaschen, neu aufgehängt, und alles musste, wie er sich ausdrückte, „auf Kante sein".

Peter erfuhr die Ursache für diese Vorbereitungen. Der Alte, wie der Kommandant genannt wurde, erwartete Besuch. Die Stiefel wurden gewienert und die Uniformjacke gebügelt. Lehmann holte eine Sonderportion Streuselkuchen aus der Küche. Es herrschte eine festliche Erwartungsstimmung. Vom nahegelegenen Bahnhof Kaufering holte der Kommandant mit dem Kübelwagen, einem unbequemen Militärfahrzeug, seine Frau ab.

Aus dem Fenster des Dienstzimmers erblickte Peter Frau Schwarz. Eine kleine, etwas füllige Gestalt mit blonden nach hinten gekämmten kurzen Haaren. BDM-Frisur hieß das schon in Neumarkt. Sie trug ein bayerisches Dirndl, einen grünen Rock, weiße Bluse und eine graue mit grün eingefasste Joppe. Ihr rundes braungebranntes Gesicht und ihr offener Blick strahlten Güte aus. Sie trug einen Weidenkorb mit Henkel. Ihr Mann wollte ihr den Korb abnehmen, aber sie behielt ihn im Arm.

Lehmann servierte Kaffee und brachte auch den herrlich duftenden Streuselkuchen in das Zimmer des Kommandanten.

Nachdem Peter seine üblichen Arbeiten verrichtet hatte, musste er die Knochen von der Mannschaftsküche in Jutesäcke verstauen, um sie mit Lehmann bei der Sammelstelle in Landsberg im Tausch gegen Kernseife abzugeben. Ohne Knochen gab es nämlich keine Seife für die Wäscherei der Truppe. Diese Arbeit begeisterte Peter nicht sonderlich. Er ekelte sich von den blutverschmierten Rinder- und Schweineknochen. Er hatte sich Fäustlinge genäht, mit denen er die bereits stinkenden Knochen anfasste. Dann schleppte er die Säcke hinter die Küchenbaracke und verlud sie auf den holzgasbetriebenen Citroen-Lastkraftwagen.

Lehmann saß am Steuer. Sie fuhren in das zwanzig Kilometer entferntes Landsberg am Lech. Die Leute schauten in den Wagen und guckten verdutzt, als ob ein Außerirdischer in gestreifter Kluft neben dem SS-Mann saß.

Als Peter im Dienstzimmer die Stiefel des Obersturmbannführers wienerte, ging die Tür auf und die Frau des Kommandanten trat mit dem Tablett und dem leeren Kaffeegeschirr ein. Peter sprang automatisch auf und nahm Haltung an. Lehmann war nicht anwesend.

„Machen Sie nur weiter," sagte die Frau in einem milden Ton.

„Verstehen Sie überhaupt deutsch?"

Peter erwiderte vorschriftsgemäß: „Melde gehorsam, gnädige Frau, es ist meine Muttersprache."

Die Frau stutzte für einen Augenblick.

„Was haben Sie eigentlich getan, dass Sie mit Ihren jungen Jahren so hart bestraft worden sind?"

Peter wollte antworten, aber die Frau hob ihren Zeigefinger vor ihren Mund und deutete an, der Junge möge leise sprechen. Peters Antwort war kurz.

„Ich habe nichts getan."

„Und warum sind Sie dann im Konzentrationslager. Wo ist Ihre Familie?"

Peter antwort im Flüsterton: „Bitte glauben Sie mir, gnädige Frau, wir sind unschuldig. Wir stammen aus Siebenbürgen, und was mit meiner Familie ist, weiß ich nicht. Das Einzige, was man uns vorwirft, ist die Tatsache, dass wir Juden sind."

Die Frau schwieg. Peter dachte, dass sie sich verstellte und die Ahnungslose mimte, um jeder weiteren Diskussion auszuweichen. Die Frau beugte sich aber zu ihm und sagte leise: „Warten Sie auf mich."

Sie verließ den Raum und kam nach ein paar Minuten zurück. Sie übergab Peter eine Papiertüte mit wunderbar nach Vanille und Kakao duftenden Plätzchen.

„Die habe ich selbst gebacken, aber Sie dürfen meinem Mann nichts davon sagen."

Peter versprach ihr, dass er schweigen würde, und fügte hinzu:

„Herr Obersturmbannführer unterhält sich nicht mit mir. Da brauchen Sie keine Bedenken zu haben."

„Sagen sie, sind alle Menschen in diesem schlimmen Lager Leute wie sie selbst?"

„Selbstverständlich," antwortete der Junge.

„Und wie ist das Leben im Lager?" fragte die Frau.

„Furchtbar, sie sterben wie die Fliegen von der schweren Arbeit und dem Hunger."

„Wie kann man helfen?" fragte die Frau.

„Ich fürchte, Sie können beim besten Willen nicht helfen. Wie könnten Sie dreitausend ausgemergelten unterernährten Menschen helfen?" fragte Peter.

Die Frau sah ihn lange an und fragte dann: „Wie ist Ihr Name?"

„Peter Gardosch," antwortete der Junge.

„Das ist ein deutscher Name," sagte sie und verließ den Raum. Beim Herausgehen machte sie noch eine zur Verschwiegenheit mahnende Geste und fügte vielbedeutend hinzu: „Sie werden noch von mir hören."

Peter war vollständig verwirrt. Die Selektion am Vortag, dann die Szene mit dem Kommandanten und heute die Andeutungen der Frau Schwarz über mögliche Hilfe brachten ihn durcheinander. Er verstand die Welt nicht mehr. Er beschloss, unter keinen Umständen Lehmann etwas über die Unterhaltung mit der Frau des Lagerkommandanten zu sagen.

Lagerkommandant Obersturmbannführer Ludwig Schwarz und KZ-Häftling Peter Gardosch verband etwas, wovon beide keine Ahnung hatten. Der Kommandant und auch Peter wussten nicht, dass Frau Schwarz geborene Schneck Kontakt zu der bekennenden Kirche während der nationalsozialistischen Herrschaft hatte. Es war eine lose Widerstandsgruppe, die unter hohem Lebensrisiko gegen die braune Diktatur passiven Wiederstand leistete. Ein Mitglied dieser Gruppe war

Oberingenieur Walter Gross aus Augsburg, dessen Dienststelle das berüchtigte Monsterprojekt „Ringeltaube" war.

Ingenieur Gross wohnte in einer bescheidenen Siedlung der Neuen Heimat in Augsburg in einem kleinen Einfamilienhaus mit rotem Spitzdach auf einem kleinen Eckgrundstück. Ingenieur Gross war ein erfahrener Bauingenieur Mitte Fünfzig, der bereits am „Westwall" die Bauleitung inne hatte. Hier in Oberbayern arbeitete er für die Firma Moll, eine der beiden Generalunternehmen für die gigantische unterirdische Flugzeughalle in den Wäldern von Buchloe bei Landsberg am Lech. Frau Schwarz kannte Gross aus der Jugendbewegung, aus der Zeit der Wandervögel. Sie besuchte ihn nach ihrer Unterredung mit Peter im Lager III Kaufering.

Walter Gross konnte ihr gegenüber alles bestätigen, was Peter der Frau des Kommandanten berichtet hatte. Der Ingenieur kannte die fürchterlichen Arbeitsbedingungen der Menschen auf der Großbaustelle. Es waren ihm auch Unfälle bekannt geworden. Beim Betonieren der riesigen tonnenförmigen Halle fielen manchmal Menschen in den Beton zwischen die Bewährungsstahlgitter. Es wurde weiter betoniert, so dass in der monströsen Konstruktion heute noch einbetonierte Leichen liegen. Frau Schwarz und Herr Gross berieten lange in der kleinen, mit bayerischen Möbeln eingerichteten Zirbelstube darüber, was man machen konnte, um den Menschen zu helfen. Er selbst nahm jeden Tag mit Margarine bestrichene Brote, Obst und andere Lebensmittel auf die Baustelle mit, die alle rationiert waren. Beiden war bewusst, dass den weit über zehntausend Arbeitssklaven aus den elf Lagern um Landsberg nicht wirklich zu helfen war. Draußen war die Sonne schon untergegangen, und sie saßen im Halbdunkel. Nur die kleine Kuckucksuhr mit dem Spielwerk unterbrach die Stille. Sie wandte sich an Gross und sagte:

„Ich werde mit meinem Mann sprechen. Ich nehme meinen ganzen Mut zusammen und versuche, etwas zu tun. Wir müssen einen Weg finden, um wenigstens für ein Lager Hilfe zu organisieren. Ohne den Lagerkommandanten ist das ein hoffnungsloses Unterfangen."

Bei einer Tasse dünnem Kaffeeersatz sagte Frau Schwarz im Flüsterton zu Bauingenieur Gross: „Sie hatten doch einmal eine Verbindung zum Internationalen Roten Kreuz in der Schweiz. Könnten Sie nicht einen Hilferuf absetzen, aber bitte erst, nachdem ich mit Ludwig geredet habe?"

Gross dachte lange nach, versprach sein Möglichstes zu tun, und sie vereinbarten, dass die Frau ihm ein Zeichen geben würde.

Es vergingen kaum zehn Tage und Frau Schwarz kam wieder zu Besuch zu ihrem Ehemann nach Kaufering. Auch dieses Mal brachte sie für Peter einige Leckerbissen und auch einen kleinen Korb voller Äpfel mit. Im Lager gab es niemals frisches Obst. Peter nahm stets die Hälfte von seinen Schätzen für seinen Freund Bernhardt mit. Aber Bernhardt wurde von Tag zu Tag immer dünner und schwächer, obwohl die Erwachsenen ihn beim Arbeitseinsatz, so gut es ging, von der schweren Arbeit verschonten. Er hatte vorwiegend für das Feuer im Trommelofen der Baubude zu sorgen.

Frau Schwarz sah ihren Mann lange an und sagte zu ihm: „Ludwig, was du jetzt hörst, wird Dich erschüttern."

„Was ist den los mit Dir, Liesl?" fragte der Offizier. „Komm setz Dich zu mir und erzähl."

Die Frau berichtete ihm, ohne Namen und Ort zu nennen, dass sie die Möglichkeit habe, Lebensmittelhilfe für die ausgehungerten Häftlinge aus dem Lager über das Internationale Rote Kreuz zu organisieren. Dies ließe sich allerdings nur bewerkstelligen, wenn er ihrem Plan seine Zustimmung gäbe und die eventuell eintreffenden Hilfssendungen zu empfangen bereit wäre.

Schwarz sah seine Frau völlig verstört an. Er war sprachlos. Er sprang auf, und im Flüsterton herrschte er sie an: „Sag mal, spinnst du? Wir riskieren damit unser Leben. Wie kommst Du auf einen solchen Gedanken? Wir sollen wir unkalkulierbare Risiken für diese Verbrecherbande von Häftlingen auf uns nehmen? Sage mir, warum organisierst Du keine Hilfe des Internationalen Roten

Kreuzes für die ausgebombten Deutschen aus Berlin, Dresden oder Hamburg? Wo bleibt Deine Hilfsbereitschaft für die Millionen Ostflüchtlinge, die die Bolschewisten vor sich her treiben? Bist Du vollständig von Sinnen? Weißt Du nicht, dass auf so etwas Sippenhaft steht? Du riskierst das Leben unserer Kinder! Du bist vollständig verrückt geworden!!!"

Dann schwieg er und setzte sich zu ihr zurück auf das Sofa.

Die Frau fasste die Hand ihres Mannes, schaute ihm in die Augen und sagte ganz leise: „Ludwig, ich will darüber jetzt nicht diskutieren. Es steht fest, dass die Häftlinge keine Verbrecher sind, wie Du mir immer erzählst, sondern unschuldige Menschen."

„Wie kommst Du auf so etwas?" fragte der Mann.

„Das spielt jetzt keine Rolle," antwortete sie und fuhr fort.

„Das hier ist zum Himmel schreiende Ungerechtigkeit, und wir versündigen uns gegenüber Gott. Wer weiß, wie einmal Du, aber auch unsere Kinder darunter zu leiden haben werden, was die Verbrecher da oben angerichtet haben. Es ist der reine Wahnsinn, nur weil sie Juden sind, sie mit dieser fürchterlichen Arbeit auszurotten. Sag mal, Ludwig, willst Du nicht endlich aufwachen? Glaubst Du, dass dieser Krieg noch gewonnen werden kann? Glaubst Du etwa an die Wunderwaffen? Denk daran, dass eines Tages noch auf dieser Welt Dein Verhalten beurteilt wird... Ich habe die Stimme Amerikas gehört. Ich weiß, was los ist."

„Um Gottes Willen, sei still!" ermahnte er sie.

Sie fuhr im Flüsterton fort: „Du sitzt hier mit Deinem dümmlichen Volksempfänger und hörst die Meldungen des OKW über den angeblich geordneten und flexiblen Rückzug. Weißt Du, dass der Dicke sich bereits in die Alpenfestung abgesetzt hat? Wach auf, Ludwig!" zischte sie ihren Mann im Flüsterton an.

In der Tat wusste der Obersturmbannführer nicht, dass Göring - der zweite Mann im Reich - sich nach Oberbayern abgesetzt und Hitler ihn von all seinen Ämtern befreit hatte.

Ludwig Schwarz war hin- und hergerissen. Ein ähnliches Gespräch hatte er in den letzten zwölf Jahren niemals mit seiner Frau, aber auch mit keinem anderen geführt. Er saß wortlos, starrte vor sich hin, auf seine von Peter blank geputzten Stiefel, dann richtete er den Blick zu seiner Frau und sprach ganz leise:

„Meinetwegen, aber merke Dir, auch unter Folter würde ich niemals zugeben, dass ich davon etwas weiß. Wir beide haben darüber niemals gesprochen."

Die Frau umarmte ihren Mann und sagte: „Ich wusste, dass Du vernünftig bist."

Es vergingen drei Wochen, es war bereits Anfang März, und Peter jätete das Unkraut im militärisch phantasielosen Vorgarten der Kommandantur, als er zwei, für ihn völlig ungewohnt aussehende, schwere Lastwagen in Richtung Lager einbiegen sah. Es waren große, weiße, dreiachsige, mit hellen Planen bedeckte Lastwagen. Die Wagen wirkten eckig und grob, mit Metallgittern vor den Kühlern und den Scheinwerfern. Die Bereifung mit groben Stollen waren auch für Peter unbekannt. An den Türen des Fahrerhauses prangte je ein großes unübersehbares rotes Kreuz auf dem weißen Lack. Die Wagen hielten vor der Kommandantur. Peter sah vorn auf dem Kühler, mit weiß überlackiert, die Buchstaben GMC. Darunter konnte er sich nichts vorstellen. Unter dem roten Kreuz stand auf Deutsch und Französisch „Internationales Rotes Kreuz Genf Schweiz".

Einige SS-Männer, die dienstfrei hatten, näherten sich und bestaunten die schweren fremden Lastkraftwagen. Peter lief in die Baracke und rief Lehmann. Dieser kam und fragte den Fahrer des ersten der zwei Lastkraftwagen: „Wer sind Sie und was wollen Sie hier?"

Der schmächtige Fahrer stieg aus dem Führerhaus. Er trug einen weißen einteiligen Arbeitsanzug mit einem großen roten Kreuz auf dem Rücken. In einer durchsichtigen Kartentasche hatte er Unterlagen bei sich. Mit einem ungewohnt wirkenden Akzent sagte er auf Schweizerdeutsch:

„Ischt wohl Herr Obersturmbannführer Ludwig Schwarz, Kommandant des Arbeitslagers III Kaufering, hier? Bin ich da richtig?" Und dann fügte er noch das

Wörtchen „he" hinzu. Peter, der das mit gehört hatte, konnte sein Schmunzeln nicht unterdrücken.

Lehmann antwortete militärisch kurz und präzise: „Hier sind Sie richtig. Folgen Sie mir in die Kommandantur."

Der Mann im weißen Arbeitsanzug folgte Lehmann. Peter schlich sich neugierig hinterher. Der Mann aus der Schweiz sagte, er habe eine Sendung des Roten Kreuzes für Herrn Schwarz, möchte diese übergeben und umgehend in die Schweiz zurück kehren, da sein Visum am nächsten Tag um acht Uhr abliefe.

Auf die Frage von Lehmann, was die Sendung beinhalte, legte ihm der Schweizer einen Frachtbrief in deutscher und französischer Sprache vor. Darauf stand schwarz auf weiß:

1 Tonne gezuckerte Kondensmilch in Dosen

2 Tonnen Thunfischkonserven in Dosen

3,5 Tonnen Leberpastete in Dosen

3 Tonnen mit Vitaminen angereichertes Trockenmilchpulver

1 Tonne Multivitamintabletten

2 Tonnen konzentrierter Glukosesirup in Dosen

mehrere Tonnen Fleischkonserven

1,5 Tonnen Toblerone-Schokolade vakuumverpackt.

Peter schaute Lehmann über die Schulter und las mit. Er dachte, der Weihnachtsmann persönlich sei erschienen. Lehmann wandte sich an den Schweizer:

„Herr Obersturmbannführer Schwarz ist dienstabwesend. Ich übernehme die Ladung." Danach unterschrieb er auf mehreren Exemplaren, um den Empfang der Fracht zu bestätigen.

Es wurden mehrere Häftlinge herbeibeordert. Die Lastkraftwagen wurden entladen. Die ganze Fracht kam gut verstaut in das Vorratslager der SS-Küche. Lehmann bot den Schweizern Kaffee an, den diese höflich ablehnten. Die schweren Fahrzeuge wendeten und fuhren davon. Nur der Staubwirbel hinter ihnen hing längere Zeit in der Luft. Das ganze kam allen, auch den nunmehr in ihre Baracken zurückkehrenden SS-Männern, irreal wie eine Fata Morgana vor. Peter konnte nicht wissen, dass er Zeuge der von Frau Schwarz und Bauingenieur Gross organisierten Hilfeleistung wurde.

Nach Rückkehr des Kommandanten aus Landsberg besichtigte er den Transport und entschied, dass die Hälfte für die hundertvierzigköpfige SS-Wachmannschaft war und die andere Hälfte unter den dreitausend Lagerinsassen verteilt würde.

Jeder erhielt eine glänzende Dose Kondensmilch und zwei Konservendosen mit fettem Thunfisch. Der Rest der Sendung wurde zur Aufbesserung der wässrigen Häftlingsnahrung verwandt, wobei ein Teil davon vom Küchenpersonal gestohlen wurde.

Es begann nun im Lager ein reger Tauschhandel, und es gab Leichtsinnige, die die lebensrettenden Milchkonserven gegen Zigaretten eintauschten. Auch Peter tauschte Zigaretten, die er von Lehmann bekam, gegen einige Dosen Kondensmilch, die er Bernhardt gab. Die tschechischen Ärzte warnten davor, zuviel auf einmal von dem süßen hoch konzentrierten Milchextrakt zu sich zu nehmen. Der ausgemergelte und unterernährte Körper könnte mit Durchfall reagieren, und dann wäre alles vorbei. Nach Ödemen in den Beinen war Durchfall der zweite Vorbote des Todes. Der Flüssigkeitsverlust und die damit verbundene Schwäche rafften die Menschen in ein paar Tagen dahin. Wie alle anderen, machte auch Bernhardt zwei kleine Löcher in den Rand der Oberseite der glänzenden Metalldose und trank vorsichtig jeden Tag etwas Kondensmilch. Es wirkte wie ein Wunder. Der Junge bekam wieder Kraft und war nicht mehr apathisch.

Vor dem Einschlafen auf ihren Pritschen fingen Peter und Bernhardt wieder an, gemeinsam zu „kochen". Sie erzählten sich Kochrezepte von Zuhause. Die ganze

Mannschaft in der Baracke hörte beinahe andachtsvoll zu. Peter konnte das Backen des Apfelstrudels seiner Großmutter so bildhaft und farbig erzählen, dass allen das Wasser im Mund zusammen lief. Als sie ihre abendliche Portion aus den Nestlé-Milchkonserven saugten, stellten sie sich vor, dass sie den Apfelstrudel der Frau Doktor Heimann aus Neumarkt kosteten.

Obwohl es nicht messbar war, hatte die Hilfesendung des Roten Kreuzes sicherlich vielen das Leben gerettet. In jedem Fall war es eine moralische Hilfe. Die Menschen hatten gespürt, dass sie von der restlichen Welt nicht vollständig vergessen worden waren. Peter schlief ein und war fest überzeugt, dass seine Mutter sein Flehen erhört und dieses „Wunder von Kaufering" irgendwie bewirkt hatte. Es könnte sogar sein, dass er sich nicht geirrt hatte und dass Agi aus der anderen Welt, wohin sie unwiderruflich entrückt war, dies bewirkt hatte. Wer kann das wissen?

Rety Gyurka

Die bei den Selektionen ausgewählten Todeskandidaten wurden in die Krankenbaracke befohlen. Das war das Vorzimmer des sicheren Todes. Auf Holzpritschen lagen die ausgemergelten Gestalten. Manche hatten Arbeitsunfälle, Typhus, Durchfall, offene infizierte Ödeme oder andere schwere Krankheiten. Dass einer im gebesserten Zustand das Krankenrevier wieder verlassen konnte, war die Ausnahme. Täglich starben Menschen in der grausam stinkenden Baracke. Es roch nach Desinfektionsmitteln, Urin, Exkrementen und eiternden Wunden. Wie das sogenannte Pflegepersonal es dort aushielt und seine zum Teil sinnlose Arbeit verrichtete, grenzte an Wunder.

Kaufering III lag in einer leichten Kurve der Eisenbahnlinie Landsberg - Augsburg südlich der Gleisanlagen. Die Bahn fuhr im Außenbereich des Lagers unmittelbar an den SS-Baracken und der Kommandantur vorbei. Da der Bahnhof nicht weit entfernt war, eignete sich die Lage sehr gut für die Sammlung verschiedener Häftlingstransporte. So kamen die Ausselektierten aus den benachbarten Lagern, die in die Todeslager abtransportiert werden sollten. Auch an diesem Märztag kauerten um die hundert Häftlinge, die aus dem Lager 10 aus Buchloe kamen, auf dem Rasen unterhalb der Gleise. Sie saßen da völlig apathisch, bis auf die Knochen abgemagert, sie waren Schatten ihrer selbst. Sie schauten mit völlig leerem Blick in die Gegend, manche dösten, andere waren gar nicht mehr voll präsent und saßen aufrecht, nur weil ihre Nebenmänner sie stützten. Peter musste mit einer Schubkarre an diesen sogenannten Muselmännern vorbeigehen, um Erde für den Vorgarten der Kommandantur – das Lieblingsprojekt von Lehmann - zu holen. Unendliches Mitleid bohrte sich in Peters Herz. Er wusste ganz genau, wohin die versammelten menschlichen Wracks abtransportiert werden sollten. Die Waggons waren noch nicht angekommen. An die Sammelstelle sollten auch noch die anderen Lager ihre Todeskandidaten überstellen. Die Wachen saßen unweit der Häftlinge, zigarettenrauchend, mit umgehängten Maschinenpistolen. Peter dachte im Vorbeigehen: Diese Menschen brauchen keine Wachen. Auch wenn sie wollten, könnte keiner aus eigener Kraft fliehen. Dann überlegte er sich noch, während er seine Karre schob, wie die völlig entkräfteten Gestalten überhaupt in die Güterwagen steigen sollten. Als er auf dem Rückweg mit seiner beladenen Schubkarre noch einmal an der Gruppe vorbeiging, hörte er, dass jemand ganz leise mit einer schwachen Stimme seinen Namen rief. Zuerst wollte er nicht glauben, dass jemand überhaupt seinen Namen kannte. Dann hörte er es noch einmal: „Peter Gardosch, Peterchen!"

Er blieb stehen, setzte seine Schubkarre ab und schaute in die Richtung, woher der Ruf kam. In der hinteren Reihe hob einer der Todeskandidaten seine bis auf die Knochen abgemagerte Hand. Es war, als ob ihm ein Skelett zuwinken würde. Peter schaute wortlos den Mann an. Dieser fragte: „Peter, kennst Du mich nicht mehr?"

Der Junge wollte weder sich noch dem Mann gestehen, dass er ihm gänzlich unbekannt war.

„Ich bin doch Gyurka. Kennst Du mich nicht mehr?"

In diesem Augenblick kreuzten sich ihre Blicke, und Peter sah die tiefbraunen, noch leuchtenden Augen mit den dichten schwarzen Wimpern. In diesem Moment wusste er, dass es Gyurka Rety war, der sportliche Freund aus der Ziegelei, der Möbelfabrikant und Einschnelllaufmeister von Siebenbürgen. Und nun saß er unter den Todeskandidaten. Peter näherte sich ihm, aber die SS-Wachen verscheuchten ihn mit einem brutalen „Hau ab, hier hast Du nichts verloren. Du bist wohl was Besseres, was?"

Peter beugte sich zu Gyurka und sagte leise: „Halte durch, ich tue alles, um Dich hier herauszuholen."

Gyurkas Augen füllten sich Tränen. Peter nahm seine Schubkarre und lief im Laufschritt zurück zur Kommandanturbaracke, wo Lehmann mit dem Garten beschäftigt war. Er merkte sofort die Aufregung des Jungen.

„Was ist mit dir los?" fragte Lehmann.

„Herr Oberscharführer, um Gottes Willen, ich bitte Sie, helfen Sie mir!" flehte der Junge seinen Vorgesetzten an.

„Was ist denn?" fragte dieser.

„Ein sehr naher Freund sitzt in der Böschung bei dem Todestransport. Ich muss ihn da heraus holen."

Nach langem Nachdenken sagte Lehmann: „Du weißt, im KZ zählt die Kopfzahl der Häftlinge. Ob lebendig oder tot, wird wohl beim Transport keine Rolle spielen."

Peter verstand nicht, was der SS-Mann meinte und fragte immer wieder: „Was sollen wir tun? Der Zug kann jede Minute eintreffen, dann werden sie verladen und ..."

Lehmann sagte, er werde mit der Wachmannschaft des Transportes sprechen. Das tat er anschließend auch und fragte seine SS-Kameraden, ob daran gedacht sei, die bereits Toten unter den Häftlingen dazulassen und nicht nochmals auf- und abzuladen. Peter, der hinter Lehmann her ging und Gyurka einen Aluminiumnapf mit Wasser gab, flüsterte ihm auf Ungarisch zu: „Stell Dich tot."

Dies fiel dem völlig unterernährten Häftling nicht schwer. Er schloss die Augen, lehnte sich an seinen Nebenmann und sah wie eine Leiche aus. Er bot dasselbe Bild wie einige, die bereits im Sitzen gestorben waren. Lehmann befahl einigen Häftlingen aus dem Lager, sie sollten mit der Leichenkarre die bereits Gestorbenen aus dem Transport abholen und ins Lager in die Leichenbaracke bringen. Es waren elf Tote. Peter fasste mit an. Die Toten wogen beinahe nichts. Erwachsene Männer waren um die vierzig Kilogramm schwer. Auch Gyurka wurde von Peter auf die Karre mit den Leichen geladen. Dann ging es in das Lager zur Leichenkammer. Dieses war eine aus Pressspanwänden gebaute runde graue Baracke abseits vom Appellplatz hinter der großen Latrine am Rande des Lagers. Von hier wurden alle paar Tage die Toten in Massengräbern verscharrt. Zuvor brach man ihnen die Goldzähne heraus. Im Lager musste die Kopfzahl stimmen. Das heißt: Anwesenheit auf dem Appellplatz, Kopfzahl in der Krankenbaracke und Anzahl der Leichen in der Leichenkammer musste die Anzahl vom Vortag ergeben. Da Peter Gyurka sofort in das Krankenrevier brachte, war er überzählig. Das Schicksal wollte es, dass ein paar Stunden vorher ein Häftling im Krankenrevier gestorben war, so dass dann die makabre Addition Lebendige plus Kranke plus Leichen plus zwölf Tote aus dem Transport wieder stimmig war. Peter brachte Gyurka Tee, Würfelzucker, Kommissbrot, Pellkartoffeln und eine Dose Nestlé-Kondensmilch. In den nächsten Tagen besorgte er ihm gekochten Reis, Gemüse und aus Soja hergestellten Leberkäse. Er gab ihm auch Vitaminbonbons. Doktor Neuwirth und Doktor Jonap, die tschechischen Freunde von Peter, untersuchten Gyurka abends und berichteten freudig, er habe keine Ödeme und mit etwas Glück würde er in zwei, drei Wochen zu Kräften kommen. Es war nunmehr die Aufgabe von Peter, ihn mit seinen Mitbringseln aus der SS-Küche langsam aufzupäppeln.

Gyurka musste so schnell wie möglich das Krankenrevier verlassen, weil die Insassen dieser Baracke manchmal völlig unerwartet vom SS-Arzt zur Selektion zugeteilt worden. Dies bedeutete, dass alle Kranke, ohne Ausnahme, in ein Vernichtungslager abtransportiert wurden.

Gyurkas Genesung

Das harte sportliche Training und seine Eigenschaft, immer siegen zu wollen, die ihn zur Landesmeisterschaft im Eisschnelllaufen befähigt hatten, hatten seine seelische Kraft und seine körperliche Regenerationsfähigkeit geprägt. Gyurka erholte sich daher aus seinem „Muselmann"-Zustand erstaunlich schnell. Die bedrückende Atmosphäre und der Gestank in der Krankenbaracke ekelten ihn an. Umso mehr hielt er sich eisern an seinen Vorsatz, sobald wie möglich seine Kräfte wieder zu erlangen und das Krankenrevier zu verlassen. Er aß alles auf, was ihm Peter täglich mitbrachte. Die Nestlé-Milchkonserven mit der wundersamen Kraft aus der Schweiz teilte er sich mit Bedacht ein. Die noch nicht verbrauchten Dosen versteckte er unter seiner zusammengefalteten Häftlingskleidung, die ihm als Kopfkissen diente. Der Diebstahl von Lebensmitteln war an der Tagesordnung. Gyurka wusste, dass die Nährkraft der Schweizer Kondensmilch sein Leben bedeutete. Er machte gymnastische Übungen, sobald er sich besser bewegen konnte. Dabei spannte er seine Oberschenkel an und bewegte seine abgemagerten Arme. Es ging ihm jeden Tag etwas besser. Die anderen, die sich kaum bewegen konnten, wegen ihrer Schwäche oder ihren offenen eitrigen Geschwüren an den Beinen, spotteten: „Du übst wohl, um die Krematoriumstür schneller aufzubekommen."

Ein makabres Gelächter breitete sich daraufhin in der Krankenbaracke aus.

Die Verpflegung der SS-Mannschaft war kriegsbedingt auch sparsam. Dennoch lagen zwischen der Verpflegung der Wache und der Häftlinge Lichtjahre. Peter erhielt durch das Wohlwollen von Lehmann und seinem Landsmann Schmidt, der zweiter Koch war, ganze Portionen an SS-Mahlzeiten und manchmal noch mehr. Auch die Reste, die der Kommandant und Lehmann nicht aßen, sammelte Peter in seinem Aluminiumgefäß und gab davon jeweils die Hälfte Gyurka und dem kleinen Bernhardt.

Gyurka, der aus dem Todestransport kam, besaß keinen Löffel und das erwies sich als ein sehr ernstes Problem. Der Verlust des Löffels konnte für einen Häftling den Eintritt des Hungertodes beschleunigen. Wer auf einen geliehenen Löffel eines

Kameraden angewiesen war und abwarten musste, bis der Löffelbesitzer mit seiner Mahlzeit fertig war, verlor die Möglichkeit, Nachschlag zu bekommen oder wie im Falle von Gyurka die von Peter mitgebrachte Portion aus der SS-Küche alleine zu essen.

Peter wandte sich erneut an Lehmann. „Herr Oberscharführer, darf ich Sie um etwas bitten?" fragte er den SS-Mann.

„Wenn Du schon anfängst, muss es etwas wichtiges sein."

„Ja," antwortete der Junge. „Es ist sehr wichtig."

„Sprich," forderte ihn Lehmann auf.

„Stellen Sie sich bitte vor, mein Freund, den wir gemeinsam von dem Transport gerettet haben, hat keinen eigenen Löffel."

Der SS-Mann musste schmunzeln, zog die Augenbrauen hoch und sagte: „Na und?"

Peter antwortete: „Das ist sehr wichtig für ihn. In der Krankenbaracke hat ja jeder seinen Löffel, und wenn er einen geliehen bekäme, könnte er nicht schnell genug die Sachen aufessen, die ich ihm mitbringe."

Lehmann antwortete ihm mit einem verschmitzten Lächeln: „Das soll nicht Deine Sorge sein, Bub. Ich gebe Dir einen Löffel, aber lass Dich damit nicht erwischen."

Peter bedankte sich aus vollem Herzen. Er spürte eine Art warmes Gefühl gegenüber Lehmann. Irgendwo in seinem Unterbewusstsein spürte er, dass auch der SS-Mann Lehmann menschliche Regungen zeigte. Für dieses Gefühl, das er viel später aussprach, sollte er noch bittere Vorwürfe ernten. Hier und jetzt dankte er Lehmann, nahm den Löffel mit der SS-Prägung, steckte ihn ein und beschloss, seinen eigenen Löffel Gyurka überlassen. Seitdem trug Peter den Löffel aus der SS-Küche bei sich und bewahrte ihn über Jahrzehnte auf.

Gyurka konnte bereits Anfang April von seiner Krankenpritsche aufstehen und täglich Kniebeugen machen. Er konnte sogar anderen helfen und die schwachen Kranken beim Gang zur Latrine unterstützen. Dies tat er nicht nur aus purer

Nächstenliebe, sondern aus wohlverstandenem eigenen Interesse. Jeder, dem er auf die Latrine half, verrichtete seine Notdurft nicht mehr unter sich auf seinem Lager, und der grauenhafte Gestank steigerte sich nicht weiter im Krankenrevier.

Doktor Jonap, einer der tschechischen Kameraden von Peter, besuchte Gyurka und untersuchte ihn. Genau wie die Häftlingsärzte aus dem Krankenrevier, war er der Meinung, dass man Gyurka wieder arbeitstauglich schreiben könne. Gyurka wurde nach ein paar Tagen in derselben Erdbaracke untergebracht, wo auch Peter seine Unterkunft hatte.

Dies war innerhalb von einem Monat die zweite Lebensrettung von Gyurka. Genau eine Woche nach seiner Entlassung aus dem Krankenrevier wurden alle Insassen der Krankenbaracke in ein Vernichtungslager abtransportiert und ermordet. Die Baracke wurde desinfiziert und füllte sich allmählich mit neuen Kranken und Verletzten. Peter konnte den Sinn des Krankenreviers nicht verstehen. Wenn die Insassen der Krankenbaracke von vorn herein zum Tode verurteilt waren, wozu diente dann das Krankenrevier? Das war übrigens nicht die einzige Handlung der SS, die jeder Logik entbehrte.

Gyurka wurde auf „Kommando“, wie der Arbeitseinsatz hieß, eingeteilt. Seine Kameraden versuchten, ihn so gut es ging zu schonen. Er arbeitete aber nicht schnell genug mit der Schaufel beim Verteilen des Betons, der aus den Kübeln in die armierte Schalung floss. Daraufhin bekam er einen Hieb mit einem Kabelstück von dem Bauleiter der Firma Moll. Gyurka fiel um, und es wäre beinahe um ihn geschehen gewesen, wäre er zwischen die kräftigen Bewährungsstäbe gefallen. Das Betonieren wäre seinetwegen nicht angehalten worden und er wäre für immer lebendig unter dem Beton begraben worden, wie es einigen Unglücklichen vor ihm bereits geschehen war. Zwei Kameraden hoben ihn hoch, und er machte seine Arbeit weiter.

Gyurka erinnerte sich an die Folter durch die ungarischen Polizisten in der Ziegelei in Neumarkt, an sein Schicksal im Lager IV Kaufering, an seine fast wundersame Rettung durch Peter vom Todestransport, an sein knappes Entkommen vom sicheren Tod aus der Krankenbaracke, an seine Frau und an seine zwei kleinen Töchter, von denen er erahnte, dass sie ermordet worden waren, und er schwor sich, falls er überhaupt lebendig aus dem Lager heraus käme, sein Leben der Rache zu widmen. Dieser ungestillte Durst nach erbarmungsloser Rache hielt ihn wie eine innere Flamme am Leben. Er dachte, „Auge um Auge, Zahn um Zahn" reichen nicht. Dieser biblische Satz erschien ihm viel zu milde.

Abends in der Baracke vor dem Einschlafen unterhielten sich Peter und Gyurka ganz leise. Gyurka erinnerte Peter daran, wie er ihn zusammen mit Vera getroffen hatte, als er damals aus der Prügelstube der ungarischen Polizei heraus getaumelt war.

„Kannst Du Dich erinnern, damals habe ich Euch gesagt, ich werde diese Verbrecher bis zu meinem Lebensende verfolgen und fürchterliche Rache nehmen, auch an ihren Familien?"

Peter antwortete: „Ja, ich kann mich gut erinnern, als sie Dich so furchtbar zusammen geschlagen haben."

Gyurka erwiderte: „Du musst wissen, dass ich damals nicht ahnte, dass dieser Abschaum uns an die SS-Henker ausliefern würde. Ich sage Dir, mein Junge, ich lebe nur, um hier herauszukommen und so viele wie möglich von denen umzubringen!"

Peter war etwas entsetzt und erwiderte: „Gyurka, wie kannst Du so denken? So viel Hass vergiftet die Seele."

Daraufhin antworte Gyurka: „Mein Peterlein, Du bist noch ein sehr junger Mensch. Höre auf mich. Diese Mörder gehören ausgerottet mit all ihren Familien."

Peter unterbrach ihn: „Du kannst sie nicht alle über einen Kamm scheren. An Deiner Lebensrettung waren mindestens zwei SS-Männer beteiligt, Lehmann und der andere, der euch bewacht hat."

Beinahe laut unterbrach ihn Gyurka: „Das spielt keine Rolle, auch die gehören umgelegt."

Peter hatte für Gyurkas Einstellung kein Verständnis. Dieser flüsterte ganz leise in Peters Ohr: „Sag mal, Junge, kannst Du nicht bei Deinem Dienst eine Waffe mopsen?"

Peter erschrak und erwiderte genauso leise: „Gyurka, ich glaube, Du bist verrückt geworden. Erstens merken sie das sofort und zweitens erschießt mich der Kommandant an Ort und Stelle. Der wollte mich schon umlegen, nur weil die Tür von seinem Zimmer geklappert hat."

Danach schlief Gyurka ein, und in der Baracke wurde es ganz still. Hörbar war nur das tiefe Atmen der erschöpften vierzig Männer. Peter blieb lange wach und wurde sehr nachdenklich. Wie passte das alles zusammen? Bach, Beethoven, Thomas Mann, die SS, Hitler, der Krieg, die Frau des Kommandanten, die Märklin-Eisenbahn, dieser unverständliche wilde Hass auf die Juden. Wie konnte das alles nebeneinander existieren? Die Gedanken kreisten in seinem Kopf, dann erschien ihm seine Mutter, er hörte Großvaters ruhige tiefe Stimme und war überzeugt, dass Großvater sicherlich eine Antwort auf all seine Fragen gewusst hätte. Dass aber Gyurka auch Lehmann, dem er seine Rettung zu verdanken hatte, einfach umbringen wollte, war für ihn unbegreiflich. Und dann diese absurde Idee mit dem Waffenklau. Peter verstand nichts mehr und schlief ein. Er schlief so tief, dass er das Gefühl hatte, er habe kaum die Augen geschlossen, als am nächsten Morgen der schrille Pfeifton des Rapportführers ihn weckte: „Antreten zum Appell".

Beim Kaffee, der eigentlich eine durchsichtige braune Brühe war, wandte sich Peter an Gyurka: „Wir sollten das Gespräch von gestern Abend fortführen."

„Gerne, das sollten wir, und vergiss nicht, was ich Dir gesagt habe," antwortete Gyurka. Dann machte er eine Bewegung mit dem Zeigefinger, um eine Pistole anzudeuten und sagte: "Peng, Peng"

Die Arbeitskommandos rückten nach dem Appell aus und Peter ging zu seiner Arbeitstelle. Dort stand ihm eine Art Brause zur Verfügung und er zog seine Diensthäftlingsbekleidung an. In der durchgeschwitzten Häftlingskluft, die er seit der Ankunft in Auschwitz ständig trug und die nie gewaschen wurde und die auch bei Kälte als Schlafanzug diente, konnte er seinen Dienst bei der Kommandantur nicht verrichten. Er war zwar kein Funktionshäftling wie die Kapos und die Blockältesten, hatte aber von Lehmann immer eine saubere, gewaschene Häftlingsuniform erhalten. Als sich Peter umzog, dachte er wieder einmal über seine Situation nach. Letztendlich kam er sich wie ein Diener von Mördern vor. Er stellte sich vor, wie Gyurka darüber denken mochte, dass er dem SS-Lagerkommandanten die Stiefel putzte, die Baracke der Kommandantur sauber hielt, alle Hausarbeiten verrichtete und letztendlich der Laufbursche der SS-Ordonanz war. Anderseits hätte er ohne diese Funktion weder Gyurka aus dem Todestransport retten noch dem kleinen Bernhardt helfen können. An das Treffen mit der Frau des Kommandanten und die daraus entstandene wundersame Hilfesendung des Schweizer Roten Kreuzes verschwendete er in diesem Augenblick keinen Gedanken.

Als Peter die Stiefel des Obersturmbannführers Schwarz mit zwei Bürsten wienerte und die Schäfte bereits spiegelblank waren, trat Lehmann zu ihm und schaute ihn mit bitterernster Miene an. Lehmann sprach ganz leise zu ihm:

„Hör zu, Junge, ich sage Dir jetzt etwas, was Du nicht verraten darfst."

Peter stellte die Stiefel auf den Boden, legte die Bürsten daneben und stand von seinem Schemel auf. Lehmann stand ganz nah bei ihm und Peter wandte sich an den SS-Mann: **„Herr Lehmann, Sie wissen, dass ich keine Plaudertasche bin."**

Der Soldat legte seine Hand auf Peters Schulter und sprach sehr bedeutungsvoll:

„Der Krieg ist bald zu Ende. Die Amerikaner sind bereits in Augsburg."

„Das weiß ich," sagte Peter. **„Den Kanonendonner hören wir jede Nacht."**

„Was jetzt kommt, weißt Du aber nicht," erwiderte Lehmann und fuhr fort.

„Der Reichsführer SS hat einen streng geheimen Befehl erteilt, der da lautet: Kein KZ-Häftling darf lebendig in die Hände der Amerikaner fallen. Die Lager werden evakuiert und die ganze Truppe kommt nach Allach bei Dachau. Du weißt, was **dort ist!"**

Peter zuckte zusammen und hatte das Gefühl, dass der Boden unter seinen Füßen nachgab. Er war sprachlos, fühlte sich wie gelähmt und hatte wieder seine „Selektionspanik". Er fragte Lehmann: „Was sollen wir tun?"

Die Antwort von Lehmann war: „Du gehst heute Abend wie immer zurück in Deine Unterkunft, als ob nichts wäre. Sprich mit zwei oder drei Dir nahestehenden Kameraden und sage ihnen, wir sollten - er wurde noch leiser - einen Ausbruchversuch wagen. Wie, weiß ich noch nicht, aber ich und ein Kamerad von mir werden mitmachen."

Das war für Peter eine Wendung, mit der er nicht mal im Traum gerechnet hatte. Er dachte sofort daran, Doktor Jonap, Doktor Neuwirth, Doktor Winkler, der kleine Bernhardt und selbstverständlich Gyurka sollten in den Plan eingeweiht werden. Spät abends in der Baracke, nachdem das gelbliche Licht um neun Uhr ausging, trafen sich die sechs Häftlinge. Aufgeregt und stockend, beinahe lautlos, erzählte Peter von Lehmanns Plan. Alle waren sofort einverstanden, nur Bernhardt fing an zu weinen. Für Peter nicht überraschend, sagte Gyurka: „Die beiden SS-Banditen müssen auch uns bewaffnen. Nur so können sie beweisen, dass ihr Plan keine Finte ist, damit sie uns unter einem Vorwand alle abknallen. Ich traue denen nicht über den Weg. Wenn sie uns keine Waffen geben, mache ich nicht mit."

Doktor Jonap erwiderte aufgeregt: „Sag mal, bist Du verrückt geworden. Das ist doch unsere einzige Chance, ich halte den Himmler-Befehl für plausibel. Diese Banditen wissen ganz genau, was sie angerichtet haben, und für ihre Verbrechen brauchen sie keine Zeugen. Das ist wohl absolut klar."

Sie diskutierten noch lange in die Nacht hinein. Peter weigerte sich, Lehmann die Vorbedingung von Gyurka zu übermitteln. Die anderen vier bestärkten ihn in seiner Haltung. Gyurka sagte schlussendlich klipp und klar, er mache nicht mit und wünsche dem seiner Meinung nach aussichtslosen Plan viel Erfolg. Er drehte sich um und schlief auf der Stelle ein. In der Baracke war danach lediglich das tiefe Atmen und gelegentliches Schnarchen der übermüdeten Männer hörbar.

Der Todesmarsch

Peter sprach am nächsten Tag mit Lehmann. Es war ein kühler ungewöhnlich windiger Apriltag. Die amerikanischen Tiefflieger griffen jede Bewegung, jedes Auto, jeden Radfahrer aus geringer Tiefe an. Die Maschinen vom Typ Mustang sausten im Tiefflug über das Lager und schossen aus allen Rohren ihrer Bordkanonen auf alles, was sich am benachbarten Bahnhof von Kaufering bewegte. Seit langem gab es keine deutsche Luftabwehr mehr, weder vom Boden noch aus der Luft.

Einige SS-Leute gingen einfach weg. Vorher hatten sie die SS-Rangabzeichen von ihren Kragen und Mützen abgetrennt, in der naiven Annahme, dass die Spuren der Totenköpfe und SS-Runen nicht mehr sichtbar waren. Wer von ihnen wohlbehalten in der Heimat ankam, weiß nur der liebe Gott. Die SS- und die Feldgendarmerie erschossen jeden deutschen Soldaten wegen „Fahnenflucht", den sie fern von seiner Einheit erwischten, obwohl der Krieg entgültig verloren war.

Lehmann packte die Sachen des Lagerkommandanten sorgfältig in die Reisekiste. Bereits vor einigen Tagen hatte seine Frau ihm Zivilkleidung, einen grauen Anzug, Mantel, Hemd und Krawatte mitgebracht. Es herrschte eine merkwürdige Stimmung, die auch Peter erfasst hatte. Man wusste nicht genau, was geschehen würde, aber es lag etwas Beunruhigendes in der Luft. Die Häftlinge bekamen je ein halbes grün verschimmeltes Kommissbrot und eine Büchse Fleischkonserven. Es folgte ein abendlicher Appell, und in Fünferreihen setzte sich die Kolonne in Bewegung. Vom Rapportführer wurde den Leuten gesagt, sie würden an einen zentralen Sammelpunkt geführt, damit sie den amerikanischen Streitkräften übergeben würden. Einige zurückgebliebene SS-Leute zündeten die Baracken an. Schwarzer Rauch umhüllte das verlassene Lager. Aus der Krankenbaracke drangen entsetzliche Schreie und Hilferufe. Das Krankenrevier wurde mitsamt seinen Insassen angezündet. Die darin liegenden hilflosen Kranken und Verletzten verbrannten bei lebendigem Leibe. Wegen dieses sinnlosen Verbrechens in den letzten Stunden, bevor die siebte amerikanische Armee des Generals Patton die

Gegend von Landsberg am Lech eroberte, wurden die Urheber und die Ausführer dieses Verbrechens durch den Strang hingerichtet. Die meisten SS-Leute, die das Militärgericht schuldig sprach, wurden in derselben Landsberger Festung hingerichtet, wo Adolf Hitler einst Rudolf Hess „Mein Kampf" diktiert hatte.

Der Weg der unendlich scheinenden Häftlingskolonne führte von Kaufering nach Landsberg am Lech, an Lechwiesen vorbei. Der Himmel war bedeckt und die Aprilnacht war kühler als sonst. Wegen der ständigen Tieffliegerangriffe war absolute Verdunkelung angeordnet. Die Kolonne der Häftlinge wälzte sich im Stockdunkeln entlang der Straße in Richtung Autobahn.

Peter marschierte neben Bernhardt und den drei tschechischen Ärzten. Gyurka Rety ging in einer Reihe vor ihnen. Die SS-Wachen rechts und links neben der Kolonne trotteten ebenso wie die Häftlinge deprimiert und müde voran. Die Marschkolonne der Häftlinge bewegte sich langsam. Sie legten keine drei Kilometer in der Stunde zurück, weil die schwachen und abgemagerten Menschen kaum gehen konnten. Ganz hinten, am Ende der Marschkolonne, zogen einige Häftlinge die zwei großen Karren, auf denen die Tornister der SS-Männer aufgeladen waren.

Peter unterhielt sich leise mit seinen Mithäftlingen.

„Was glaubt Ihr, wohin sie uns bringen?" fragte Bernhardt.

„Nach Dachau," antwortete Peter.

„Woher weißt Du das?" erwiderte Bernhardt.

„Das weiß er," schaltete sich Doktor Neuwirth ein. „Er ist doch an der Quelle."

„Und wie weit kann das sein?" fragte Bernhardt weiter.

Auf dem nicht beleuchteten blauen Autobahnschild stand mit weißen Buchstaben geschrieben „München 40 km".

Peter dachte, dass sie bei der Marschgeschwindigkeit, die sie zurücklegten, mindestens zwölf Stunden benötigen würden, ohne Halt und ohne Pause, um dort anzukommen. Ohne ein Wort miteinander zu wechseln, dachten die anderen dasselbe. In diesem Augenblick wurde ein starkes Bremsgeräusch, Reifenquietschen und ein lauter Krach hörbar. Menschen riefen um Hilfe, ihre verzweifelten Stimmen zerriss die Ruhe der Nacht. Die SS-Wachen brüllten: „Alles runter von der Autobahn. Marsch, marsch!"

Sie verließen die befestigte Autobahn und bewegten sich im Stockdunkeln über den Seitenstreifen in die Richtung des angrenzenden Feldes. Die Disziplin ging verloren, die Kolonne löste sich auf, und mehrere Häftlinge rannten in Panik, von SS-Männern verfolgt, zu der Unglücksstelle. Die entsetzlichen Hilfeschreie hörten nicht auf. Ein völlig verdunkelter Wehrmachtkübelwagen hatte einen von Häftlingen gezogenen Karren gestreift. Der Karren war nach links umgekippt. Ein Rad drehte sich noch in der Luft. Der schwere Karren, der an einer hierfür gebauten Deichsel von acht Häftlingen gezogen wurde, begrub drei von ihnen unter sich. Die Verletzten gaben markerschütternde Schreie von sich. Auch unter den SS-Wachen entstand Panik. Niemand tat das Richtige. Die Soldaten aus dem Kübelwagen versuchten mit den Häftlingen, im Lichtkegel von Taschenlampen den Karren, dessen Ladung zum Teil herausgefallen war, wieder auf die Räder zu stellen und somit die Eingeklemmten, die jetzt nur noch wimmerten, zu befreien. Ausgerechnet in diesem Augenblick des völligen Durcheinanders erschien, wie aus dem Nichts, Lehmann mit dem geschulterten Gewehr und flüsterte Peter zu: „Auf geht's, nichts wie weg und kein Wort. Folgt mir!"

Peter fasste die anderen an. Sie bildeten eine kleine Kolonne, Peter, Bernhardt und die drei Ärzte. Lehmann folgte, als ob er sie bewachen würde. Plötzlich gesellte sich zu ihrer kleinen Gruppe noch ein SS-Mann, auch mit geschultertem Gewehr. Peter erkannte, dass es der zweite SS-Koch war. Der schrie sie laut an:

„Auf geht's Leute, Tempo. Wir müssen Hilfe holen."

Sie marschierten in Richtung des Unfallorts. Sie machten den Eindruck, dass eine kleine entschlossene Truppe in Anmarsch sei, die helfen wolle. Aber sie entfernten sich im raschen Marschtempo. Sie gingen in die entgegengesetzte Richtung und ließen die ganze Häftlingskolonne hinter sich.

Peter machte sich Vorwürfe, die Verunglückten ohne Hilfe gelassen zu haben. Als ob Lehmann seine Gedanken erraten hätte, sagte dieser: „Mach dir keine Gedanken. Es sind dreitausendeinhundert Mann. Schau, dass wir vorwärts kommen."

Nach ungefähr einem Kilometer kehrten sie zurück auf die rechte Fahrbahn der Autobahn und marschierten in ihrer kleinen Formation, ein SS-Mann vorn, dann die Häftlinge und der zweite SS-Mann hinten, schnellen Schrittes Richtung Autobahnabfahrt Fürstenfeldbruck.

Die kühle bewölkte Aprilnacht war stockdunkel. Sie hörten nur die abgedunkelten Fahrzeuge vorbei huschen. Plötzlich bremste ein Wagen neben ihrer kleinen Kolonne. Der grüne Lichtkegel einer Taschenlampe tastete sie ab und blieb auf Oberscharführer Lehmann stehen. Peter erschrak fürchterlich. Die anderen nicht minder. Er hatte so viel grausames über das Wüten der Feldgendarmerie gehört.

„Wer sind Sie? Meldung!" knarrte eine sonore Stimme aus dem offenen Horch-Truppentransporter. Dem Tonfall konnte man anhören, dass der Fragende ein „höheres Tier" war, wie es damals so hieß.

„Melde, bin SS-Oberscharführer Lehmann mit fünf KZ-Häftlingen. Soeben ist auf der Autobahn ein Unfall geschehen. Wir sind unterwegs, um Hilfe und Wasser heranzu- schaffen," beendete Lehmann zackig seine Meldung.

Aus dem Wagen schnarrte es ihm entgegen: „Losung?"

Jetzt dachte Peter, dass der Plan entgültig gescheitert sei, Lehmann keine Losung kennen und sie in ein paar Minuten alle erschossen sein würden. Scheinbar hatte Gyurka doch recht, der Plan war aussichtslos. In diesem Augenblick hörte er Lehmanns ruhige bestimmte Stimme: „Die Losung ist: Wolke A 1."

Im schwachen Lichtkegel der Taschenlampe war kurz sichtbar, dass der Fragende ein SS-Hauptsturmbannführer in Begleitung mehrerer Offiziere war, deren Rangabzeichen im Dunkeln nicht sichtbar waren.

„Danke, weitermachen. Heil Hitler!" klang es aus dem Wagen, der sofort mit hoher Geschwindigkeit weiterfuhr und in der Nacht verschwand.

„Das war knapp," sagte Lehmann. „Lass uns mal hinsetzen."

Sie saßen nun alle im Halbkreis, im feuchten Gras und Doktor Jonap fragte:

„Sagen Sie bitte, Herr Oberscharführer, was war denn diese Wolke A 1, die uns womöglich das Leben gerettet hat?"

Lehmann zögerte lange, zündete sich eine Zigarette an, gab eine weitere seinem Kameraden und bot auch den Häftlingen Zigaretten an, die sich bedankten, aber keine rauchten.

„Das ist eine Sache," fuhr Lehmann in seiner ruhigen bedächtigen Art fort, die Peter so sehr zu schätzen gelernt hatte, und inhalierte den Zigarettenrauch tief, „Himmler und Kaltenbrunner haben einen Plan ausgearbeitet, nach dem vor Eintreffen der Amerikaner alle Konzentrationslager aus der gesamten Gegend von Dachau, Mühlsdorf und Landsberg am Lech vernichtet werden sollen."

„Das kann nicht sein. Wie soll denn das geschehen?" fragte Peter.

„Die Lager sollen durch die Luftwaffe mittels Brandbomben zerstört werden."

„Und die Leute?" fragte Doktor Jonap.

„Die Leute sollen alle in den Lagern Dachau und Allach gesammelt und durch Gift liquidiert werden," erwiderte Lehmann.

„Verbrecher, Bestien!" sagte der kleine Bernhardt, der bis dahin schwieg.

Danach schwiegen sie alle. Die beiden SS-Leute rauchten ihre Zigaretten zu Ende und Doktor Neuwirth brach leise, aber mit bestimmter Stimme das Schweigen und wandte sich an die beiden SS-Leute: „Meine Herren, das ist alles so grausam und, bitte verstehen Sie mich nicht falsch, wir sehen, was Sie für uns, aber auch für sich selbst riskiert haben."

„Schon gut," antwortete der SS-Koch, der sich vorher als Scharführer Schmidt vorgestellt hatte.

„Wir möchten in dieser kleinen Schicksalsgemeinschaft, die wir zusammen gebildet haben, fairnishalber Waffengleichheit herstellen."

„Und das wäre?" fragte Lehmann.

Doktor Neuwirth antwortete: „Das wäre, dass Sie, die SS-Männer, eine Waffe haben und uns, den Häftlingen, die zweite Waffe übergeben. Dann haben wir Waffengleichheit, obwohl Sie zu zweit eine Waffe und wir lediglich eine Waffe für fünf Mann hätten."

Es folgte ein längeres Schweigen. Dann stand Schmidt auf, nahm seinen Karabiner von der Schulter, prüfte, ob er geladen und gesichert war, und, zögerlich zwar, aber mit einer sicheren Handbewegung, tat er etwas, was für ihn in seinem bisherigen Leben als SS-Mann unvorstellbar war, er überließ seine Waffe kampflos dem KZ-Häftling Doktor Neuwirth.

Peter kamen die Tränen. Die anderen waren auch gerührt. Sie hatten alle verstanden, dass der Krieg zu Ende war und dass sie nicht mehr der Willkür der SS ausgeliefert waren. Der SS-Mann Schmidt hatte praktisch in der Nacht vom 27. April 1945 kapituliert. Alle waren erleichtert. Doktor Neuwirth wandte sich an Lehmann und Schmidt: „Sie haben uns das Leben gerettet. Wir wissen nicht, was uns erwartet, aber wir werden alles versuchen, um uns Ihnen gegenüber erkenntlich zu zeigen. Lassen Sie uns jetzt der Frontlinie so schnell wie möglich entgegen marschieren."

Schweigend und mit hohem Tempo marschierten sie in die Dunkelheit hinein. Aus westlicher Richtung kam das grollende Geräusch des Artilleriefeuers. Zeitweise färbte sich der Horizont rot, rosa und violett. Für Peter war das etwas völlig neues: Krieg! Er hatte niemals, auch im weitestem Sinne nicht, mit dem Krieg zu tun gehabt.

Bei der ersten Möglichkeit verließen Sie die Autobahn. Sie kamen auf einem Parkplatz an. Der Platz war vollkommen leer. Es führte kein Weg in westliche

Richtung, dorthin, wo das Mündungsfeuer der Artillerie gespenstisch aufleuchtete, gefolgt von Kanonendonner.

Sie kehrten auf die Fahrbahn zurück und nach einigen Kilometern Fußmarsch im Stockdunkeln fanden sie die richtige Abfahrt. Als sie die Autobahn verlassen hatten, lasen sie auf der gelben Ortsrichtungstafel „Fürstenfeldbruck 7.5 km".

Nach einem weiteren festen Marsch nahm die kleine Gruppe unter einem Baum am Straßenrand Platz. Alle spürten es, die zwei Soldaten und die fünf Häftlinge, dass sie noch lange nicht die Gefahr überwunden hatten. Scharführer Schmidt, jetzt mit sorgfältig entfernten SS-Runen und Totenkopf wollte sich eine Zigarette anzünden. Lehmann herrschte ihn an: „Bist du wahnsinnig! Du ziehst die Aufmerksamkeit auf uns. Das fehlt uns noch!"

Schmidt steckte Feuerzeug und Zigarette wieder in die linke Brusttasche. Doktor Neuwirt hielt das Gewehr an sich und hütete es wie einen besonderen Schatz. Peter bat, die Waffe kurz ihm zu überlassen. Der Doktor sicherte das Gewehr und übergab es dem Jungen. Als erstes überraschte es Peter, welches Gewicht eine solche Waffe hatte. Das glatte Holz des Schaftes, der blanke brunierte Stahl, alles wirkte auf Peter befremdlich. Er dachte, wie kann es möglich sein, dass man so ein perfektes Werkzeug aus schwerem Stahl und Holz in irgendeiner Fabrik hergestellt hat, nur um damit andere Menschen zu töten. Die Absurdität des gesamten Krieges wurde ihm bewusst, während er die Waffe Doktor Neuwirth zurück reichte.

„Kann man dieses Gewehr auch für die Jagd benutzen?" fragte Peter.

Lehmann antwortete: „ Höchstens für die Elefantenjagd."

„Also es ist nur dazu da, um Menschen zu erschießen," erwiderte Peter.

„Ja." klang Schmidts Stimme leise.

Unweit der Autobahnabfahrt führte ein unbefestigter Weg in die Richtung der Felder, die in der frühen Morgenstunde eigentümlich würzig und frisch dufteten und dampften. Sie gingen im Gänsemarsch hintereinander, stramm und schwer atmend. Nach einer viertel Stunde kamen sie an einen kleinen Hügel, der auf der Westseite bewaldet war.

„Wir sollten uns hier oben verstecken und mal nach Tagesanbruch sehen, wo wir Wasser und etwas zum Beißen organisieren können," schlug Lehmann vor und ging sofort in den Wald. Die anderen folgten ihm. Bis sie durch das Unterholz auf unwegsamem Gelände auf den Gipfel des kleinen Hügels kamen, verging reichlich Zeit. Oben fielen sie wie Kartoffelsäcke von den Füssen. Peter setzte sich, lehnte sich an einen Baumstamm und schlief sofort ein. Wie immer häufiger in der letzten Zeit, träumte er von Zuhause. Er sah den Großvater an seinem Schreibtisch sitzend, mit dem Frühstücktablett vor sich und seiner Fachzeitschrift vor seinen kurzsichtigen Augen. Dann sah er seine Mutter. Agi lag im Bett, in ihrer seidenen cremefarbigen Bettwäsche, die strahlte. Auf ihrem Nachttisch stand eine Blumenvase mit hellrosa Rosen. Peter wunderte sich im Traum, dass alles stumm war und die Rosen gar keinen Duft hatten. Dann löste sich alles auf und schwebte davon. Seine Mutter lächelte ihn an und entfernte sich unaufhaltsam, stumm und leise.

„Komm, komm Junge, penn nicht," rüttelte ihn Doktor Jonap. „Es geht weiter."

Peter stand auf und rieb sich die Augen. Die Sonne stand schon ziemlich hoch am Horizont. Die Felder unten glänzten in den Sonnenstrahlen. Ein starkes Vogelgezwitscher erfüllte das kleine Waldstück. Sie wollten ganz nach oben auf den Hügel, um zu sehen, wo sie sich eigentlich befanden. Neuwirth wandte sich an Bernhardt: „Klettere mal auf diese Eiche und sage, was Du siehst." Der kleine Bernhardt ließ sich das nicht zweimal sagen und wuchtete sich flink von Ast zu Ast mit der Behändigkeit eines kleinen Affen, bis er von oben seinen Lagebericht gab.

„Hier unten führt eine geteerte Straße ..." Dann stockte seine Stimme.

„Feldgendarmerie auf Motorrädern fahren vorbei."

Eine eiserne Stille erfasste alle. In diesem Augenblick bildeten sie eine Schicksalsgemeinschaft, die entflohenen Häftlinge und die SS-Männer.

„Sollten sie hier hoch kommen, verteidigen wir uns. Das ist klar!" sagte Lehmann.

Bernhardt berichtete weiter, was er sah.

„In der Ferne sehe ich Fabrikschornsteine, etwas näher ein kleines Dorf mit einem Kirchturm, sonst nur Felder."

Danach stieg er vom Baum hinab.

Plötzlich war ein ganz leises Knacken zu hören. Alle erstarrten. Es hörte sich an, wie ein Tier, dass sich durch das Unterholz bewegte. Sie starrten alle gespannt in die Richtung, woher das Geräusch kam. Neuwirth und Lehmann luden ihre Gewehre durch. Das dabei erzeugte metallische Klacken des Verschlusses wirkte in der Stille auf Peter erschreckend.

Es waren französische Kriegsgefangene, die landwirtschaftlichen Betrieben zugeteilt waren. Sie verrichteten die Arbeiten auf den Feldern anstelle der deutschen Bauern, die an der Front ihren Dienst taten. Die Franzosen trugen ihre olivefarbenen Uniformen, die mit einem breiten weißen Strich am Rücken gekennzeichnet waren. Sie sprachen gebrochen Deutsch und gaben der kleinen gemischten Truppe aus SS-Männern und KZ-Häftlingen den Rat, sich an den Pfarrer Brandstetter im Dorf Puch zu wenden. Er sei „comme il faut". Danach verabschiedeten sie sich und verschwanden im Wald. Wahrscheinlich wollten sie unter keinen Umständen durch die Feldgendarmerie zusammen mit entsprungenen KZ-Häftlingen entdeckt werden.

Puch

Sie hatten beschlossen zu warten, bis es dunkel würde, um dann im Schutze der Nacht in das Dorf Puch zu Pfarrer Brandstetter zu gehen. Doktor Jonap meinte, wenn jemand überhaupt unter den Nazis sich anständig benommen habe, dann seien es die Ordensleute der katholischen Kirche. Diese Erfahrung habe er bereits in Ungarn in seiner Heimatstadt Kaschau gemacht.

Sie verbrachten den Tag mit Dahindösen und im Halbschlaf. Der Magen von Peter und der anderen knurrte gewaltig. Sie waren Hunger gewohnt. Peter zog einige Grashalme aus dem feuchten Waldboden und saugte daran. Die Flüssigkeit der Pflanzen schmeckte bittersüß. Die anderen lachten ihn aus und fragten, ob er unter die Wiederkäuer gegangen sei. Peter wusste aber, dass der weiße untere Teil der Grashalme und der darin enthaltene Saft gut schmeckte und den Durst zu lindern vermochte. Daher setzte er das „Weiden" fort. Allerdings unterschied er zwischen den einzelnen Grassorten, so wie es auch jedes Tier tut. Peter wählte die breiten Halme aus, die beim Herausziehen hell schimmerten.

Nach Sonnenuntergang machten sie sich auf den Weg in das kleine Dorf. Als sie unten ankamen, nahmen sie ihre gewohnte Formation auf – „Häftlinge und Wachen" – und marschierten in Richtung Kirche. Lehmann klopfte an der Eingangstür des Pfarrhauses mit dem Messingklopfer an. Es erschien eine etwa fünfzigjährige Frau mit einer Kittelschürze und einem geblümten Kopftuch. Peter dachte, es könnte die Witwe Bolte aus ‚Max und Moritz' sein.

„Sie wünschen?" fragte sie erschrocken durch die nur einen Spalt breit geöffnete Eingangstür. Sie hatte sicherlich keine gute Erfahrungen mit versprengten Soldaten auf dem Rückzug gemacht.

„Wir möchten mit Herrn Pfarrer Brandstetter sprechen," sagte Lehmann.

„Der Herr Pfarrer hat jetzt keine Zeit," erwiderte sie mit piepsiger Stimme.

„Das wollen wir einmal sehen," antwortete Lehmann etwas barsch, schob mit einer sanften Bewegung die Frau bei Seite und alle beeilten sich, das Haus zu betreten. Vorher hatten sie sich sorgfältig umgesehen, ob sie jemand beobachtet hatte.

Der gepflasterte Platz vor der Kirche war leer. Die Straßenbeleuchtung war abgeschaltet. Aus der Ferne war das dumpfe Grollen von Artilleriefeuer zu hören. Im kleinen Eingang des Pfarrhauses, in dem es nach frisch geschnittenen Blumen duftete, standen alle etwas ratlos herum.

„Gute Frau," sagte Doktor Jonap, „wir haben seit gestern keinen Schluck Wasser getrunken und haben großen Durst. Könnten Sie uns Wasser zu trinken geben?"

Sie verschwand durch eine Tür, brachte einen großen emaillierten Topf voll mit kristallklarem Trinkwasser und einige Becher. Sie schöpften hastig der Reihe nach das Wasser und schütteten es in sich hinein. Peter trank gleich drei Becher hinter einander. Er konnte kaum so schnell schlucken, wie der Durst ihn zwang. Nachdem sie zu siebt den Zehnlitertopf Wasser ausgetrunken hatten und die Frau staunend den Topf und die Becher wieder mitnahm, ging die doppelflügige Tür gegenüber dem Eingang auf und in einer schwarzen Sutane erschien ein weißhaariger Pfarrer mit einem beinah kindlich hellrosa Gesicht. Er begrüßte die ungebetenen Gäste mit einem breiten Lächeln:

„Gott zum Gruße, meine Brüder. Was führt Euch zu uns?"

Der Pfarrer bat sie in die Stube. Lehmann erklärte die Lage, in der sie sich befanden, dass sie flüchtige KZ-Häftlinge und desertierende SS-Männer seien, die bis zum Ende des Krieges oder bis zur Ankunft der Amerikaner eine Unterkunft und etwas zu essen suchten.

Pfarrer Brandstetter erschrak sichtbar.

„Entflohene Häftlinge und darüber hinaus deutsche Deserteure verstecken, darauf steht die Todesstrafe. Die Feldgendarmerie macht in solchen Fällen kurzen Prozess. Das wissen Sie?" sagte er.

Peter ergriff das Wort und alle wunderten sich, dass er den Mut dazu hatte.

„Hochwürden," sagte der Junge, „es wird doch niemand vermuten, dass Sie uns Schutz geben. Es hat uns ja niemand gesehen, als wir herein kamen."

Im fahlen gelblichen Licht der Lampe saßen sie stumm um den großen Esstisch. Die Haushälterin des Pfarrers zog die Vorhänge zu. Der Pfarrer sagte:

„Sie haben bestimmt großen Hunger."

Alle nickten zustimmend.

„Frau Schmidt wird Ihnen etwas zubereiten. Leider haben wir kein Fleisch, aber sie wird schon etwas zaubern."

Nach wenigen Minuten erschien die Frau mit einer großen Schüssel Rühreier, frischem Brot, Margarine und einigen frisch geschälten Gurken. Die Häftlinge hatten seit einem Jahr nicht mehr an einem gedeckten Tisch gesessen. Jeder bekam eine Portion, und ganz still und andachtsvoll begannen sie zu essen. Der Pfarrer faltete seine Hände zum Gebet. Die Männer waren derart hungrig, dass sie das nicht bemerkten. Nachdem sie die Rühreier, die bestimmt aus vierzehn Eier zubereitet waren, und Unmengen von Graubrot mit den saftigen Gurken gegessen hatten, saßen sie alle etwas ermattet da.

Pfarrer Brandstetter druckste herum und fand nicht sofort die geeigneten Worte. Er wusste nicht, wie er sie anreden sollte: Meine Herren oder Brüder. Schließlich fand er die richtige Anrede:

„Freunde," sagte er. „Puch ist ein kleiner Fleck. Hier kennt jeder jeden, und hier bleibt nichts verborgen. Wir haben hier noch immer einige hundertzwanzig Prozentige, die mich sofort anzeigen würden. Das wäre für Sie und für mich das Ende. Wenn wir das nicht wollen, dann müssen wir für Sie einen sicheren Unterschlupf finden..."

Draußen war das Vorbeifahren einiger Lastwagen und Motorräder zu hören. Alle lauschten beängstigt. Sie hatten verstanden, dass der Pfarrer nicht den Mut aufbrachte, sie einige Tage zu verstecken. Sie schauten sich gegenseitig ratlos an. Der Pfarrer sprach weiter:

„Kennen Sie Kloster Fürstenfeld in Fürstenfeldbruck? Dort in dem riesigen Anwesen des Klosters kann ich mir vorstellen, dass Sie Unterschlupf finden. Dort würde es auch nicht auffallen, wenn plötzlich sieben Mann zusätzlich verpflegt würden.

Die ungebetenen Gäste des Pfarrers baten um Erlaubnis, sich einige Stunden auf dem Fußboden ausstrecken und etwas ausruhen zu dürfen. Sie versprachen, sie würden nach Fürstenfeldbruck gehen, und zwar noch in der kommenden Nacht.

„Merken Sie sich gut einen Namen: Pater Emmanuel Haiss. Es ist der Prior des Klosters. Er kommt eigentlich aus Ettal, aber er wurde während des Krieges abkommandiert nach Fürstenfeld."

Ein breites Lächeln begleitete seine Worte. Er fand Spaß daran, über einen Ordensmann sagen zu können, er sei abkommandiert worden.

„Übrigens sind es bis zum Kloster genau vier und ein halber Kilometer immer geradeaus auf der Hauptstraße."

Dann bat er um etwas Geduld und verließ das Zimmer. Nach einigen Minuten kam er mit einem Blatt Papier in der Hand wieder. Er legte das Blatt auf den Tisch, und alle erhoben sich von ihren Lagern, die sie sich auf dem Fußboden zurecht gemacht hatten. Der Pfarrer wandte sich an die Häftlinge:

„Freunde. Es kommen ganz neue Zeiten auf uns zu. Dieser Krieg ist unwiederbringlich verloren. Sicherlich werden die Sieger keine besondere Gnade uns gegenüber walten lassen. Das war schon immer so. Vae victis sagt der Lateiner. Also hätte ich die Bitte an Sie, mir die Freundlichkeit zu erweisen, dieses kleine Schriftstück zu unterschreiben. Es könnte mir eventuell hilfreich sein."

Danach überreichte er das Blatt mit der sorgfältigen Handschrift den Häftlingen. Doktor Neuwirth las vor: „Erklärung: Die Unterzeichnenden....." –

„Hier muss ich noch Ihre Namen einsetzen," unterbrach der Pfarrer.

Neuwirth las weiter: „... , ehemalige Häftlinge aus dem Konzentrationslager Kaufering III, bestätigen hiermit, dass sie am heutigen Tage von Herrn Pfarrer

Joseph Brandstetter in seinem Pfarrhaus in Puch liebevoll aufgenommen und verpflegt und von ihren Verfolgern, der SS und der Feldgendarmerie, versteckt worden sind. Wir danken Pfarrer Brandstetter für seinen Mut und seine christliche Nächstenliebe. Unterschriften, Datum."

Sie schauten sich gegenseitig stumm an. Peter flüsterte auf Ungarisch den anderen zu: „Der Alte scheint Dreck am Stecken zu haben, sonst würde er so etwas nicht benötigen."

Dann unterschrieben sie. Brandstetter faltete sorgfältig das Papier zusammen und steckte es wie ein wichtiges Dokument in seine Tasche. Sie legten sich wieder auf den Boden und schliefen in wenigen Augenblicken ein. Die Wanduhr, ein schöner Regulator aus gekalktem Eichenholz mit geschliffenen Glaseinlagen und einem Messingpendel, schlug dreimal kurz und zehn Mal lang. Es war viertel vor elf. Draußen war die Nacht stockdunkel. Es fuhren keine Fahrzeuge mehr durch das kleine Dorf Puch.

Pfarrer Brandstetter weckte sie gegen Mitternacht auf, erklärte ihnen noch einmal den Weg zum Kloster Fürstenfeld, wünschte ihnen Gottes Segen und entließ sie, sichtbar erleichtert, in die Nacht. Es begann eine weitere Etappe ihres nicht ungefährlichen Weges.

Pater Emmanuel

Sie liefen mit festem Schritt in die angegebene Richtung. Der Himmel bewölkte sich immer mehr. Die dunklen Wolken schienen bis an die Baumwipfel herunter zu hängen. Weit und breit war kein Ton hörbar, kein Licht sichtbar. Das Artilleriefeuer schien sich beruhigt zu haben. Sie liefen ohne miteinander zu sprechen der Straße entlang. Nach einer dreiviertel Stunde Fußmarsch kreuzte ihren Weg eine breite Straße, die eine leichte Rechtskurve beschrieb. Bevor sie an die Kreuzung kamen, hörten sie von weitem eine Lastwagenkolonne. Als sie sich vorsichtig näherten, sahen sie, dass es große, ungewöhnlich aussehende, dreiachsige grüne Lastwagen waren mit weißen fünfeckigen Sternen auf der Kühlerhaube. Peter bemerkte, dass die Lastwagen alle vom selben Typ waren wie diejenigen aus der Schweiz, die damals die Lieferung des Roten Kreuzes nach Kaufering ausgeliefert hatten. Die Wagen fuhren in einer unendlich scheinenden Kolonne, Stoßstange an Stoßstange. Es waren die ersten amerikanischen Militärfahrzeuge, die sie sahen. Es schien ihnen unmöglich, die Straße zu überqueren. An ein Hinüberlaufen auf die andere Straßenseite war nicht zu denken, derart schnell und dicht hintereinander fuhren die Militärfahrzeuge der Amerikaner mit den vergitterten Lampen und Kühlern. Obwohl Peter müde, abgespannt und irgendwie apathisch war, elektrisierte ihn doch dieses Erlebnis, die amerikanische Armee in der unendlich scheinenden vorbei-rauschenden Wagenkolonne zu sehen.

Als sich nach sehr langem Warten doch eine größere Lücke in der Kolonne ergab, liefen sie über die Fahrbahn auf die andere Straßenseite. Ganz nahe war der Schlag einer Turmuhr in der Nacht hörbar. Alle gingen davon aus, dass es die Kirchturmuhr des Klosters Fürstenfeld sein müsse. Der Weg führte sie entlang einer hohen mit Efeu bewachsenen Mauer. Plötzlich machte die Mauer einen Knick im rechten Winkel und gab die Sicht frei über ein parkähnliches Gelände. Sie standen am Ufer eines kleinen Flusses, der das Feld teilte. Auf der anderen Uferseite erhob sich im Dunkeln die gewaltige Barockfassade des Klosters. Sie liefen den Fluss entlang bis zu einer kleinen Fußgängerholzbrücke, überquerten den Fluss und folgten dem hellen Sandweg in Richtung Kloster. Sie kamen an der fünfstöckigen Fassade des Klosters an. Dahinter erhob sich die Schlosskirche mit ihrem barocken Turm, der das Klostergebäude überragte. Alle Fenster des Klosters waren unbeleuchtet.

Das Kloster Fürstenfeld war ein imposantes Ensemble, gegründet vom Ludwig dem Strengen. Seit dem Gründungsjahr 1260 blickten das Kloster und die Kirche auf eine wechselvolle Geschichte zurück. Es war ein Kloster des SOC – Sacer Ordo Cisterciensis. Das Schicksal wollte es also, dass Peter in dieser Nacht Anfang Mai 1945 vor einem Kloster stand, das zum selben Orden gehörte wie Pater Laszlo Arpad aus Ungarn. Das Kloster war von Kloster Ettal bei Oberammergau gepachtet. Aber das wussten sie nicht, als sie schüchtern an einer Eingangstür anklopften. Da niemand auf ihr Klopfen reagierte, gingen sie entlang der Fassade zu einer zweiten Eingangstür und zogen an einem Griff, der im Gebäude eine kleine Glocke schellen ließ. Nach einer gewissen Zeit bewegte sich ein Lichtschimmer im Gebäude, den sie von draußen durch die hohen Fenster sahen. Dann öffnete sich die Tür und eine kleine Schwester in Arbeitskleidung stand mit einer Kerze in der Tür. Ohne zu fragen, wer sie seien und was sie wünschten, bat sie die müden, abgerissenen Gestalten in das Gebäude.

„Gott zum Gruße,“ sagte sie leise, aber freundlich zu den Ankömmlingen.

„Folgen Sie mir bitte.“

Die Schwester ging mit ihrem wackligen Licht voran. Sie liefen durch einen gewölbten, mit großen Steinplatten belegten, unendlich lang erscheinenden Gang. Ihre Schatten zeichneten sich an der weiß getünchten Wand ab und wirkten gespenstisch. Dann öffnete die Schwester eine Tür und sie gelangten in eine geräumige Küche. Erst jetzt schaltete die Schwester das elektrische Licht an. In einer Ecke war ein großer schwarz glänzender Ofen. Darüber hingen nebeneinander aufgereiht Messingtöpfe und Pfannen. Auf der anderen Seite stand ein großer Holztisch, und entlang der Wand unterhalb der Fenster war eine lange Bank fest eingebaut.

„Warten Sie hier bitte. Sie möchten sicherlich etwas trinken...“ , sagte die Schwester. „Ich bin Schwester Henrietta. Ich bringe Ihnen Wasser.“

Die sieben Männer waren nach dem langen Marsch außerordentlich durstig und tranken hastig das kühle klare Wasser, das die Schwester Ihnen brachte. Sie nahmen wie die Spatzen auf der Stromleitung nebeneinander Platz auf der Bank. Nach einiger Zeit ging die Tür auf, und ein Geistlicher in schwarzer Sutane betrat den Raum. Der Mann war um die fünfzig Jahre alt und hatte eine königliche Erscheinung: groß, gerade, korpulent, aber nicht dick, kräftig, mit einem freundlichen offenen Gesicht, gewellte nach hinten gekämmte graumelierte Haare und einen Blick, der alle faszinierte. Seine grau-grünen Augen leuchteten und waren von einer überraschenden Klarheit. Im Licht der schwachen Glühbirne der Lampe, deren Schirm tief über dem Tisch hing, glänzte das goldene Kreuz auf seiner Brust.

„Ich bin Pater Emmanuel und heiße Sie herzlich im Kloster Fürstenfeld willkommen,“ begrüßte er die Fremden mit einem breiten freundschaftlichen Lächeln.

„Ich sehe, wer Sie sind und kann mir gut vorstellen, was Sie zu uns führt. Zwei Soldaten und fünf Häftlinge.“

Doktor Jonap setzte an, etwas zu sagen. Pater Emmanuel winkte ab und bot an, dass sie zuerst neue Kleider erhalten, sich duschen und etwas zu essen bekommen sollten, bevor geredet würde.

In der Duschanlage der Mönche konnten sie eine warme ausgiebige Dusche nehmen und sich mit der frisch duftenden Kernseife waschen. Sie fühlten sich wie neu geboren. Pater Emmanuel brachte Unterwäsche aus derbem Leinen, Arbeitshosen, Hemden und blaue Arbeitskittel aus einfachem groben Stoff.

„Ihre Häftlingskluft lassen Sie bitte liegen. Die zuständigen Fratres werden das sorgfältig wegräumen.“

„Auch die zwei SS-Männer waren nun sozusagen in Zivil, in ihrer blauen Drillichkleidung. Ihre Uniformen lagen zusammen mit der gestreiften Häftlingskleidung auf einem Haufen. Die ehemaligen Häftlinge hatten furchtbar abgenutztes Schuhwerk. Sie erhielten von Pater Emmanuel Ledersandalen, während die Soldaten ihre Stiefel behielten.

Nach dieser auch seelisch aufbauenden Reinigungsprozedur nahmen sie erneut am großen Holztisch Platz, der mittlerweile eingedeckt war. Es duftete nach frischem Kaffee.

Pater Emmanuel war von Kloster Ettal als Prior nach Fürstenfeldbruck entsandt worden. Er stammte aus einer vornehmen bayerischen Familie. Sein Vater, Doktor Wilhelm Haiss, war Präsident des Königlich Bayerischen Obersten Landgerichts und Reichsrat der Krone Bayerns. Man sah das Pater Emmanuel nicht an. Er blickte auf ein bewegtes Leben und auf ein schweres Schicksal zurück. Im ersten Weltkrieg in Frankreich wurde er durch eine Bombe verschüttet, danach einem Giftgasangriff ausgesetzt. Er litt lange an den Folgen dieser Kriegsverletzung. 1919 wurde er in Ettal als Novize eingekleidet. Nach dem Studium der Theologie in Rom und München empfing Pater Emmanuel 1923 die Priesterweihe in seinem Heimatkloster Ettal. Sein Hauptaugenmerk galt der Jugend, sehr zum Unwillen der nationalsozialistischen Hitlerjugend. Er machte sich die katholische Jugendarbeit zum Lebensinhalt und hatte so manchen Konflikt mit den Parteibonzen der Nazis durchzustehen, die seine Tätigkeit offen missbilligten. Dazu hatten sie guten Grund. Pater Emmanuel benutzte während der zwölf Jahre des sogenannten tausendjährigen Reiches weder in Wort noch in Schrift den Hitlergruß.

Schwester Henrietta schenkte Kaffee ein und brachte Brot, Butter und Wurst.

„Greifen Sie zu!" ermunterte sie der Pater. Er sprach mit einem leicht bayerisch gefärbten Akzent mit einem kaum wahrnehmbar rollenden R. Seine Stimme war angenehm und freundlich bestimmt. Pater Emmanuel hatte die Gabe, seine Gesprächspartner sofort für sich einzunehmen. Er vermittelte jedem den Eindruck, dass man sich bereits lange kannte und sich eben mal wiedersehen würde. So war gleich eine vertrauensvolle freundschaftliche Atmosphäre entstanden, obwohl die Ankömmlinge noch kein Wort über ihr Schicksal erzählt hatten.

Peter tunkte das frische Graubrot in den Kaffee, den er mit Milch aufgehellt hatte. Als Pater Emmanuel das sah, sagte er schmunzelnd zu dem Jungen:

„Siehst Du, genauso habe ich das gemacht, als ich so alt war wie Du."

Peter wollte sofort aufhören. Er erinnerte sich, dass sein Großvater es nicht mochte, dass er so frühstückte.

„Lass Dich nicht stören und lass es Dir schmecken."

Nachdem der Pater am Tisch Platz genommen hatte, faltete er die Hände und sprach das Gebet. Während des Frühstücks, das eigentlich ein Nachtmahl war, erzählten alle von ihrem Schicksal. Nur die zwei SS-Männer schwiegen.

„Ich habe vermutet, dass Sie aus Kaufering kommen. Von dort hört man grausamste Sachen." Er wandte sich an die Soldaten: **„Was Sie auch vorher getan** oder nicht getan haben, dass Sie mit diesen Männern gemeinsam geflohen sind und dabei Ihr Leben aufs Spiel gesetzt haben, ist eine gute Tat, die Ihnen Gott vergelten wird. Wenn Sie Schuld auf sich geladen haben, wird diese Tat vom Herrn sicherlich **berücksichtigt."**

Lehmann und Schmidt schauten dankbar zum Pater und baten ihn, mit ihm alleine sprechen zu dürfen. Selbstverständlich war das möglich. Sie verließen zu dritt den Raum. Nach einiger Zeit kehrten sie in die Küche zurück und waren sichtbar erleichtert. Dann verabschiedeten sie sich von den Häftlingen, bedankten sich bei Pater Emmanuel und übergaben ihm ihre Waffe. Sie verschwanden in der Nacht. Peter sah sie nie wieder und hörte auch nie mehr in seinem Leben etwas von Lehmann und Schmidt, den beiden menschlichen SS-Männern. Er wusste nur, Lehmann stammte aus Pommern und Schmidt aus dem Rheinland.

Nachdem sie ausgiebig gefrühstückt hatten und die Schwester noch Wurst und Käse nachgelegt hatte, übermannte sie die Müdigkeit. Der Pater führte sie in einen großen Bettensaal und wies jedem einen Platz zu. Nach zehn Minuten waren sie fest eingeschlafen.

Pater Emmanuel war ein technisch begabter Mensch. Nach dem Abitur wollte er eigentlich ein Studium der Elektrotechnik aufnehmen. Aber es kam anders. Während seiner Priesterzeit baute er sich einen Amateur-Rundfunksender und -empfänger, mit dem er die Rundfunkstationen der ganzen Welt empfangen konnte. Nach der Machtergreifung der Nationalsozialisten benutzte er den Sendeteil nicht mehr, da die Gefahr zu groß war, durch die Gestapo angepeilt zu werden. Die Nachrichten von ausländischen Sendern hörte er aber regelmäßig. BBC, Die Stimme Amerikas, die nahegelegenen Schweizer Radiosender oder die Sendungen von Radio Vatikan waren ihm wohlvertraut. Wenn die deutschsprachigen Sender gestört waren, hörte Pater Emmanuel die Nachrichten in italienischer oder englischer Sprache. So war er, anders als die überwiegende Mehrheit der Bevölkerung des Deutschen Reiches, über den Verlauf des Krieges bestens informiert.

Eine seiner weiteren technischen Leistungen war die Konstruktion eines Tonaufnahmegerätes. Er benutzte es, um den Klang der schweren Bronzeglocken der Klosterkirche Fürstenfeld aufzunehmen, bevor die Glocken als kriegswichtiger Rohstoff beschlagnahmt wurden. Nachdem die Glocken schon lange in irgendeinem Kriegsbetrieb zerschmolzen waren, erklang aus Pater Emmanuels Lautsprecher noch immer jeden Morgen, jeden Mittag um zwölf und abends zur Vesper der vertraute Glockenklang der Marienkirche von Fürstenfeldbruck.

Den achten Mai 1945 erlebte Peter auf der Hauptstraße von Fürstenfeldbruck, wohin er mit dem schwarzen alten Fahrrad gefahren war, das ihm Pater Emmanuel geliehen hatte. Die Sherman-Panzer standen auf der rechten Straßenseite, einer hinter dem anderen. Die schweren Stahl-Ungetüme mit ihren weißen fünfeckigen Sternen und den langen Kanonenrohren sahen bedrohlich aus. Die amerikanischen Soldaten in ihren lässigen, sportlich wirkenden Uniformen unterhielten sich laut und lachten viel. Einige hatten Sektflaschen in der Hand. Peter stieg von seinem Fahrrad und näherte sich einem der Panzer. Er fühlte die Wärme und den Dieselgeruch des Motors, genau wie damals, als der deutsche Königstiger vor Großvaters Fenster in Neumarkt halt gemacht hatte. Die amerikanischen Soldaten, wohlernährte athletische Männer, achteten nicht auf den Jungen und sein schwarzes Fahrrad. Peter zeigte auf sich und sagte: „Concentration camp prisonner, Dachau.»

Die Soldaten lachten weiter, tranken Sekt aus der Flasche und nahmen keine Notiz von Peter, der enttäuscht war. Und dann geschah etwas Unvergessliches. Aus einem der Panzer drang Musik - Musik, die Peter in seinem Leben noch nicht gehört hatte. Es war die Musik von Glenn Miller und seinem Orchester, der unnachahmliche Swing. Diese Musik begeisterte Peter sofort. Er näherte sich dem Panzer so weit es ging. Er hörte stumm den für ihn neuen Rhythmen und der herrlichen Melodie zu. Er würde diesen Sound sein Leben lang mit seiner Befreiung durch die Amerikaner assoziieren.

Ein schepperndes Geräusch riss ihn aus seiner Träumerei. Aus dem dreigeschossigen Verwaltungsgebäude, dem Sitz der örtlichen Bezirksleitung der NSDAP, flogen Gegenstände aus den Fenstern auf den Bürgersteig. Die Amerikaner machten Platz für ihre Kommandantur in Fürstenfeldbruck und räumten das Gebäude. Es flogen Karteikästen, Akten, Schachteln mit Parteiabzeichen durch die Luft, zerplatzten auf dem Bürgersteig und gaben ihren nunmehr völlig unnützen Inhalt frei. Dann flogen Bilder des Führers im Goldrahmen hinterher und klatschten geräuschvoll auf die Straße, wobei die Verglasung in tausend Scherben zersplitterte. Einige Bewohner von Fürstenfeldbruck beobachteten stumm aus sicherer Entfernung, wie die amerikanische Armee sehr unkonventionell Quartier machte.

Als Peter wie angewurzelt neben dem Panzer stand und der Musik lauschte, näherte sich ihm ein Hüne von Soldat mit einer schwarzen Armbinde, auf der die weißen Lettern "MP" standen. Peter beobachtete den Soldaten genau. Alles an ihm war ungewöhnlich und beinahe das Gegenteil von dem, was Peter von den SS-Männern kannte. Er trug hohe Schnürstiefel aus rauem Leder mit dicken schwarzen

Gummisohlen. Seine Hose mit Bügelfalte war aus gutem Wollstoff. An seiner breiten Textilkoppel waren außer seinem Pistolenhalfter, in dem eine riesige Pistole steckte, noch allerlei kleine und große grüne Leinenpäckchen befestigt. Der Soldat beugte sich zu Peter und sprach ihn in einem Sprachgemisch aus englisch, jiddisch und deutsch an. Er wollte von Peter wissen, woher er eigentlich kam und was er hier suchte. Dass er kein Deutscher aus Fürstenfeldbruck war, sah er an seiner Blässe, seinen kurz geschorenen Haaren und an seinen mageren Gliedmaßen in der zu weiten Arbeitskluft aus dem Kloster. Er fragte Peter: „Kaufering?"

Peter nickte. Dann rief der Militärpolizist einige Kameraden zu sich, erklärte diesen etwas und ein kleiner rothaariger Soldat mit schräg sitzendem Helm sprach Peter auf Deutsch an: „Bist Du ein Jud?"

„Ja," antwortete Peter zögernd.

„Kommst Du aus dem Lager Kaufering?"

„Ja," antwortete Peter. „Aus Kaufering III."

Beinahe rutschte ihm heraus: Melde gehorsam.

„Ich bin David Meyer aus New York," sagte der Soldat und reichte Peter die Hand.

„Woher kommst Du?"

Peter stellte sich artig vor und dann sagte er, dass er aus Ungarn käme. Der Soldat fragte ihn: „Kennst Du Moses Rosen aus Sziget?"

Peter wunderte sich über diese Welt. Da kommt ein amerikanischer Soldat aus New York, lernt auf der Hauptstraße in Fürstenfeldbruck jemanden aus Ungarn kennen und fragt ausgerechnet nach Moses Rosen aus Sziget.

„Leider kenne ich ihn nicht, und ich war auch nie in Sziget."

Dann verschwand der Soldat mit einem breiten Lächeln und kam mit einem großen Karton zurück. Er war mit allerlei Zahlen und Abkürzungen bedruckt. Unter anderem stand darauf „US Army daily ration".

„Mach auf," sagte der Amerikaner.

Drinnen waren herrliche Köstlichkeiten: Konservendosen mit Schinken, Käse, Butter, Schokolade, Kondensmilch, Keksen, Coca-Cola und noch vielem mehr. Ein anderer Soldat gab Peter einen Laib schneeweißes Kastenbrot. Peter bedankte sich und fragte, ob er die wunderbare Musik noch einmal hören dürfe. Ein anderer Soldat schenkte ihm eine Schallplatte. Auch die überraschte ihn. Die Langspielplatte war militärisch grün, biegsam und durchsichtig. Zuerst glaubte der Junge gar nicht, dass er sie mitnehmen durfte. Dann zeigten die amerikanischen Soldaten ihm ihren Panzer. Der Unterschied zum Königstiger der Deutschen Wehrmacht war nicht sehr groß. Auch dieser war eng, warm und genauso unbequem. Peter dachte: Welch ein Zufall. Innerhalb nur eines Jahres hatte er Panzer zweier feindlicher Armeen kennen gelernt. Für solche Gedanken gab es jetzt allerdings wenig Zeit. Musik strömte aus den Lautsprechern des Panzers. Peter hatte den Eindruck, sie füllte den Panzer wie eine Flüssigkeit und strömte nach draußen auf die Straße.

In der Zwischenzeit flogen die Unterlagen und Gegenstände der NSDAP weiter durch die Fenster auf die Straße. Peter dachte daran, sich als Trophäe ein Parteiabzeichen zu holen. Dann traute er sich jedoch nicht. Es hätte ja zu Missverständnissen führen können. Er bedankte sich sehr herzlich bei den amerikanischen Soldaten und fuhr mit seinen Kostbarkeiten zurück ins Kloster.

Das riesige Barockgebäude mit der klassischen Fassade, den unendlich langen Fensterreihen und dem gewaltigen Ziegeldach war schon von weitem sichtbar. Dahinter der hohe Kirchturm mit der noch funktionierenden Turmuhr und dem mit Grünspan bedeckten Kupferdach. Der Anblick des Klosters und der Kirche ließ Peter die Aktualität vergessen und rief in ihm ein heimatliches Gefühl hervor. Inmitten des gepflegten Parks sah das Kloster aus, als ob die Zeit stehen geblieben wäre.

Pater Emmanuel wartete bereits besorgt auf Peter. Es herrschten ja noch unsichere Zeiten in diesen Tagen zwischen Krieg und Frieden. Nachdem Peter im Kloster angekommen war und sein Fahrrad verstaut hatte, ging Pater Emmanuel mit ihm ins Dachgeschoss. Vor einer Holztür wandte er sich an den Jungen:

„Komm, ich zeige dir etwas."

Er schloss die Tür auf und sie betraten einen kleinen Raum, der aussah wie die Kommandozentrale eines U-Bootes: Wohl geordnete Geräte mit vielen Schaltern und Knöpfen und silbern schimmernde Radioröhren aus Glas. Ein kleiner Schreibtisch und ein Drehstuhl aus Holz bildeten die gesamte Einrichtung. An der Wand hing ein Kruzifix. Pater Emmanuel schaltete die Geräte ein, die etwas Zeit benötigten, um ihre Betriebstemperatur zu erreichen. Es roch genauso nach warmem trockenen Staub wie bei dem Radioempfänger des Großvaters der Marke „Graetz", wenn der bereits lange eingeschaltet war. Dann drehte Pater Emmanuel an dem großen Potentiometer des Hauptgeräts, und aus den Lautsprechern war klar und deutlich Die Stimme Amerikas zu hören. Es war der achte Mai 1945, und sie hörten die Nachricht über die bedingungslose Kapitulation der deutschen Wehrmacht. Pater Emmanuel verharrte stumm vor dem Gerät.

Dann sagte er: „Es kommen sehr schwere Zeiten auf uns zu, mein Junge. Du bist frei, aber was mit unserem armen Deutschland geschehen wird, weiß nur der liebe Gott."

Peter schwieg. Er war erleichtert, dachte an seine Mutter, an den Großvater und an alle Lieben, konnte aber kein Wort sagen. Der Pater streichelte Peters kurze dichte Haare und meinte, dass sie nun nach unten gehen sollten.

Die anderen Häftlinge waren nicht mehr da. Nichts konnte sie mehr im Kloster zurückhalten. Sie wollten den Oberarzt des Städtischen Krankenhauses aufsuchen und sich als Kollegen vorstellen. Sie hofften, dass sie als Ärzte empfangen würden. Sie hatten sich nicht getäuscht. Der Oberarzt Dr. Huber bat sie zu Tisch in das Ärztekasino und begrüßte sie mit kollegialer Freundlichkeit. Dann führte er sie durch das blitzblanke moderne Krankenhaus.

Derweil zeigte Pater Emmanuel dem Jungen die wunderbar reich vergoldete Barockkirche.

„Weißt Du, Peter, dass diese Kirche von König Ludwig von Bayern als Sühnestiftung für seinen Vater errichtet worden ist? Sein Vater, kannst Du Dir das vorstellen, hat nämlich seine Ehefrau, Maria von Brabant, wegen vermeintlicher Untreue ent-haupten lassen. Schau Dir zuerst in Ruhe die Herrlichkeit dieser Kirche an."

Dann zeigt er ihm die Marmorstatuen von Ludwig dem Strengen und dessen Sohn Ludwig von Bayern, dem späteren Kaiser Ludwig. Er machte ihn darauf aufmerksam, dass die historische Fux-Orgel als überdimensionales M angeordnet war, das Monogramm Mariens.

„Es ist die einzige original erhaltene Orgel aus der ersten Hälfte des achtzehnten Jahrhunderts hier in Altbayern."

Lange bewunderte Peter das filigrane Schnitzwerk der Kanzel und die beeindruckenden Fresken an der Wand und an der Decke. Pater Emmanuel lenkte seine Aufmerksamkeit auf das Prachtstück der Kirche, den Rokokohochaltar, ein Meisterwerk der Harmonie von Plastik und Malerei mit dem Thema „Himmelfahrt Mariens".

Während Peter mit seinem Blick die gewaltige Kirche, die Gemälde und die überreichen Verzierungen zu erfassen versuchte, hörte er Pater Emmanuels Stimme:

„Hier kannst Du sehen, was aufrichtige Sühne für eine schöpferische Kraft hat. Eine Unschuldige wurde getötet und durch dieses Sühnezeichen überdauert ihr Andenken die Jahrhunderte. Ich glaube, Peter, dass Deutschland in Zukunft sich wie Ludwig verhalten und schöpferische Sühnezeichen setzen muss."

Peter verstand nicht ganz genau, was Pater Emmanuel meinte.

Dieser kniete in der ersten Reihe der Bestuhlung vor dem Altar nieder und betete. Peter machte es genauso und dachte kurz an die Tempelbesuche in der Synagoge von Neumarkt mit dem Großvater zurück. Im Vergleich zu der majestätischen Barockkirche kam ihm die Neumarkter Synagoge sehr bescheiden vor.

Die Bilanz des Krieges war beiden noch nicht bekannt. Dass über zweiundfünfzig Millionen Menschen, Soldaten, Frauen, Männer und Kinder ihr Leben verloren hatten, konnten beide, der Priester und der Junge, nicht ahnen.

Dann führte der Pater den Jungen zur Empore der reichlich verzierten Fux-Orgel. Der Pater setzte sich an die Manuale, schaltete das Gebläse ein und begann zu spielen. Die Musik füllte den weiten Raum der Kirche. Er spielte Toccata und Fuge d-moll von Johann Sebastian Bach. Peter kannte diese Musik nicht. Er musste sich eingestehen, dass seine Familie nicht besonders musikalisch war. Die Musik ergriff ihn sofort. Er hatte das Gefühl, die Orgelmusik bilde in Tönen das barocke Kirchengebäude ab, in dem sie sich befanden. Er spürte, wie die Töne ihn zum reichlich bemalten Himmel hochhoben, durch die Fresken drangen und ihn weit nach oben ins Unendliche trugen. Die Musik von Bach verzauberte ihn. Er spürte, dass ihm die Tränen das Gesicht herunter liefen. Pater Emmanuel bemerkte die Rührung des Jungen, sagte aber nichts. In sich versunken, spielte er das wunderbare Stück von Bach zu Ende. Der Klang der Orgel breitete sich majestätisch in der Kirche aus. Sie hatte eine perfekte Akustik. Pater Emmanuel dachte, dass dem Jungen die Musik gerade an diesem Tage gut tat. Er wusste von den Grausamkeiten der SS, von Auschwitz, von den menschlich unfassbaren Haftbedingungen in den Konzentrationslagern von Kaufering. Der Pater wusste auch, dass auf den Jungen noch schwere Stunden warteten. Darum hoffte er, dass insbesondere dieses Orgelstück von Bach dem Jungen Kraft geben würde. Nachdem die Schlussakkorde verklungen waren, blieben sie beide sitzen. Pater Emmanuel fragte ganz vorsichtig:

„Sag mal, mein Sohn, – so nannte er ihn – wie sehen Deine weiteren Pläne aus?"

Peter antwortete nach langem Schweigen: „Pater Emmanuel, ich möchte nach Hause, um meine Familie, meine Mutter und meine Großeltern zu treffen."

Der Priester schwieg. Dann nahm er den Jungen bei der Hand. Sie stiegen hinab und verließen die Kirche.

„Bis zum Abendbrot haben wir Zeit. Komm mit in meine Arbeitsstube und erzähle mir von Deiner Familie."

Im Büro des Paters nahm Peter Platz auf einem mit rotem Samt bezogenen Sessel. Der Pater saß gegenüber an seinem Schreibtisch. Die Wände, bis auf die Fensterfront, waren bis zur Decke mit Bücherregalen bedeckt. Zwischen den zwei Fenstern hing ein barockes Kruzifix. Peter erzählte mit stockender Stimme sein Leben, wobei ihm mehrmals die Tränen kamen.

Der Pater ahnte, dass die Heimkehr zu einer gewaltigen Enttäuschung für den Jungen würde, die ihn seelisch lebenslang schädigen könnte. Mit seiner jahrzehnte langen seelsorgerischen Erfahrung war er im Falle dieses Jungen zum ersten Mal ratlos. Er wusste einfach nicht, was er dem Jungen, der ihm ans Herz gewachsen war, raten sollte. Ihm war bewusst, dass Peter ein wohlerzogener sensibler junger Mann war, dessen Leben wahrscheinlich unheilbar beschädigt worden wäre. Dann sagte er zu ihm:

„Schau, Peterchen, die Wirren des Krieges sind noch nicht vorbei. Die Lage in Deiner Heimat kennen wir nicht. Ich mache Dir einen Vorschlag. Ab Juni beginnen die Ferien, sicherlich bei Euch zu Hause ebenso. Bleibe einige Zeit bei uns, ruhe Dich aus, stärke Dich und denke über alles nach. Dann, nach einigen Tagen oder Wochen, sprechen wir erneut über Deine Zukunft. Hier aus meiner Bibliothek kannst Du Dir etwas zum Lesen aussuchen. Ich würde Dir dieses Buch empfehlen." Er griff aus dem Regal ein in Leder gebundenes Buch mit Goldprägung und überreichte es Peter. Es war Thomas Manns Zauberberg. Zum Schluss fügte er verschmitzt hinzu:

„Ich habe noch eine Überraschung für Dich. Komm, ich zeige Dir etwas."

Die Funkstation in der Dachkammer war bereits für Peter eine Überraschung gewesen. Nun gingen sie durch lange kühle Flure bis hinaus in den Wirtschaftshof. Pater Emmanuel öffnete ein schweres Scheunentor aus grün gestrichenen Balken. In der Remise standen zwei dunkelrote Traktoren Fabrikat „Lanz Bulldog" und einige landwirtschaftliche Maschinen. Pater Emmanuel schaltete das Licht ein und ganz hinten, versteckt hinter einem gelben Mähdrescher, erblickte Peter ein kleines silberfarbiges zweisitziges Fahrzeug, das wie ein Rennwagen aussah und an die berühmten Silberpfeile von Mercedes-Benz erinnerte. Peter war sprachlos.

„Das werden wir morgen ausprobieren. Ich habe das einmal gebaut. Es wird von einem achthundertfünfziger BMW-Kradmotor angetrieben. Du wirst sehen, das Ding fährt."

Peter war überwältigt von den an Zauberei grenzenden technischen Fähigkeiten des Paters. Er beugte sich zu dem kleinen Auto hinab, strich mit der Hand über die blauen Ledersitze und fasste das schwarze Bakelitlenkrad an, das von einem Fiat Balilla stammte.

„Das ist ja wirklich eine Überraschung. Er sieht aus wie ein kleiner Silberpfeil. Ich kann kaum erwarten, dass wir damit fahren."

Pater Emmanuel hatte keine Ahnung von der enormen Begeisterung Peters für Automobile, und dass er über Silberpfeile Bescheid wusste. Diese Begeisterung hielt sich bei Peter übrigens bis ins hohe Alter.

Vor dem Einschlafen dachte Peter noch lange über den Vorschlag seines Gönners und Gastgebers nach. Es gab in diesen Tagen keine Post, keinen Eisenbahnverkehr, keine Fahrpläne und kein funktionierendes Telefon. Die Welt, so wie Peter sie kannte, hatte aufgehört zu existieren. Im Kloster fühlte er sich geborgen, und außerdem bewunderte er Pater Emmanuel. Er beschloss, noch einige Zeit im Kloster Fürstenfeld zu bleiben und Pater Emmanuels Gastfreundschaft anzunehmen.

Die „Rumpfmenschen"

Am nächsten Tag ging Peter noch einmal allein in die große lichtdurchflutete Kirche. Er sah sich in Ruhe und mit großer Aufmerksamkeit die barocken vergoldeten Verzierungen, die Fresken, die stummen Marmorstatuen des Stifters und seines Vaters in allen Einzelheiten an. Sie waren ihm fremd und anziehend zugleich. Er spürte den leichten Wachsduft der Kerzen vom Altar und den schwachen Duft des Weihrauchs. Die ganze Atmosphäre in dieser katholischen Kirche wirkte auf Peter beruhigend. Er dachte über sein Leben nach. Wie kam es eigentlich, dass er aus dem wohlbehüteten Haus in Neumarkt nach Ablauf nur eines Jahres in einer deutschen Stadt gelandet war, von der er vorher niemals gehört hatte und wo er nun überwältigt in einer großen Klosterkirche stand? Wie hatte er nur alle Gefahren überstanden? Wer bestimmte das Schicksal des Menschen? Wieso lief sein eigenes Leben wie auf Schienen? Und wohin führten die Gleise?

Seiner Überzeugung nach war es besser, die freundliche Einladung von Pater Emmanuel anzunehmen, auch wenn die anderen sich in den nächsten Tagen auf den abenteuerlichen Heimweg begeben würden.

Seine Kameraden, die drei Ärzte, nahmen Peter in das Städtische Krankenhaus zu dem Oberarzt Dr. Bay mit. Als sie in dem hellen Arztkasino ankamen, war der Tisch gedeckt. Der Oberarzt unterhielt sich sehr interessiert mit Peter. Die drei Kameraden wollten Peter dem Oberarzt vorstellen, damit dieser sich davon überzeugte, dass die Nazis sogar halbwüchsige Jugendliche ins KZ gesteckt hatten, um dort schwerste Arbeit zu leisten. Der Oberarzt sollte nicht den Eindruck bekommen, seine Gäste und Kollegen benutzten gewisse Erörterungen, um ihren Leidensweg auszuschmücken, um ihn noch brutaler darzustellen. Peter erzählte während des Mittagsessens von seiner Arbeit bei Lehmann und Obersturmbannführer Schwarz. Nach dem Mittagessen hob Doktor Bay die Tafel auf und bat seine Gäste ihm zu folgen.

„Meine Herren, ich werde Ihnen etwas zeigen, das Sie nicht indifferent lassen wird. Nicht um etwas zu relativieren oder gegen Ihr Leid aufzurechnen. Sie werden sich überzeugen, was Krieg in seiner vollen Grausamkeit bedeutet."

Die kleine Gruppe verließ das Zentralgebäude des Krankenhauses und folgte dem Oberarzt auf dem hellen Sandweg unter den blühenden alten Kastanienbäumen. Auch der Flieder blühte schon, und in den Rabatten leuchteten in hellen Farben Stiefmütterchen und Petunien. Der Rasen war frisch gemäht und schimmerte dunkelgrün. Nach einem längeren Fußweg, der an den Pavillons des Krankenhauses vorbei führte, gelangten sie zu einer grauen Halle mit hohen schmalen Milchglasfenstern, die von der Brüstung bis unter das Dach reichten. Die Eingangstür war verschlossen. Der Oberarzt klingelte und rief durch die Tür:

„Ich bin es, Schwester Donata."

Durch die doppelflüglige Schwingtür, die auch eine Milchverglasung hatte, gelangten sie in eine hohe helle Sporthalle. In der Halle standen auf glänzendem grauen Linoleumboden nebeneinander aufgereiht Krankenbetten vom Eingang bis zum Hallenende. Zwischen den Bettenreihen waren schmale Gänge, so dass insgesamt sechs Reihen von Betten Platz hatten. Sonst gab es keine weiteren Möbel im Raum. In den Betten lagen ordentlich zugedeckt junge, sorgfältig gekämmte, gepflegt aussehende Männer. Es waren Versehrte, schwer verletzte deutsche Soldaten, kaum ein paar Jahr älter als Peter.

Mit Grauen sahen die drei Ärzte aus Kaschau und Peter, dass den Soldaten beide Arme und beide Beine fehlten.... Sie waren lebendige menschliche Rümpfe mit Kopf. Peter fühlte, wie seine Beine Wurzeln schlugen und sein Kopf anfing zu pochen. Etwas zu fröhlich grüßten die Kranken den Oberarzt. Manche lächelten sogar.

„Na, Herr Doktor, zeigen Sie Ihr Gruselkabinett?" fragte ein blonder junger Mann. Die drei Kollegen flüsterten dem Oberarzt zu: „Das ist unfassbar."

Peter schwieg. Nach dem er das sah, fragte er sich wieder, ob der Himmel nicht doch vollständig leer war. Wie konnte ein Gott so etwas zulassen. Er dachte, dass diese Männer noch vierzig, fünfzig oder siebzig Jahre vor sich hatten, wenn das überhaupt als Leben zu bezeichnen war, und sie würden nicht einmal einen Schluck Wasser selbständig trinken können. Dann sah er, dass einige ein kleines Gestell auf der Brust hatten mit einem Buch darauf. Sie blätterten mit dünnen Holzstäbchen, die sie in ihrem Mund hielten, die Seiten um.

Für wen, für was sind die Gliedmaßen dieser jungen Menschen zermalmt, zerquetscht, zerrissen und schließlich weggeschnitten worden? Eine große Leere erfasste Peter, und er verließ mit Tränen in den Augen diesen grauenhaften Ort.

Als Peter später Pater Emmanuel von seinem Besuch in der Turnhalle des Grauens berichtete, erwiderte der Pater, dass er den Saal der „Aussätzigen", wie er es nannte, gut kenne. Er besuche die unglücklichen Verletzten so oft er könne und lese die Messe für sie.

„Siehst Du, Peter, wir können nicht einfach gut und böse trennen, schuldig und nicht schuldig in verschiedene Schubladen einsortieren."

Viel, viel später, dreißig Jahre nach seinem Besuch in der Halle des Grauens im Krankenhaus von Fürstenfeldbruck, als Peter erwachsen war, sah er eine Fernsehsendung. Ein älterer Herr, der im Krieg beide Hände verloren hatte, hielt seine Stümpfe in die Kamera und sagte:

„Ich biete den Verlust meiner Hände und mein Leid als kleine Wiedergutmachung für das, was in deutschem Namen geschah."

Peter schrie den Bildschirm an: „Diese Wiedergutmachung will ich nicht."

Er wollte den Mann anrufen, aber er fand sich in der unendlichen Bürokratie des Fernsehbetriebes nicht durch. Er erinnerte sich schließlich an die Worte von Pater Emmanuel. Die Symmetrie des unendlichen Leidens wollte Peter nie.

Angela

Am selben Abend radelte Peter wieder in die Stadt, um zu sehen, ob die Panzer mit der wunderbaren fremden Musik noch da waren. Er dachte über den Besuch vom Vormittag im Krankenhaus nach und überlegte, dass bestimmt in Amerika, in Russland, in England genau solche lebendigen Rümpfe lebenslänglich liegen würden.

Neben einem der Panzer stand ein junges Mädchen mit kurzen blonden Haaren und blaugrauen Augen. Sie hatte ein helles Gesicht und eine schöne glatte Haut. Was Peter sofort auffiel, war ihr runder praller Popo. Ihr geblümtes Kleid spannte an den Rundungen ihres Körpers.

Die amerikanischen Soldaten näherten sich ihr ungestüm und bedrängten sie. Man sah ihr an, dass ihr das unangenehm war. Peter näherte sich und flüsterte ihr zu: „Wir sind Geschwister. Verstehen Sie?"

Dann rief er den Amerikanern zu: „My sister."

Es herrschte eine Siegermentalität bei den Amerikanern, die in ihrer Arroganz so weit gingen, dass sie bei den verschiedenen Tanzveranstaltungen der US-Army Schilder auf Deutsch am Eingang der Säle anbrachten, die folgenden Text hatten:

„Eintritt für deutsche Männer verboten".

„Kommen Sie, ich möchte Sie begleiten," wandte er sich an das Mädchen.

„Gerne," antwortete sie und hakte sich bei ihm ein.

Ihre Augen hatten einen glasklaren Glanz. Sie duftete frisch und gepflegt. Die goldenen Härchen an ihren Armen glänzten in der Sonne. Peter schaute sie sich genau an. Sie war genau der Typ Frau, von der er sich schon immer angezogen fühlte. Er betrachtete es als Fügung des Schicksals, nach dem schrecklichen Besuch im Krankenhaus nunmehr diese junge und schöne Frau zu treffen.

„Was tun Sie hier?" fragte sie lächelnd.

„Ich arbeite im Kloster," log Peter wie gedruckt.

„Und Sie?“ fragte er.

„Ich bin Krankenschwesterschülerin im Städtischen Krankenhaus und stamme aus Dresden. Ich beende hier meine Berufsausbildung.“

Sie war nicht älter als neunzehn Jahre, immerhin vier Jahre älter als Peter. Er war unheimlich stolz darauf, eine junge Frau begleiten zu dürfen. Er spürte, dass dieses Mädchen ihn sehr stark erregte. Während sie Richtung Kloster am Fluss entlang gingen, berührte Peter ihre Hand und sagte: „Ich heiße Peter.“

Sie antwortete: „Ich heiße Angela und möchte, dass wir mit diesem dummen Siezen aufhören. Ich finde das nämlich blöd.“

Sie näherten sich dem Kloster.

„Wollen wir nicht in die Kirche gehen? Es ist schön kühl darin und wir können uns hinsetzen,“ sagte Peter.

Sie überlegte kurz und antwortete etwas verlegen: „Aber ich bin ja nicht katholisch.“

Darauf erwiderte Peter: „Ich doch auch nicht.“

In der Kirche waren nur einige ältere Frauen, die ihr Gebet verrichteten. Sie gingen in ein Seitenschiff, blieben stehen und schauten zum Altar.

Peter hatte noch nie mit einer Frau geschlafen. Die Küsse und die erotischen Berührungen mit Vera bildeten seine gesammelten sexuellen Erfahrungen. Plötzlich konnte er nicht anders, er umarmte das Mädchen, fühlte ihren fleischigen harten Körper, ihre Brüste. Er schmiegte sich an ihren Bauch mit seiner kaum zu bändigenden Erregung. Sie küssten sich leidenschaftlich. Danach befreite sie sich aus seiner Umarmung und sagte: „Komm, nicht hier.“

Sie verließen die Kirche. Peter hielt sie um ihre Taille gefasst. „Ich wohne im Schwesternhaus mit einer Kameradin. Die wird heute nachmittag schon was anderes machen.“

Im kleinen Zimmer des Schwesternheimes, das äußerst karg mit zwei Militärbetten, einem Spint und einem winzigen Holztisch zwischen den Betten möbliert war, schlossen sie sich ein. Plötzlich setzte das Mädchen ein vielsagendes Lächeln auf und wandte sich an Peter: „Warte, ich muss noch etwas wichtiges erledigen." Sie nahm eine Stecknadel und stach sie von außen in Augenhöhe in die Türzarge. „Das ist unser Geheimzeichen und bedeutet, bitte nicht stören." Danach drehte sie von innen den Schlüssel im Schloss um. Sie zog die gestreiften Vorhänge zu. Die Sonne drang dennoch in den Raum und überflutete ihn mit orange-grünem Licht. Sie zog sich nackt aus. Peter konnte gar nicht folgen, so schnell ging das. „Komm, Peterchen," sagte das Mädchen und half ihm beim Ausziehen. Er war etwas verlegen. Er fühlte zwar keine Scham, jedoch war es für ihn ungewöhnlich, das erste Mal ganz nackt mit einem Mädchen zu sein. Er flüsterte ihr zu: „Weißt Du, das ist für mich das erste Mal."

Das Mädchen lachte und küsste ihn überall hin, auch heiß auf den Mund. Sie legte sich auf das Bett und zog ihn zu sich. Peter erlebte einen Liebesnachmittag, wie er nicht schöner hätte sein können. Sie liebten sich mit viel Leidenschaft. Das Mädchen hatte Fantasie, sie zeigte ihm alle Stellungen, die sie kannte und Peter lernte schnell. Mit seinen fünfzehn Jahren war er in der Lage, mehrmals dem Mädchen in ihren Höhepunkten zu folgen. Wie lange das Liebesspiel dauerte, merkten sie gar nicht. Verschwitzt, müde und glücklich schliefen sie beide kurz ein.

Peter spürte den frischen Duft des Mädchens. Ihre Haare dufteten nach Sonne und Wind. Er war einfach glücklich und vergaß alles, was ihn bedrückte, Sorgen machte und ängstigte.

Die intensive Liebesbeziehung mit Angela hielt die ganze Zeit, die er in Fürstenfeldbruck Gast von Pater Emmanuel war. Es war seine erste sexuelle Beziehung, und er war glücklich darüber, mit einem so schönen, gesunden, unkomplizierten und liebenwürdigen Mädchen den Weg vom Knaben zum Mann zu beschreiten. Er hatte sich in das Mädchen verliebt. Ob er sie wirklich liebte oder dieses nur dachte, war schließlich einerlei.

Die Heimkehr

Peter wollte die Gastfreundschaft Pater Emmanuels nicht überbeanspruchen und nach gut sechs Wochen, also Mitte Juli 1945, ergab sich die Gelegenheit für ihn, mit einem amerikanischen Militärlastwagen nach Wien zu fahren. Auf einer Holzbank unter der Plane der Ladefläche des Trucks war es nicht gerade bequem. Der schwarze Fahrer, ein Sergeant, fuhr rasant, so dass es Peter schwer fiel, sich festzuhalten. Kurz vor Wien wurde der US-Army-Truck aufgehalten. Es waren Russen. Zum ersten Mal sah Peter russische Soldaten in Schaftstiefeln, Pluderhosen und um den Hals zugeknöpften Kosakenhemden. Ihr strenger Machorka-Tabak, die umgehängte Kalaschnikow mit dem runden Patronenmagazin, der fünfzackige rote Stern an der Mütze, das laute ungezügelte Lachen, alles kam ihm fremd vor. Ihre grobschlächtige Sprache klang dabei nicht unfreundlich. Peter beobachtete das Gespräch zwischen den beiden Amerikanern und den Russen. Er sah den roten Stern an den Mützen der Russen und den fünfzackigen weißen Stern am US-Army-Truck und dachte, die beiden Siegermächte haben vielleicht gar nicht zufällig den fünfzackigen Stern als Hoheitszeichen. Nach langem Palaver mit Händen und Füßen und nachdem sie mehrere Stangen Camel- und Lucky Strike-Zigaretten von den Amerikanern erhalten hatten, verabschiedeten sich die Russen von den Amerikanern mit gegenseitigem Schulterklopfen. Die Reise wurde fortgesetzt.

Die genaue Mission des LKW und der zwei amerikanischen Soldaten kannte Peter nicht. Auf der Ladefläche lagen drei große verschlossene Container. Der Junge konnte sich nicht vorstellen, welche Geheimnisse in den braunen Kisten schlummerten.

In Wien angekommen, bat Peter bei der amerikanischen Einheit, für die die Kisten bestimmt waren, man möge ihn zum Büro des JOINT bringen. Peter wusste zwar, dass das die internationale jüdische Organisation war, die sich um die Heimreise der befreiten jüdischen KZ-Häftlinge kümmerte, jedoch nicht, dass sie auch die damals illegale Auswanderung nach Palästina organisierte. Ein unabhängiges Israel gab es noch nicht, Palästina war englisches Mandatsgebiet.

Die Organisation hatte ihren Sitz in einer älteren Villa im Stil der Gründerjahre. Über der breiten Aufgangstreppe erhob sich ein fächerförmiger Glasbaldachin. Obwohl es früh am Nachmittag war, waren die Holzrollos herunter gelassen. Kein Schild, kein Hinweis war von außen sichtbar. Peter klopfte an. Die verglaste Eisengittertür ging einen Spalt auf und er betrat das Haus. Im dem holzgetäfelten Vestibül mit grauem Marmorfußboden empfing ihn einer kleiner gebeugter Mann. "Was willst Du, wer bist Du, woher kommst Du, wer hat Dir die Adresse gegeben? Sprich!" fragte er wie ein Maschinengewehr.

Peter beantwortete wahrheitsgemäß alle Fragen. Daraufhin antwortete der kleine Mann: "Gut, haste Papiere?" Peter hatte ein Papier von der amerikanischen Kommandantur aus Fürstenfeldbruck, aus dem hervorging, dass er von der siebten Armee der USA aus dem KZ Kaufering III befreit worden war.

"Gut, komm," antwortete der kleine Mann und fragte: "Hast Du Hunger?" In einem Atemzug stellte er sich mit Chaim vor. "Ja" , sagte Peter. Er bekam eine Kanne Kaffee, dazu ein kleines Weißbrot und ein Stück amerikanische Militärschokolade.

Der zentrale Raum der Villa erstreckte sich über zwei Etagen und hatte ein farbiges Glasdach, durch das fahles Licht in den Raum fiel. Im Obergeschoss lief eine Galerie den Wänden entlang. Der Parkettfußboden im Erdgeschoss war aus verschiedenen Hölzern in Mosaikform verlegt. In beiden Geschossen gab es Türen aus Eichenholz mit Messingtürdrückern und -beschlägen. Aus den Räumen drang ein Sprachgewirr aus Polnisch, Ungarisch, Russisch, Englisch und Jiddisch.

"Warte, bis Du gerufen wirst." sagte Chaim. Im Raum saßen Menschen aus allen Herrgottsländern: junge aufgeschlossen Schauende, aber auch Ältere mit fahlen eingefallenen Gesichtern, denen man die KZ-Haft ansah.

Nach einer längeren Wartezeit wurde Peters Namen aus einem Zimmer gerufen. Peter begab sich in ein großes Zimmer mit einer reich verzierten goldenen

Kassettendecke und einem venezianischen Lüster. Die Gardinen waren zugezogen. Im Raum standen zwei Büroschreibtische und ein Schreibmaschinentisch, die nicht zu der großbürgerlichen Ausstattung des Raumes passten.

"Ich bin Itzhak," stellte sich der eine Mitarbeiter vor. Er trug ein kleines blaues Käppchen und ein weißes Hemd mit aufgeschlagenem Kragen. "Nun wollen wir die Formalitäten erledigen," wandte er sich an Peter.

Peter zuckte zusammen: "Welche Formalitäten?" fragte er schüchtern. "Mit Deiner Alija," antwortete Itzhak. Peter wusste nicht, was Alija war. Eigentlich wusste er gar nicht genau, welche Aufgaben die Organisation hatte, bei der er sich befand. Pater Emanuel hatte lediglich in Erfahrung gebracht, dass die JOINT die richtige Anlaufstelle für befreite jüdische KZ-Häftlinge in Europa war.

"Sag mir Deine Daten," forderte ihn Itzhak auf. "Entschuldige," antwortete Peter schüchtern und leise. "Sag mir doch bitte, wo ich hier bin und was das eigentlich ist, Alija?"

Der junge Mann, dessen vollständiger Name Itzhak Ramon war, erklärte ihm, dass er sich im Registrierungsbüro für die damals noch illegale Einwanderung nach Palästina befand. Man wollte hauptsächlich junge Leute nach Palästina bringen, die für den zukünftigen jüdischen Staat gegen die englische Mandatsmacht kämpfen sollten. Der neue jüdische Staat benötigte junge kraftvolle Menschen, die nach dem Schrecken des Zweiten Weltkrieges eine Heimat für die Juden Europas schaffen sollten.

"Ich werde Dir alle Papiere für Deine Fahrt nach Genua, wo unser Schiff ankert, ausfertigen, damit Du mit der nächsten Alija losfahren kannst."

Peter wollte unter keinen Umständen als jüdischer Freiheitskämpfer nach Palästina auswandern, sondern war fest entschlossen, nach Neumarkt zurückzukehren und seine Familie zu suchen. Mit vielen Worten trug er Itzhak seine Bitte vor und versprach ihm, sich nach seiner Heimkehr in Neumarkt bei der zionistischen Jugendorganisation zu melden. Itzhak hatte Mitleid mit ihm. Er übergab Peter eine

Eisenbahnkarte von Wien nach Neumarkt, via Prag, Budapest und Arad, und 100 US-Dollar. Er überreichte ihm auch die Adresse der Halluzim, der zionistischen Jugendorganisation in Neumarkt, und sagte ihm, er solle sich dort bei einem Mädchen namens Ruschka melden. Peter wunderte sich über den perfekten Organisationsstand der zionistischen Bewegung.

Nach einer unendlich scheinenden Bahnfahrt kam Peter hungrig und durstig um vier Uhr früh am Hauptbahnhof von Neumarkt an. Es waren genau vierzehn Monate vom Zeitpunkt seiner Einlieferung in die Ziegelei vergangen. In der kühlen Frische des Morgens hörte Peter den Schlag der Turmuhr des Rathauses, vier kurze und vier lange Glockenschläge. Es wurde ihm warm ums Herz. Er fühlte sich zu Hause. Er ging zu Fuß vom Bahnhof durch die leeren Straßen zum Hause seines Großvaters. Nach Csaky, Praporgescu, Baromvasar hieß die Straße nun Strada Lupeni. Als er zu dem großen zweiflügligen Eingangstor kam, klopfte sein Herz ungewöhnlich laut und er fühlte einen Kloß im Hals. Seine Hände wurden feucht. Er drückte auf den schwarzen gusseisernen Griff und das Tor öffnete sich. Würde Großvater noch leben, hätte er nie erlaubt, dass nachts das große Tor unverschlossen bliebe, dachte Peter, während er im Treppenhaus die fünf Stufen zur Hochparterrewohnung nahm. Peter hatte keine Uhr. Die Turmuhr schlug halb fünf. Er klingelte. Nach ein paar Minuten hörte er eine wohlbekannte männliche Stimme. "Wer da?" Es war die Stimme von Aurel, seinem Vater.

Die Tür ging auf. Peter trat ein. Sie sahen sich lange sprachlos an, dann umarmte sein Vater den hochgeschossenen mageren Sohn. Peter konnte seine Tränen nicht zurück halten. Auch Aurel war gerührt. Die ersten Worte von Peter waren: "Wo ist Mama?" Die Antwort von Aurel war ein langes Schweigen. "Wo ist Großmutter?" Schweigen. "Komm, setz Dich. Ich will Dir helfen, mein Junge," wandte sich Aurel an seinen Sohn. Sie gingen in die große Küche der Großmutter, in der sich nichts verändert hatte. Nur auf dem Vertiko fehlten die großen Glasballons mit dem Obstessig. Plötzlich ging die Tür auf und in einem rosa-orange-geblümten Negligé erschien eine Frauengestalt. Peter zuckte zusammen. Es war Magda Samson, die Peter noch nie ausstehen konnte, die beste Freundin seiner Mutter. Sie fuhr sich mit ihren rot manikürten Fingern durch das kastanienbraune Haar und begrüßte Peter in einem süßlichen Tonfall.

"Na, Du verlorenes Söhnlein. Bist Du, Gott sei Dank, munter der Hölle entkommen?" Es war eine gespenstische Szene. Der Vater im hellgrauen Morgenmantel und Pyjama, Magda im Negligé, Peter in der Arbeitskluft der Fratres des Klosters Fürstenfeldbruck stehend in der Küche der Großeltern. Peter fühlte, dass seine Mutter und seine Großeltern unsichtbar anwesend die Szene beobachten.

"Ich beziehe ein Bett für Dich und Du legst Dich ins Arbeitszimmer. Du bist bestimmt hundemüde," sagte Magda. "Das kann man wohl sagen," antwortete Peter.

Nachdem er ein kurzes Frühstück zu sich genommen hatte, legte er sich in das frisch gemachte Bett und schlief wie ein Toter bis zum frühen Abend. Nachdem er ausgewacht war, zog er wieder seine Sachen an und ging in die Küche. Magda werkelte dort an einem Tortenboden und trug Schokoladencreme auf. Das Herend-Porzellan seiner Mutter stand auf einem Silbertablett. Peter dachte, es seien Gäste da und Magda wolle sie bewirten. Ihm fiel sofort auf, dass Magda das sehr schöne hellgrün-weiß gestreifte Seidenkleid seiner Mutter trug. Er verbarg seine Überraschung und dachte: 'Also so ist das hier.' Er beschloss, das Haus für immer zu verlassen und ging wortlos aus der Küche. Im Speisezimmer standen die antiken, reich geschnitzten Nussbaummöbel der Großeltern. Der Vater saß in einem der großen Sessel, las Zeitung und rauchte. "Gut, dass Du kommst Junge. Ich möchte mit Dir einige ernsthafte Angelegenheiten besprechen." Er eröffnete seinem Sohn, dass es leider sehr traurige, aber gesetzlich notwendige Formalitäten gebe, die zu erledigen seien. Da Agi und die Großmutter im KZ verstorben seien und es hierüber keine offiziellen Papiere gebe, müssten sie von Amts wegen für tot erklärt werden. Er sagte Peter nicht, dass er diese Urkunden benötigte, um sein eigenes Erbrecht nachzuweisen und um Magda zu heiraten.

"Wie Du Dir vorstellen kannst, sind traurige Pflichten auch in Fragen des Nachlasses zu regeln. Der Notar Herr Dr. Csiky, den Du gut kennst, wartet auf Dich. Du sollst bei ihm einige Unterschriften leisten."

"Vater, darf ich Dich etwas fragen?" erwiderte Peter. "Selbstverständlich."

"Nachdem Du 1943 verschwunden bist, wieso bist Du jetzt hier und was hat Magda bei uns zu suchen?" Der Vater zündete sich eine Camel-Zigarette an und antwortete sehr bedächtig. "Schau, mein Sohn, auch Magda hat ihre gesamte Familie verloren. Dr. Samson und die Tochter Zsuzsa sind ebenfalls nicht zurückgekehrt. Wir sind verbunden im gemeinsamen Leid." Er zog tief an der Zigarette, atmete den Rauch aus und fuhr fort: "Die Nachlassfrage bedarf einer korrekten Klärung. Magda, die ein großes Vermögen geerbt hat, und ich möchten ein neues gemeinsames Leben anfangen. Du kannst Dir vorstellen, dass ich nicht von ihrem Vermögen leben kann, sondern meine Erbschaft mit einbringen muss."

Peter schwieg. Er wollte um jeden Preis weg von hier. Er konnte Magda nicht leiden und verabscheute die Unaufrichtigkeit seines Vaters. Nach einer kurzen Pause fragte er seinen Vater: "Was ist mit Tante Emma geschehen?" "Nichts, sie ist gesund und munter," antwortete der Vater. "Und Onkel Carl?" Aurel änderte seine Tonlage: "Er ist leider an der Ostfront irgendwo in der Ukraine gefallen." Peter beschloss, Tante Emma zu besuchen.

Emma

Emma wohnte nicht mehr in dem großen Haus. Sie hatte eine kleine Zweieinhalb-Zimmerwohnung mit Gartensicht in einem eingeschossigen Wohnhaus in unmittelbarer Nachbarschaft des alten Großmann'schen Hauses bezogen. Sie empfing Peter überschwänglich und mit unbeschreiblicher Freude. Sie umarmte und küsste ihn immer wieder. "Komm, mein Junge, komm herein. Du bist aber groß geworden." Peter überragte Emma mit einer guten Kopflänge. Sie war noch immer adrett, hilfsbereit und freundlich. Ihre blauen Augen glänzten wie immer und ihr strahlendes Lächeln war ansteckend.

Peter erblickte die Jagdtrophäen von Onkel Carl an der Wand, die präparierten Hauer der Wildschweine auf Ebenholz und die prämierten Sechzehnender. Emma merkte das. Ihr Lächeln verflog und sehr traurig sagte sie: "Onkel Carl ist nicht mehr. Das hast Du sicher gehört." Peter schwieg. Es folgte ein Augenblick der Stille. Emma wischte sich eine Träne ab. Dann überschüttete sie ihn mit Fragen. "Wo lebst Du, was macht die Schule, wo warst Du eigentlich so lange? Deine anderen Leidensgenossen sind seit Monaten schon zurück. Weißt Du eigentlich, dass von den 4800 Deportierten keine 500 heimgekehrt sind?" Peter wusste das nicht. "Komm mit mir in die Küche. Ich bereite Dir etwas ganz leckeres zu."

Sie mischte ihm einen Schokoladentrunk aus echtem De Zaan-Kakao und heißer Milch. Dazu gab es wunderbare selbst gebackene Butterkekse. Während Peter seine Schokolade trank, erzählte er von seiner Begegnung mit Pater Emanuel. Danach berichtete er von dem Wiedersehen mit seinem Vater.

Genau wie Peter, konnte Emma Magda nicht leiden. Sie fand es hochgradig gefühllos von Aurel, sich im Hause seiner Schwiegereltern mit Magda breit zu machen, ohne Genaueres über das Schicksal von Agi zu wissen.

„Tante Emma, ich habe eine ganz große Bitte an Dich. Ich weiß gar nicht, ob ich das sagen soll," sagte Peter. „Nur raus mit der Sprache, mein Kleiner."

„Könnte ich nicht hier bei Dir bleiben, bis ich etwas klarer sehe? Dort mit meinem Vater und dieser Person kann ich nicht leben."

Ohne einen Augenblick zu zögern, antwortete Emma: „Selbstverständlich, ich habe ja, wie Du siehst, zweieinhalb Zimmer. Ich bringe Dich selbstverständlich unter."

Nachdem sie für Peter das Zimmer hergerichtet hatte, schaute sie ihn lange an und meinte: „Du bist ja richtig groß geworden, ein richtiger fescher junger Mann." Peter fand das etwas ungewöhnlich. Er merkte, dass Emmas Busen mit allen Einzelheiten sich sehr deutlich gegen ihr Kleid abzeichnete. Er trat einen Schritt zurück, weil ihm Emmas Duft zu intim vorkam.

Emma kümmerte sich von morgens bis abends um ihren neugestalteten Betrieb. Peter bemühte sich im Reformierten Collegium um die Möglichkeit, die verlorene fünfte Klasse parallel zu der sechsten nachzuholen. Für ausgiebige Gespräche stand für die beiden nur der Sonntag zur Verfügung. Emma war eine hervorragende Köchin. „Heute gibt's etwas ganz leckeres," kündigte sie mit verschmitztem Lächeln an. Sie bereitete einen Hühnerpaprikasch mit hausgemachten Nockerln und Gurkensalat. Peter schmeckte es wie bei seiner Großmutter und es weckte in ihm schmerzhafte Erinnerungen an sein Zuhause.

Emma hatte eine Flasche „Mädchentraube"-Wein geöffnet. Sie hatte den Tisch mit Porzellan und Silberbesteck gedeckt. Es herrschte eine festliche und freundliche Stimmung. Peter fiel auf, dass Emma ihr blondes dichtes Haar sorgfältig gekämmt hatte und dass sie unauffällig geschminkt war. Ihre helle Bluse war bis auf den oberen Knopf zugeknöpft. Ihr runder fester Busen schimmerte durch die Bluse.

Während sie sich unterhielten – das Gespräch kreiste schon wieder um das Schicksal ihrer Verwandten - Agi, Carl, die Großeltern – merkte Peter verschämt, dass er nicht aufmerksam war. Seit er Angela in Fürstenfeldbruck in dem kleinen Zimmer des Schwesternheims geliebt hatte, hatte er mit keiner Frau mehr geschlafen. Emma war attraktiv. Sie war eine vitale knapp sechsunddreissigjährige Frau. Ihr Ehemann Carl, den sie geliebt hatte, war über ein Jahr fort. Auch Emma musste sich nach Zärtlichkeit sehnen. Sie beendeten das festliche Mittagessen. Zum

Dessert gab es in Rum eingelegte Pflaumen mit Vanilleeis. Dann stand Emma vom Tisch auf, streifte im Vorrübergehen Peters Stuhl und berührte ihn mit ihren Brüsten an seinem Hinterkopf. Peter stand auf, bedankte sich artig für das Mittagessen, empfand Emmas Berührung als peinlich und wollte ihr einen Kuss auf die Wange geben.

„Nicht so, Peterchen," sagte sie. Ihre Augen glänzten und ihre Wangen waren vom Wein leicht errötet. Sie küsste den Jungen mit der ganzen Leidenschaft einer liebeshungrigen Frau auf den Mund. Peter wurde schwummrig, aber er erwiderte den Kuss. Er umarmte Emma und fühlte ihr festes Fleisch. Emma befreite sich aus der Umarmung und sagte nur ein einziges Wort: „Komm."

Sie gingen ins Schlafzimmer. Die von der Sonne ausgeblichenen Rollos waren heruntergezogen. Es herrschte das matte hellgraue Licht, das auch bei ihren Liebesspielen mit Carl das Zimmer überflutet hatte. Mit zwei geübten Bewegungen zog Emma ihre Bluse und ihren Rock aus. Sie hatte nichts darunter. Peter hatte Emma noch nie nackt gesehen und war selbst überrascht, welche Begierde beim Anblick der wohlgeformten „Tante" in ihm aufstieg. Er hatte vorher nie gewagt, über Emma als Frau nachzudenken. Nun stand sie da in ihrer vollen Schönheit mit ihrer matt schimmernden Haut und den spitzen harten Brüsten. Peter bewunderte ihren gut proportionierten rundlichen Bauch und ihre wohlgeformten Oberschenkel. Emma sah so aus, wie sich Jungs erwachsene Frauen in ihren kühnsten Träumen vorstellen. Peter war inzwischen auch nackt und bebte vor Erregung. Plötzlich kniete Emma vor ihm nieder. Peter war überwältigt. Dieses Gefühl kannte er bisher nicht, so intensiv hatte er noch nie empfunden. Er ahnte nicht, dass es solche Leidenschaft gab, war entzückt und gleichzeitig verlegen...

Emma vermittelte Peter alle Variationen der Liebe. Sie brachte ihn sanft dazu, sie so zu liebkosen, dass sie beinahe ihren Höhenpunkt erreichte. Emma war noch erregter als früher und Peter mit seinen fünfzehneinhalb Jahren war in der Lage, sie zu befriedigen, sooft sie es wollte.

An diesem Nachmittag, zwischen Mittagessen und abends um halb sieben Uhr, wurde Peter erwachsen. Diesen Nachmittag und Emmas Liebeskünste sollte er nie mehr vergessen. Alle späteren Geliebten profitierten von den Verführungskünsten, die er bei Emma gelernt hatte.

Emma und Peter liebten sich intensiv. Beinahe täglich schliefen sie zusammen. Emma weckte ihn täglich um halb sieben in der Früh, indem sie zu ihm ins Bett kroch und scherzte: „Deine Morgenstimmung muss doch zur Geltung kommen, Kleiner."

Emma hatte den kleinen Betrieb wieder aufgebaut, obwohl sie während des Krieges wegen ihrer Geschäftsbeziehungen mit Deutschland angefeindet worden war. Da sie noch eine Menge flüssigen Quecksilbers besaß, mischte sie Amalgamfüllungen für Zahnärzte und die zahnmedizinische Fakultät der neuen Medizinischen Hochschule von Neumarkt. So konnte sie ihre Existenz langsam wieder sichern.

Peter besuchte einen Nachhilfekurs im Collegium, um seine verlorene fünfte Klasse nachzuholen. Nach seiner Heimkehr aus dem KZ hoffte er insgeheim, dass die Menschen ihn mit Anerkennung betrachten würden: ‚Schaut das ist der Junge, der in Auschwitz war.' Nichts dergleichen passierte. Im Gegenteil, in etwas versteckter Form machte sich wieder der alte Antisemitismus breit.

In der Schule wurde Peter in eine fürchterliche Prügelei verwickelt. Einer der Jungen hatte ihm zugezischt: „Ihr Judenschweine, warum habt ihr unseren Herrn Jesus Christus ermordet?" Nach seinen KZ-Erfahrungen und allem, was er durchgemacht hatte, drehte Peter durch und verprügelte den anderen Jungen. Dies blieb für Peter nicht ohne Folgen. Der Vater des Jungen verlangte, dass Peter von der Schule verwiesen werden sollte. Das geschah zwar nicht, aber seine Note in Betragen fiel in dem Schuljahr katastrophal aus.

Mit Emmas Hilfe, die ihre kleine tragbare Schreibmaschine der Marke Erika mit nach Hause brachte, schrieb Peter einen langen Brief an Pater Emanuel. Er berichtete vom Verlust seiner Lieben, der Enttäuschung über seinen Vater und über sein Leben, wobei er allerdings die Beziehung zu Emma mit keinem Wort erwähnte. Dem Brief legte er eine Bildpostkarte vom Neumarkter Marktplatz bei, auf deren Mitte die barocke katholische Kirche mit ihren zwei schönen Türmen zu sehen war.

Peter hörte nie wieder etwas von Dr. Jonap und den anderen Lagerinsassen. Der kleine Bernhardt, der ebenfalls seine Familie verloren hatte, war angeblich in Palästina gelandet. Dort absolvierte er ein Studium an der Technion in Haifa und wurde Wasserbauingenieur.

Der Notar Dr. Csiky bestellte Peter schriftlich zu sich. Er übergab ihm einige Vermögensgegenstände seiner Großeltern wie Schmuck, Wertpapiere und etwas Bargeld. Danach unterschrieb Peter mehrere in rumänischer Sprache abgefasste Urkunden, von denen er erst viel später erfuhr, dass es unwiderrufliche Erbvollmachten auf den Namen seines Vaters waren.

Peter bat Emma, die bescheidenen Erbstücke auf dem Schwarzmarkt zu verkaufen. Sie erzielte 7.300 US-Dollar, wovon er ihr die Hälfte für Kost und Logis überließ.

Nach Wochen - Peter hatte die Hoffnung auf eine Antwort bereits aufgegeben und vermutete, sein Brief sei verloren gegangen - erhielt er einen Brief aus Kloster Ettal. Es war ein langer handschriftlicher, sehr liebenswürdiger und freundlicher Brief von Pater Emanuel. Er sei zurückgekehrt ins Kloster Ettal, wovon er ein herrliches Farbbild beifügte. Die große Kuppel der Klosterkirche mit dem verschneiten Ettaler Mandl im Hintergrund und der tiefblaue bayrische Himmel verzauberten Peter. Pater Emanuel hatte in der Klosterschule Ettal den Lehrstuhl für Physik und Sport eingenommen, zwei Fächer, die nur bei oberflächlicher Betrachtung einen Gegensatz bildeten. Angesichts Peters Schicksal bot Pater Emanuel dem Jungen an, von der sechsten Klasse an auf der Oberschule in Ettal weiter zu studieren. Das Internat würde ihn aufnehmen und er würde ein Stipendium erhalten. Wegen seiner Deutschstämmigkeit sah Pater Emanuel keine Hindernisse, Peter als Spätheimkehrer in der Bundesrepublik aufzunehmen und einzubürgern. Peter las mehrfach Pater Emanuels markante beinahe kalligrafische Handschrift.

Mit Emma diskutierte Peter bis spät in die Nacht darüber, was zu tun sei, ob er dieses Angebot annehmen solle oder nicht. In jedem Fall spürte er, dass welche Entscheidung er auch treffen würde, diese sein gesamtes zukünftiges Leben prägen würde. Er stand an einem Scheideweg, und wie ein Gift bemächtigte sich die alte Selektionsangst seiner Seele.

Emma war nicht nur eine geschickte Geschäftsfrau, eine außergewöhnliche und leidenschaftliche Geliebte, sondern auch ein sehr kluger Mensch. Sie sagte dem Jungen beim Abendessen: „Schau Peter, ich bin fast sechsunddreißig und Du bist fast sechzehn. Das ist ein Altersunterschied von zwanzig Jahren. Wenn ich der Mann wäre, wäre dieser Altersunterschied nicht so problematisch. Die Welt ist nun mal so. Aber bedenke, wenn Du fünfundzwanzig wirst, bin ich fünfundvierzig, beinahe fünfzig Jahre alt." Peter wollte etwas erwidern, Emma ließ ihn jedoch nicht zu Wort kommen und fuhr fort: „So schön und wunderbar unsere Freundschaft und unsere Liebesbeziehung ist, sie hat keine Zukunft. Und höre mir weiter gut zu. Hier werden über kurz oder lang die Kommunisten die Macht übernehmen, und das ist für Dich auch keine Zukunft. So leid es mir tut und mein Herz zerreist, mit dem Verstand muss ich Dir raten, folge der Einladung Deines Wohltäters, diesem gesegneten Pater."

Peter war verliebt in Emma. Er fühlte sich von ihr in einer vielfältigen Art angezogen. Sie war für ihn Familie, Erinnerung an seine Lieben und an seine Kindheit, sie war Freund, Ratgeber und engste Bezugsperson und auf der anderen Seite ein leidenschaftliches Vollweib, das in ihm beinahe sexuelle Hörigkeit erweckte.

Nun sollte er wieder einmal alles aufgeben, verlieren, alle Verbindungen kappen. Emma war klug, sie wollte unter keinen Umständen den Weg des geringsten Wiederstandes gehen und bestärkte ihn, die richtige Entscheidung zu treffen, auch wenn das für sie den größten Verlust bedeutete.

An einem klaren Spätsommernachmittag schlenderte Peter durch seine Geburtstadt. Er ging am Haus der Großeltern, am Rathaus, am Kulturpalast, an der Synagoge vorbei. Dann ging er in die katholische Kirche und holte eine kleine Broschüre für Pater Emanuel. Am nächsten Tag nahm er den Zug über Budapest, Prag, Wien, München nach Oberammergau. Der Abschied von Emma fiel ihm unendlich schwer. Emma stand auf dem Bahnsteig wie versteinert. Ihre Gesichtszüge verhärteten sich. Sie weinte nicht, aber in dem Augenblick, als der Zug abfuhr, alterte sie um zehn Jahre. Peter konnte im Abteil seine Tränen nicht zurückhalten. Zum zweiten Mal verlor er alles, die Welt, aus der er stammte, und die erste tiefe Liebe seines Lebens. Von da an verglich er nunmehr alle Frauen, die ihm in seinem zukünftigen Leben begegneten, mit Emma. Keine sollte den Vergleich bestehen.

In Rumänien kam es, wie Emma klug vorausgesagt hatte, zur Machtübernahme durch die Kommunisten, zur Absetzung des Königs Michael I. von Hohenzollern. Es begann die Schreckensherrschaft der Stalinisten. Churchill sagte später, in Europa sei ein eiserner Vorhang nieder gegangen.

In Ettal wurde Peter von Pater Emanuel mit viel Liebe und Freundschaft aufgenommen. Seine deutschen Schulkameraden akzeptierten und achteten ihn. Über sie bekam er Kontakt zu ihren Familien, die zum Teil sehr einflussreich waren. Mit einem Stipendium studierte er in München Betriebswirtschaft und machte sich nach dem Studium selbständig. Es gelang ihm nie, eine feste Beziehung mit einer Lebenspartnerin einzugehen und so heiratete er nicht. Er suchte stets nach Emma, doch er fand sie nie.

Das Verfahren

Nach genau einunddreißig Jahren, im Juni 1976, saß Peter im Wartezimmer des Professors für Innere Medizin der Johann-Wolfgang-Goethe-Universitätsklinik in Frankfurt am Main. Er wartete auf das Gutachten, dass eine wissenschaftliche Aussage über seine ‚Verfolgungsbedingten Gesundheitsschäden' im Auftrag des Landesamtes für Entschädigung treffen sollte. Laut Bundesentschädigungsgesetz hatte er einen Anspruch auf Entschädigung für Schäden an seiner Gesundheit, die auf die Verfolgung zurückzuführen waren.

Peter war unentschlossen und hatte lange hin und her überlegt, ob er sich überhaupt in das unübersichtliche Papierlabyrinth und die seelenlose Behördenmühle begeben sollte. Freunde hatten ihm an langen Abenden auseinander gesetzt, dass, obwohl es eine wirkliche Wiedergutmachung nicht geben würde, er das Recht aus dem Bundesentschädigungsgesetz in Anspruch nehmen sollte. Er war selbst sehr gespannt, wie ein Verfahren dieser Art sich auf die Beteiligten der anderen Seite, Ärzte, Anwälte, Beamte auswirken würde. Er war neugierig zu sehen, wie die, die ihn zu begutachten hatten, ihn als lebendigen Zombie, der aus Auschwitz und Kaufering zurück gekehrt war, behandeln würden. Würden die Fachleute ihn überhaupt als Menschen oder nur als Objekt eines Gutachtens ansehen?

Das Leben hatte ihm eine deutliche Lektion erteilt. Bei den ersten ärztlichen Instanzen war er auf absolut neutrale sachliche Behandlung gestoßen. An seinem Schicksal waren die Beteiligten nicht interessiert. Alles lief routinemäßig und sie ließen ihn spüren, dass sie eine unangenehme Pflicht absolvierten. Bei einigen Untersuchungen hatte Peter richtige Hemmungen und spürte, dass er als potentieller Simulant betrachtet wurde. Die Untersuchungen dauerten eine Woche. Außer den üblichen technischen und medizinischen Anweisungen wie „Tief atmen, nicht atmen, schlucken, hinlegen, Beine gerade legen, das Fahrrad treten bis die Zahl Fünfzig erscheint" wurde kein einziges persönliches Wort gesprochen.

Nun saß er da und wartete auf das Gutachten. Die Tür des Professorenzimmers ging auf und die Sprechstundenhilfe kam auf Peter zu. Es war eine attraktive blonde Frau Mitte Vierzig im strahlend weißen Kittel, dessen unterer Knopf nicht zugeknöpft war. Sie war eine sehr gepflegte Erscheinung und hatte dezent geschminkte blaue Augen. Auf den ersten Blick dachte Peter, so könnte die kleine Angela aus Fürstenfeldbruck heute aussehen. Seine Fantasie raste los. Er stellte sich ein Wiedersehen mit ihr vor. Aber sie war es nicht. „Herr Gardosch, hier sind Ihre Unterlagen," sagte die Frau. „Den geschlossenen Umschlag geben Sie bitte Ihrem Anwalt. Die Kopie ist für Sie vorgesehen. Auf Wiedersehen." Ohne seinen Dank oder einen Gruß abzuwarten, drehte sie sich um und verschwand im Büro.

Das Gutachten umfasste zweihunderteinundfünfzig Schreibmaschinenseiten, die Peter wie böhmische Dörfer vorkamen.

Aus seiner beruflichen Tätigkeit bei einer großen Immobiliengesellschaft wusste er zu gut, dass Gutachten, zu welchem Thema auch immer, grundsätzlich nur auf den letzten zwei bis drei Seiten, wenn überhaupt, etwas aussagten. Alles andere war honorargenerierende wissenschaftliche Lyrik. Also schlug er noch im Wartezimmer des Professors die letzten drei Seiten auf und las:

„... Bei Herrn H. liegen folgende Gesundheitsstörungen zu Grunde:

1. Leichte Erhöhung des Blutharnsäurewertes,
2. Hyperlipoproteinämie,
3. Ausgeprägte Hypertriglyceridämie,
4. Leichte Erniedrigung des Serumeisenspiegels,
5. Geringfügig kontrahiertes Colon,
6. Geringgradige Erhöhung des Atemwiderstandes,
7. Auffälliges neurotisches Verhalten.

Bei der leichten Harnsäureerhöhung handelt es sich um ein Leiden im Rahmen einer genetisch bedingten Störung des Purinstoffwechsels, die durch die Verfolgung weder bedingt ist noch wesentlich mitverursacht oder verschlimmert worden ist.

Bei der Hyperlipoproteinämie handelt es sich ebenfalls um eine angeborene Stoffwechselstörung, die mit an Sicherheit grenzender Wahrscheinlichkeit weder auf Verfolgung zurückzuführen ist noch durch die Verfolgung eine wesentliche Verschlimmerung erfahren hat. Ganz im Gegenteil kommt es bei Einschränkung der Nahrungszufuhr, insbesondere der Fettzufuhr, zu einer Verbesserung dieses Krankheitsbildes.

Die bestehende Hypertriglyceridämie ist als im Rahmen der unter 2. genannten Gesundheitsstörungen zu verstehen und ebenfalls als nicht verfolgungsbedingt im Sinne der Entstehung anzusehen.

Der leicht gesenkte Eisenspiegel ist als Ausdruck eines kurz vor der Untersuchung durchgemachten Infektes zu verstehen und ebenfalls nicht auf das Verfolgungsschicksal zurückzuführen.

Das geringfügig spastisch kontrahierte Colon kann durch das neurotische Verhalten im Sinne einer gleichzeitig bestehenden vegetativen Dystonie bedingt sein und ist ebenfalls nicht auf die Verfolgung zurück zuführen.

Bei der geringfügigen Erhöhung des Atemwiderstandes handelt es sich um eine leichte Gesundheitsstörung, die im Rahmen einer Bronchitis auftreten kann und sicherlich nicht durch die während der Verfolgung aufgetretene geringfügige Tuberkulose bedingt ist und auch nicht auf die Verfolgung zurückzuführen bzw. im Sinne der Entstehung oder richtungsgebenden Verschlimmerung mitverursacht worden ist, da sich in einem solchen Fall ein weit höherer Atemwiderstand im Rahmen einer chronischen Bronchitis hätte ausbilden müssen.

Das auffällige neurotische Verhalten des Patienten lässt nach Meinung des psychiatrisch-neurologischen Zusatzgutachtens an eine charakterneurotische Störung denken, die jedoch nicht sicher von stressbedingten, überkompensierenden

Reaktionsweisen zu unterscheiden ist. Nach Meinung des psychiatrisch-neurologischen Zusatzgutachtens liegt die verfolgungsbedingte Minderung der Erwerbsfähigkeit für dieses neurotische Verhalten bei 0%.

Auf Grund unserer Untersuchung und der Laboratoriumsuntersuchungen beläuft sich die bei Herrn H. bestehende verfolgungsbedingte Minderung der Erwerbsfähigkeit auf 0 %, das gleiche gilt für das neurologisch-psychiatrische Fachgebiet.

Unterschriften: Professor und Assistenzarzt"

Das ausschweifende medizinische Kauderwelsch verstand Peter nicht, aber er merkte schon, dass der Aufenthalt in einem Konzentrationslager über längere Zeit z.B. gegen Fettsucht als heilsam betrachtet wurde. Er las die Worte des Gutachters mit gemischter Heiterkeit.

„Bei Einschränkung der Nahrungszufuhr, insbesondere der Fettzufuhr, entsteht eine Besserung des Krankheitsbildes."

Vor seinem geistigen Auge wandelten die schwankenden auf 35 bis 45 Kilogramm abgemagerten Männer in ihrer gestreiften Kluft in Kaufering. Man sah ihnen von weitem an, wie gut ihnen die „eingeschränkte Nahrungszufuhr" tat.

Peter raffte das Gutachten zusammen, packte es in seine Aktentasche und fuhr in seine kleine Wohnung im Dachgeschoss einer Villa im Frankfurter Westend. Er schaltete seine Bose-Stereo-Anlage ein, legte Glenn Millers Musik auf, dunkelte das Zimmer ab und erinnerte sich bei einem Glas Chateau-Neuf-du-Pape an die erste Begegnung mit dem Swing in Fürstenfeldbruck bei Einmarsch der Amerikaner. Er fühlte in seinem Herzen eine unstillbare Sehnsucht nach Angela und eine Art Heimweh nach dem Kloster Fürstenfeld und nach Pater Emanuel.

Pater Emanuel kehrte nach dem Krieg zurück in sein Heimatkloster Ettal bei Oberammergau. Die Korrespondenz zwischen ihm und Peter hielt bis in die späten

Siebziger Jahre, als Pater Emanuel am 17. Juli 1977 im Krankenhaus von Garmisch-Partenkirchen nach einem erfüllten Leben starb. Er wurde 81 Jahre alt. In seinem Nachruf, der Peter auf Umwegen erreichte, hieß es:

„Wer Pater Emanuel begegnete, weiß, wie sehr eine echt priesterliche Begeisterung ihn beseelte und ihn befähigte, seine feste Glaubensüberzeugung in Wort und Tat auf andere ausstrahlen zu lassen. So gesehen, war sein Ordensname Emanuel – „Gott mit uns" – ein Lebensprogramm: Jeden einzelnen von den vielen, denen er begegnete, zur Begegnung mit Gott anzuleiten und dahin zu führen, die heilige Unruhe nach Gott im Herzen wach zu rufen."

Am nächsten Tag war Peter in das Forschungsinstitut der Psychiatrischen Klinik einbestellt worden, um dort das psychiatrisch-neurologische Gutachten über eventuelle seelische Schäden aufgrund seiner Verfolgung entgegen zu nehmen. Nachdem er die wissenschaftliche Objektivität der hochdotierten ärztlichen Gutachter kennen gelernt hatte, wobei der Exkurs über die „gesundheitsfördernde verminderte Nahrungszufuhr" ihn zum Schmunzeln gebracht hatte, war er diesmal nicht besonders neugierig auf den Inhalt. Er hob sich das Lesen des psychiatrischen Gutachtens für den Abend auf. Dieses Gutachten umfasste nur 73 dicht beschriebene Maschinenseiten. Es fielen ihm wissenschaftliche Feststellungen auf wie:

„...Vieles aus den Schilderungen der Vergangenheit wird dabei auch im übertriebenen Maße rationalisiert oder psychologisiert, auch verwechselt er politische Einstellungen mit den jetzt ärztlich zu erhebenden Befunden, indem er meint, dass bereits die Tatsache, er hege keinerlei Hassgefühle oder Ressentiments gegen Deutschland oder die Deutschen, ausreiche, um bei den Gutachtern ein für ihn günstiges Bild erscheinen zu lassen."

Peter stand über diesen Dingen. Nachdem er in den letzten 30 Jahren seine schwersten Schicksalsschläge verarbeitet, ja sublimiert hatte, erreichte ihn die niedrige Gesinnung dieser pseudo-gutachterlichen und beschämenden Feststellungen nicht mehr. Beinahe war ihm inzwischen der gradlinige und brutale

Hass der SS verständlicher als die schleimige versteckt antisemitische Äußerung des sogenannten Wissenschaftlers. Besonders ärgerlich fand er die unqualifizierten Äußerungen des Gutachters, die von Oberflächlichkeit und völliger Gewissenlosigkeit zeugten:

„Man ist davon ausgegangen, dass alle ehemaligen KZ-Häftlinge, die ein volles Jahr im KZ zugebracht haben, aufgrund der Belastungen dauerhaft geschädigt sind. **Herrn H. fehlen allerdings für diese Voraussetzung noch einige Wochen. ...“**

Peters Blutdruck stieg sprunghaft an. Welche Unverfrorenheit! Er wurde am 14. Mai 1944 interniert und am 9. Mai 1945 faktisch durch den Einmarsch der amerikanischen Armee in Fürstenfeldbruck befreit. Es handelte sich also um fünf Tage. Peter nahm das am Vortag empfangene Gutachten der Inneren Medizin und das psychiatrische Gutachten und warf die Unterlagen in den Papierkorb.

Trompetenschleim

Peter behielt Recht. Es war sinnlos, über bürokratische Mühlen und beschriebenes Papier überhaupt an Wiedergutmachung zu denken. Er fühlte sich erneut bestätigt. Es gab keine Wiedergutmachung. Nicht einmal für eine bedenkenlos ausgesprochene Beleidigung kann es eine Wiedergutmachung geben. Das sind juristische Fiktionen und intellektuelle Hirngespinste. Ein Unrecht im Alltagsleben, einem geliebten Menschen gegenüber, kann nicht „wieder gut gemacht" werden. Es kann vergessen werden. Wie, wer, kann sein Zuhause in Neumarkt, seine Welt von gestern, in der er sich sicher und geborgen fühlte, den Großvater, den Duft des Apfelstrudels, seine Mutter, seine Großmutter, den Garten und den Nussbaum „ wieder gut machen"? Wer macht das wieder gut? Wer macht Vera gut, wer gibt ihm den Duft ihrer Haare zurück? Er konnte das Wort Wiedergutmachung einfach nicht mehr in seinem Wortschatz dulden, geschweige denn, es benutzen oder laut aussprechen. Er dachte öfters daran, der Frankfurter Allgemeinen Zeitung, die er täglich las, einen Leserbrief zu schreiben. Er fühlte aber, dass es in Deutschland wie im alten Japanischen Traditionstheater regelrechte Kabuki-Regeln gab, die man auch als Tabus bezeichnen könnte. Er ahnte: Niemals würde die Frankfurter Allgemeine Zeitung einen Leserbrief veröffentlichen, der den leisesten kritischen Ton zum Thema Wiedergutmachung beinhalten würde. Peter war überzeugt, sie würde lieber ihr Erscheinen einstellen, als sich kritisch damit zu beschäftigen.

Peter arbeitete als selbstständiger Unternehmensberater und Akquisiteur für weltweit operierende Baukonzerne. Er beschaffte Aufträge über internationale Bauprojekte in Saudi-Arabien, Flughafenbauten aus weißem Carrara-Marmor für mehrere Milliarden Dollar oder Marinas mit Traumsiedlungen an der Cote d' Azur. Das letzte Projekt, an dem er gearbeitet hatte, war ein Hotel, das auf Stelzen über das Mittelmeer heraus ragte. Das in Monaco so kostbare Land wurde dabei kaum in Anspruch genommen. Alle Zimmer hatten uneingeschränkten Blick auf das Meer. Die Zimmerpreise waren entsprechend.

Seine Auftraggeber schätzen an ihm sein Gespür dafür, wie man schwierige Verhandlungen mit Partnern aus anderen Kulturen und mit anderen Mentalitäten zu einem guten Abschluss führte. Peter sprach französisch und englisch beinahe akzentfrei, darüber hinaus fließend spanisch. Die ausländischen Geschäftspartner und Auftraggeber betrachteten ihn als den nicht typischen Deutschen. Die französischen Partner waren sehr angetan von seiner perfekten Beherrschung ihrer Sprache, was unter deutschen Geschäftsleuten ausgesprochen selten war. Die seit 40 Jahren vollmundig verkündete deutsch-französische Partnerschaft war noch nicht bis in die Chefetagen der Großkonzerne vorgedrungen. Dabei waren die schwierigen Vertragsverhandlungen über dreistellige Millionenprojekte nach der nüchternen Klärung finanzieller und technischer Details letztendlich eine Frage der „Chemie" und der Psychologie.

Peter war geprägt von seiner Vergangenheit und dem ungewollten „Überlebenstraining" in Auschwitz und Kaufering. Er bot seinen Auftraggebern das entsprechende psychologische Einfühlungsvermögen. Da es sich um enorme Auftragssummen handelte und sein Honorar erfolgsabhängig bemessen war, verdiente er sehr viel Geld.

Seine persönliche Geschichte, seine Herkunft waren seinen Gesprächspartnern nicht bekannt. Er trat überall als Siebenbürger Deutscher auf, wobei die meisten nicht wussten, wo Siebenbürgen lag. In jedem Fall war das rollende R in seiner Aussprache dadurch erklärlich. Genau wie damals, als die deutschen Panzergrenadiere ihn fragten, ob er Deutscher wäre, antwortete er auch heute: „Ja, ich bin Deutscher." Er analysierte das manchmal und musste sich gestehen, er war Deutscher. Was sonst? Israeli war er nicht, und seiner Meinung nach gab es keine jüdische Nation, genauso wie es keine katholische oder evangelische Nation gab.

Seine Auftraggeber waren überwiegend mit seiner Arbeit zufrieden. Peter war in Vorstandskreisen der großen Baukonzerne als Geheimtipp gehandelt worden. Er benötigte keine Werbung oder Bewerbung, sondern wurde durch Insidergeflüster immer weiter empfohlen.

Eine weitere Eigenschaft, die er schon im Lager an sich festgestellt hatte, war ihm sehr nützlich. In den größten Krisen, bei drohendem Scheitern von tagelangen schwierigen Verhandlungen war er wie das Auge des Hurrikans, die Ruhe selbst. Es war ihm schon mehrmals gelungen, aus einer völlig aussichtslosen und verlustdrohenden Situation für eine große Firma wichtige Kontrakte zu retten. Er kannte keine Angst und gegen Bedrohungen war er im handelsüblichen Sinne immun. Seine Seele war wie in Teflon gehüllt, dachte er manchmal und wunderte sich über sich selbst. Viele seiner Geschäftspartner tuschelten hinter seinem Rücken: „So etwas gibt es nicht. Der tut nur so."

Einer seiner größten Auftraggeber hatte einen Finanzvorstand, mit dem er eng zusammen arbeiten musste. Es war ein hoch gebildeter, eigentlich völlig branchenfremder im kanonischen Recht promovierter Fachmann. Er arbeitete mit mathematischer Präzision und einer gewissen Pedanterie. Peter war oft mit ihm unterwegs und sie unterhielten sich im Auto oder im Flugzeug. Nach einiger Zeit begann er, über seinen Vater zu sprechen, einen der besten und begabtesten Konstrukteure im Stab von Albert Speer. Für Peter war das sehr interessant. Er wollte mehr über die innere Funktionsweise des nationalsozialistischen Regimes erfahren. Sie analysierten beide, wie die überwältigenden Erfolge in den zwölf Jahren des Dritten Reiches eigentlich zu Stande kamen.

„Herr Gardosch, - wandte sich Dr. Mehring an Peter – es war von Anfang an ein Winning Team. Sie kennen doch das Experiment aus der Schule mit dem Magnetismus. Man schüttet wahllos Eisenstaub auf ein Blatt Papier und dann hält man einen Magneten darunter. Was passiert jetzt? Die einzelnen Eisenpartikel organisieren sich auf den unsichtbaren Kraftlinien des Magnets in einer bestimmten Ordnung um die Pole. So war das bei den Nazis auch. Alle wollten dasselbe. Sie waren willensmässig auf ein Ziel ausgerichtet. Das war eines der Erfolgsgeheimnisse." Dr. Mehring fuhr fort:

„Egoismen wurden zurück gestellt. Es herrschte ein Geist der Gemeinschaft und der Opferbereitschaft für das Ganze. Der große Zauberer ganz oben hypnotisierte, im wahrsten Sinne des Wortes, die meisten Menschen. Bis Stalingrad, dann zerfiel der Zauber."

Peter fand das alles sehr interessant. An Dr. Mehring störte ihn lediglich sein großbürgerlicher, eher anekdotischer Antisemitismus. Er nannte nämlich jeden Juden, von dem er sprach „Herrn Trompetenschleim". Das gefiel Peter nicht besonders, aber er hielt sich zurück. Manchmal dachte er nur, dass er ein Protokoll oder einen Bericht an Dr. Mehring mit „Trompetenschleim", in Klammern gesetzt, unterschreiben sollte. Er war jedoch vernünftig genug, seinen hoch dotierten Beratervertrag nicht zu gefährden. Auch das, wie viele andere kleine Erscheinungen von Alltags-Antisemitismus, steckte Peter weg. Er kam sich vor wie Rumpelstilzchen, von dem niemand wusste, wie es hieß.

Wie alle Menschen, die etwas schlimmes erlebt haben, hatte Peter einen Drang zur Kompensation. Er war besessen von äußeren Zeichen des Erfolgs. Dazu gehörte neben Maßanzügen und maßgeschneiderten blauen Hemden immer schon das Automobil. Schon als Schuljunge wälzte er Bücher über die feinen englischen Wagen, wie Rolls Royce und Bentley. Die meisten Schulkameraden wussten nicht, was diese Namen bedeuteten. Peter aber betonte immer: „Wenn ich groß bin, werde ich einen Bentley fahren."

Zum Unmut von Dr. Mehring fuhr Peter tatsächlich einen Bentley. Es war eine dunkelblaue - royal blue, wie die Farbe offiziell hieß, - .Limousine mit einem ganz feinen, kaum sichtbaren hellen Strich oberhalb der Kotflügel entlang der Karosserie. Das Wageninnere roch nach Conolly-Leder. Es war ein helles elfenbeinfarbiges handgenähtes Leder, das dezent mit dem Nussbaumwurzelholz-Armaturenbrett kontrastierte. Die zahlreichen runden Instrumente mit ihren hellen Ziffernblättern ergänzten die Atmosphäre in vollendeter Gediegenheit. Der gewaltige Motor summte lautlos. Peters Traum war, zu der Auffahrt eines Schlosses über den leicht knirschenden Sand zu rollen. In Sachen Automobil war er mit seinen 48 Jahren scheinbar aus der Pubertät noch nicht hinausgewachsen.

„Sagen Sie, Herr Gardosch, wozu brauchen sie so etwas? Ich zum Beispiel – sagte Dr. Mehring - habe das nicht nötig. Ich habe meine Pferde, meinen Mercedes-Geländewagen und Schluss."

„Das verstehe ich zu gut, Herr Dr. Mehring. - erwiderte Peter -, aber sehen Sie, ich habe nichts ähnliches. Das ist halt mein Geländewagen und mein Pferd. Akzeptieren Sie mich bitte mit meiner Marotte."

Dr. Mehring erwiderte im Scherz: „Klar, aber wir müssen uns Gedanken darüber machen, ob wir Sie nicht zu gut bezahlen."

Peter antwortete kurz angebunden: „Sagen Sie bitte so etwas nicht." Obwohl er genau wusste, dass er sich von dem Honorar der Firma Dr. Mehrings jeden Monat einen neuen Bentley hätte leisten können.

Peter saß an einem Winterabend in seinem Apartment und schaute ab und zu über die verschneiten Dächer der Stadt. Er dachte an die immergrünen feuchtwarmen Wälder des südamerikanischen Kontinents. Er schrieb an einem Bericht über die Zuwendungen, die an das Büro eines südamerikanischen Staatspräsidenten zu leisten waren. In Südamerika wurden 25 bis 35 Prozent der Auftragssummen von höchster Stelle gefordert. Wer den Auftrag wollte, musste zahlen, und bei Projekten, die mehrere hundert Millionen umfassten, kam schon einiges zusammen. Peters Aufgabe war, diese astronomischen Schmiergelder herunter zu handeln, ohne den Auftrag zu gefährden.

Zwischendurch sah er sich seine Post an. Neben vielen anderen Sendungen, sinnloser Werbung, einigen Rechnungen und einer Karte von einem Freund aus Paris lag da ein großer weißer Briefumschlag aus New York.

Er ahnte nicht, dass er die Büchse der Pandora - im negativen Sinne - öffnen würde. Es war ein Schreiben der 'Conference on Jewish Material Claims against Germany Inc. New York'.

Es ergoss sich eine Flut von deutsch- und englischsprachigen Schreiben und Formularen unterschiedlichster Art über seinen Schreibtisch. Human erschien ihm noch die gemeinsame Erklärung der Unternehmen Allianz AG, BASF AG, Bayer AG, BMW AG, DaimlerChrysler AG, Deutsche Bank AG, Degussa-Hüls AG, Dresdner Bank AG, Friedrich Krupp AG, Hoesch-Krupp AG, Hoechst AG, Siemens AG und Volkswagen AG. Als weniger appetitlich empfand Peter, dass mindestens ein Unternehmen dieser Gruppe sich mit dem Einschmelzen von Gold, auch Zahngold, der ermordeten Häftlinge bereichert hatte. Den unheimlichen Gedanken, dass die Eheringe seiner Mutter und Großmutter darunter sein könnten, versuchte er zu verdrängen. Es schrieben ihm renommierte Anwälte, von denen sich erst später heraus stellen sollte, dass sie Statthalter der höchsten Repräsentanten der Holocaust-Industrie aus Amerika in Deutschland waren. Er erhielt seitenlange Tabellen darüber, unter welchen Telefonnummern, in welchen Ländern und in welchen Sprachen die zuständigen Organisationen erreichbar waren. Vor seinem geistigen Auge sah er eine weltumspannende Organisation mit Hunderten von Angestellten, Computern, Telefonen, Fax- und Kopiergeräten, Chefs und Sekretärinnen, die durchaus nicht zu Unrecht von Professor Finkelstein als Holocaust-Industrie bezeichnet wurden.

Dann kam im August 2000 ein Brief vom Regierungspräsidium:

„Information über die Stiftung Erinnerung, Verantwortung und Zukunft.

Sehr geehrte (r) Frau (Herr),

im Auftrag des Bundesministeriums der Finanzen und der Entschädigungsbehörden der Länder werden Sie als Empfänger einer Entschädigungsrente nach dem Bundesentschädigungsgesetz (BGE) oder eines **Härtefonds darüber informiert, dass derzeit die Stiftung „Erinnerung, Verantwortung und Zukunft“ errichtet wird. Diese gemeinsame Stiftung des** Bundes und der deutschen Wirtschaft hat insbesondere den Zweck, für die Zwangsarbeit während der NS-Zeit zu leisten.

Über die Leistungen der Stiftung entscheiden aber nicht die Entschädigungsbehörden, sondern ausschließlich die für die Stiftung tätigen Partnerorganisationen."

Danach folgen Postfachadressen in New York, Tel Aviv und Genf. Peter dachte unwillkürlich, dass das wieder die gutmütigen Deutschen waren. Sie stellten Milliarden zur Verfügung und überließen das ganze Geld „Partnerorganisationen". Er überlegte sich, welche unermessliche finanzielle Macht sich in den Händen der Bosse dieser Organisationen, die völlig unbenannt blieben, konzentrierte. Allein die Tatsache, dass sie über Bankkonten in schwindelerregender Höhe verfügten, verlieh eine nicht vorstellbare finanzielle Machtposition. Aus der Presse entnahm Peter, dass es sich hierbei um mehrere Milliarden Mark handelte. Er wagte es gar nicht, daran zu denken, welchen Zinsertrag ein solches Kapital abwerfen würde. Er rechnete dennoch ganz schnell: Eine Milliarde Deutsche Mark bei einer fünfprozentigen Verzinsung ergäbe 50 Millionen Mark Zinsen im Jahr oder 138.888 Mark täglich, und dies alles mal 10, da es sich nach seinem Wissen um zehn Milliarden Deutsche Mark handelte. Eine Rechenschaft hierüber würde - vermutete er zu Recht - die deutsche Regierung niemals zu sehen bekommen.

Dann kamen komplizierte und umfangreiche Richtlinien für die Antragsteller und seitenlange Anleitungen zur Anspruchsanmeldung.

Nach zwei Jahren teilte ihm die Organisation mit, dass sie sich sehr freuen würde, ihm eine erste Rate von 11.500 DM zur Zahlung anzuweisen.

Peter erfuhr aus dem Schreiben der Organisation:

„Die Zahlung der zweiten Rate, die maximal 5.000 DM/2.546,46 Euro betragen kann, wird erst dann erfolgen, wenn der Stiftung die Gesamtzahl der Berechtigten bekannt ist. Wir werden Sie hierüber rechtzeitig informieren."

Peter sah klar, dass sich die sogenannten Partnerorganisationen eine heimliche Hintertür offen ließen, weil es unmöglich war, festzustellen, ob sich der letzte

Berechtigte aus Nyschnynowgorod gemeldet hatte oder nicht. Peter selbst war schon 70 Jahre alt. Die anderen unglücklichen Teufel, die als berechtigt galten, waren sicher zwischen 70 und 80 Jahren alt. Nun warteten die Organisationen, bis sich der letzte meldete. In der Zwischenzeit würden die meisten das Zeitliche segnen, so dass die Partnerorganisationen durch die normative Kraft des Faktischen gezwungen wären, die Zinsen für die nicht ausbezahlte zweite Rate zu kassieren.

Peter machte sich ernste Vorwürfe, sich in dieses Fahrwasser begeben zu haben. Er konnte einfach nicht verstehen, wieso die von der ganzen Welt für ihre Effizienz bewunderte deutsche Finanzverwaltung die Aufteilung von Geldern, die aus Deutschland stammten, nicht selbst übernommen hatte. So nebenbei fiel ihm der Gedanke ein, dass jeder Kaninchenzüchterverein oder Kegelclub einen Kassenwart, einen Revisor und eine Satzung hatte. Wer rechnet, dachte Peter, die gigantische Summe von 10 Milliarden Mark ab, die den Gegenwert von 20.000 komfortablen Einfamilienhäusern darstellt, und vor allem, wem gegenüber. Er verjagte all diese Gedanken und stürzte sich in seine Arbeit. Eine Reise nach Rio stand bevor. Er spürte die Vorfreude auf die Copa Cabana und ihre schönen Menschen.

Nach einem Jahr, als er routinemäßig seine Kontoauszüge kontrollierte, sah er, dass ihm ein Betrag von 11.500 DM von der Claims Conference gutgeschrieben worden war. Er schenkte der Sache keine besondere Aufmerksamkeit, zumal er in Eile war und seinen Wagen vom Bentley-Kundendienst abholen musste. Der Verkaufsleiter, den er beinahe schon als Freund betrachtete, teilte ihm mit: „Herr Gardosch, Ihre neuen geschmiedeten Aluminiumfelgen sind da."

„Bitte montieren Sie sie sofort und schicken Sie mir die Rechnung," disponierte Peter. Im mit eleganten Corbusier-Möbeln ausgestatteten Warteraum blätterte Peter in den neuesten Publikationen der Rolls Royce/Bentley Motor Company. Die halbe Stunde verging schnell. Der Monteur fuhr den Wagen vor, Peter setzte sich ans Steuer, gab dem Monteur ein kleines Trinkgeld und fuhr vom Hof der Servicewerkstatt.

Während er mit dem schweren Wagen stadtauswärts rollte, fielen ihm die Worte der letzten Seite des Prospektes ein:

„Mit dem Bentley Arnage ist ein Automobil entstanden, das den wahren Connaisseur begeistern wird."

Selten fühlte Peter eine solche Übereinstimmung zwischen Werbung und Produkt. Er fuhr aus der Stadt in Richtung Taunus, wo er im Hotel Schloß Kronberg ein Treffen mit Dr. Mehring hatte. „Trompetenschleim im Bentley", dachte er schmunzelnd und trat sanft auf das Gaspedal.

Nach einigen Tagen erhielt er die Rechnung des Kundendienstes für die geschmiedeten Aluminiumfelgen einschließlich Montage, DM 9.914, + 16 % Mehrwertsteuer (DM 1.586), Rechnungsbetrag: DM 11.500.

E N D E

Die Familie 1932 v.l.n.r.:
Onkel Toni (1939 ausgewandert nach Argentinien), die Mutter des Autors Agnes Gardosch, geb. Haimann (geb. 1905, ermordet in Auschwitz 06.06.1944)
Peter Gardosch 2 Jahre alt
Tante Nelli (Ehefrau von Onkel Toni)
die Großmutter Rebekka Haimann (geb. 1884, ermordet in Auschwitz 06.06.1944)
der Großvater Dr. Joseph Haimann (geb. 1869, ermordet in Auschwitz 06.06.1944)
Vater Aurel Aladar Gardosch (geb. 1900, gest. 1950)

Die Familie 1932 mit denselben Personen wie Seite 262

Das Geburtshaus des Autors in Neumarkt/Targu Mures Strada Lupeni 4 (heutiger Zustand)

Großeltern Haimann (Großvater als Stabsarzt) und Agnes (Mutter des Autors) als Schülerin 1913

Großmutter Haimann 18 Jahre alt, 1902

Großvater Dr. Haimann, Arzt, 1869 geboren, hier 1910, ermordet in Auschwitz 06.06.1944

Hochzeit der Eltern 1929
Agnes (geb. Haimann, 1905)
und Aurel Aladar Gardosch
(geb. 1900)

Mutter Agnes und Autor Peter Gardosch 1933

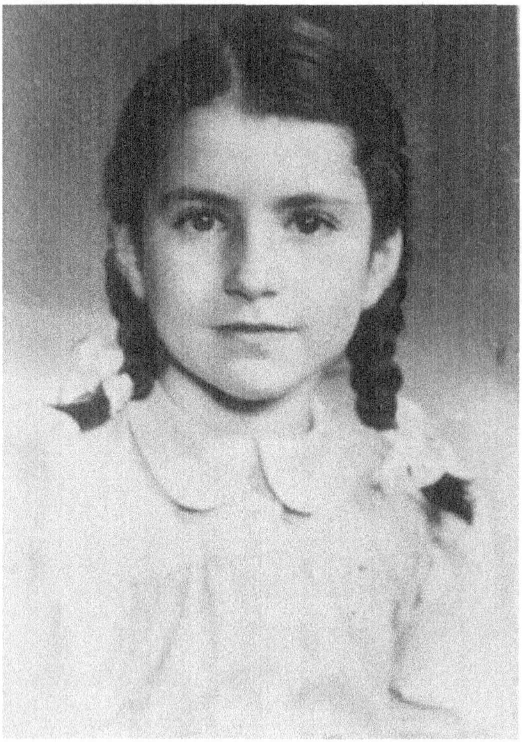

Schwester Alice Julia
geb. 11.04.1935,
ermordet
in Auschwitz 06.06.1944

Vater des Autors
Aurel Aladar Gardosch
und seine Kinder Peter und
Alice Julia 1936

Der Autor kurz nach dem Krieg und im Alter

Bücher über den Holocaust in Ungarn
Herausgegeben von Erhard Roy Wiehn
im Hartung-Gorre Verlag

Alexander Barzél & Erhard Roy Wiehn, **Was für ein Leben**. Von Budapest durch Bergen-Belsen und die Schweiz nach Israel. Ein Gespräch über jüdische Ideen sowie über jüdisches Leben und Leiden 1944-1985. 1. Aufl. 2013. 74 S., € 12,80. ISBN 978-3-86628-453-1

Rachel Bernheim-Friedmann, **Ohrringe im Keller** - Von Transkarpatien (Mukatschewe/ Munkács) durch Auschwitz-Birkenau nach Israel. 2002, 170 S., 22 €. ISBN 3-89649-756-1

Frida Friedman, **Wenig Freude und viel Kummer**. Jüdische Familiengeschichte in Ungarn 1888-1968. Aus dem Ungarischen übersetzt von Klara Strompf. Herausgegeben von Éva Gábor und Erhard Roy Wiehn. 1. Auflage 2013. 352 S., € 18,-. ISBN 978-3-86628-445-6

Mordechai Henrik Gidron, **Trotzdem weitergelebt** – Von Budapest durch das Ghetto Miskolc, Auschwitz-Birkenau, Arbeitslager in München-Allach sowie Mettenheim-Mühldorf und ein neues Leben in Israel. Mit Erinnerungen an die Familien Blum und Grünwald 1935-1990. Konstanz 2005, 153 Seiten, 14,80 €. ISBN 3-86628-024-6

Ioan Gottlieb, **Euch werde ich's noch zeigen** – Vom Ghetto Baia Mare durch Auschwitz, Mauthausen, Melk und zurück 1929-1945. 2006; 53 S. € 12,-. ISBN 3-86628-078-5

Schlomo Graber, **Schlajme** - Von Ungarn durch Auschwitz-Birkenau, Fünfteichen und Görlitz nach Israel. Jüdische Familiengeschichte 1859-2001. Konstanz 2002, 141 Seiten, 22,00 €. ISBN 3-89649-757-X

Gabriel Groszman, **Als Junge in Ungarn überlebt** – Nach jüdischer Kindheit in Vámosmikola Monate des Terrors im Untergrund und Emigration nach Argentinien 1870-1930-2011. Konstanz 2011, 234 Seiten, € 19,80. ISBN 978-3-86628-391-6

David Guttmann, **Homecoming** – Jewish life and suffering in Hungary and on the 'Exodus' to Palestine back via Hamburg and Bergen-Belsen to Eretz Israel 1944–1948. 2015, 140 Seiten, Fotos u. Dokumente. € 18,00. ISBN 978-3-86628-534-7

David Guttmann, **Schwierige Heimkehr** - Leben und Leiden in Ungarn, dann auf der 'Exodus' und zurück über Bergen-Belsen nach Tel Aviv. Jüdische Schicksale 1944-1948. Konstanz 1997, 128 Seiten, 14,83 €. ISBN 3-89649-218-7

Gábor Hirsch, **Als 14-jähriger durch Auschwitz-Birkenau** – Aus dem ungarischen Békéscaba sieben Monate Konzentrationslager überlebt und über Kattowitz, Czernowitz, Sluzk zurück 1944–1945. Mit einer Dokumentation zum jüdischen Zensus in Békéscaba und zu den Deportationszügen von Ungarn nach Auschwitz-Birkenau. 2011, 131 Seiten, Fotos und Dokumente sowie eine Foto- und Dokumenten-CD. € 16,80. ISBN 978-3-86628-383-1

István Kádár et al., **Zwangarbeit, Todesmarsch, Massenmord** – Erinnerungen überlebender ungarischer Zwangsarbeiter des Kupferbergwerks Bor in Jugoslawien 1943-1944. Einleitung von Szabolcz Szita. Herausgegeben unter Mitarbeit von Klara Strompf. Konstanz 2007, 163 Seiten, 14,80 €. ISBN 3-86628-129-3

Zelma Klein, **Mein Zeugnis als Warnung** – Aus einem normalen Leben durch das ungarische Ghetto Nagyvárad, Auschwitz-Birkenau, Bergen-Belsen, Geisenheim am Rhein und andere Lager bis zur Befreiung bei Iffeldorf, dann über Ungarn und die Tschechoslowakei nach Israel. Bearbeitet von Harald Roth. Konstanz 2006, 150 S., 18 €. ISBN 3-86628-081-5

Anna Ornstein, **Versklavung und Befreiung** - Jüdische Schicksale aus Ungarn als zeitgemäße Pessachgeschichten. Mit Radierungen von Stewart Goldman. Aus dem Englischen von Martin Goßmann. Konstanz 2001, 14,80 €. 101 Seiten. ISBN 3-89649-714-6

Pál Markovits, **Stets bei Verstand sein** – Kindheit, Jugend und Arbeitsdienst in Ungarn, Zwangsarbeit und Flucht in Jugoslawien, Schutz bei den Tschetniks sowie Tierarzt bei den Partisanen und in der jugoslawischen Befreiungsarmee. Konstanz 2006, 96 Seiten, 14,80 €. ISBN 3-86628-105-6

Pál Markovits, **Aus meinem Forscherleben** – Nach Zwangsarbeit von der Tiermedizin über Impfstoffe und Gewebezucht in Ungarn zur Viren- und AIDS-Forschung in Frankreich und den Vereinigten Staaten. Konstanz 2007, 18,-- €. ISBN 3-86628-131-5

Mordecai Paldiel, **Es gab auch Gerechte** - Retter und Rettung jüdischen Lebens im deutschbesetzten Europa 1939-1945. Aus dem Englischen und Französischen von Brigitte Pimpl. Konstanz 1999, 134 Seiten, 14,83 €. ISBN 3-89649-412-0

Brigitte Pimpl u. Erhard Roy Wiehn (Hg.): **Was für eine Welt** - Jüdische Kindheit und Jugend in Europa 1933-1945. Konstanz 1995, 171 Seiten, 14,32 €. (Einzelbeiträge zu Ungarn) ISBN 3-89191-816-X

Klára Rajk, **Den Kampfgeist nie verloren** - Jüdische Schicksale in Ungarn. Aus dem Englischen von Marie-Elisabeth Rehn. Konstanz 2000, 74 S., 14,83 €. ISBN 3-89649-545-3

Klara Strompf, **KZ Außenlager Walldorf** – Jüdische Frauen aus Ungarn am Flughafen Frankfurt/Main. 1. Aufl. 2009**, 2. korr. Aufl. 2015**. 69 Seiten, €14,80. ISBN 978-3-86628-155-4

Agnes Weiss-Balazs, **"Zusammen – Zusammen"** – Von Nordsiebenbürgen durch Auschwitz-Birkenau und Ravensbrück bis Neustadt-Glewe und Wittstock 1923-1945. Konstanz 2005, 53 Seiten, 14,80 €. ISBN 3-86628-027-0

Zsuzsa F. Várkonyi, **Für wen du lebst** – Ein Mädchenroman aus Männerzeiten. Konstanz 2005, 224 Seiten, 16,80 €. ISBN 3-89649-968-8

Erhard Roy Wiehn u. Heide Mirjam Wiehn, **Dajénu** - Tagebuch einer Israelreise. 1. Aufl. 1986, 1987^2, 326 Seiten, 15,24 €. (Darin auch ungarische Schicksale.) ISBN 3-89191-079-7

Helena Schvarcz-Horovitz, **Ein Hering für zwei Zigaretten** – Erinnerungen einer Holocaust-Überlebenden an die Deportation der ungarischen Juden nach Strassdorf, an die Arbeitslager in Wien und die Todesmärsche durch Österreich. 2006, 208 Seiten, € 24,80. ISBN 3-86628-079-3

Hartung-Gorre Verlag / D-78465 Konstanz
Telefon: +49 (0) 7533 97227 Telefax: +49 (0) 7533 97228
http://www.hartung-gorre.de eMail: verlag@hartung-gorre.de